典型国家和地区政府预算制度研究丛书

中国财政发展协同创新中心、中央财经大学政府预算管理研究所资助项目

丛书主编/李 燕

德国政府预算制度

朱秋霞/编著

中国财经出版传媒集团

经济科学出版社
Economic Science Press

《典型国家和地区政府预算制度研究丛书》

编委会成员

顾　　问：姜维壮　李保仁　汤贡亮　李俊生
主　　任：马海涛
副 主 任：李　燕
委　　员：白彦锋　樊　勇　肖　鹏　何　杨　任　强
　　　　　宋立岩　李小荣　汪　昊　曾康华　乔志敏
　　　　　高　萍　蔡　昌　王文静
丛书主编：李　燕

丛书总序

从世界范围来看，现代预算制度的产生发展历程与现代法治国家的建设如影随形，预算是控制和制约政府权力扩张的重要手段。从形式上看，政府预算是经过法定程序批准的、具有法律效力的政府年度财政收支计划，但从其实质而言，是社会公众对政府权力进行"非暴力的制度控制"的有效途径。同时，由于预算还决定着对有限的公共资源在不同利益主体之间如何分配的问题，因而，预算过程中也充满了各种利益集团为争夺有限预算资源的政治博弈。预算过程为各利益集团及公众提供了一个相对开放的平台和渠道，使他们可以通过法定的程序提出自己的预算诉求，了解预算配置的信息，监督预算资源的使用及政府承诺的兑现。因此，预算是实现政府自我约束和立法机构外部控制的重要制度安排与机制。

随着中国公共财政框架体系的逐步建立和完善，预算在保证政府对有限公共资源的配置及使用上的合规有效，强化人大对各部门、各单位使用财政资金的控制功能方面，正在发挥着越来越重要的作用。我国自2000年以来将财政改革及公共财政框架体系的建设聚焦于支出管理后，围绕预算制度的改革与创新就从未间断过：如部门综合预算改革旨在细化预算编制，实现部门预算的完整性；政府采购制度改革旨在将政府的支出管理纳入"公开、公平、公正"的轨道，杜绝黑箱操作；国库集中收付制度改革旨在提升财政部门对预算资金收支流的控制功能，防止财政资金被截留挪用和提高其使用效率；预算外资金管理改革旨在将完整的政府收支纳入财政管理和社会监督视野；政府收支分类改革旨在使政府每一项支出通过功能和经济分类得到"多维定位"，以清晰的反映支出最终去向等。党的十八大以来，党和国家的重要会议、重要文件中均密集涉及政府预算问题，特别是从党的十八大报告中提出的"加强对政府全口径预算决算的审查和监督"到党的十八届三中全会《中共中央关于全面深化改革若干重大问题的决定》中提出的"实施全面规范、公开透明的预算制度"，再到历经十年修订历程于2015年1月1日起正式实施的新修订的预算法，直至党的十九大进一步提出"建立全面规范透明、标准科学、约束有力的预算制度，全面实施绩效管理"等，可以说，预算改革已经成为中国当前行政体制改革、财政体制改革的关键突破口，引起了决策层的高度关注。

从理论研究而言，近十年来中国的政府预算研究也呈现出"百花齐放"的繁荣景象。政府预算突破了传统财政学的研究范畴，政治学、社会学、法学、行政管理学等学科纷纷从各自的研究视角加大对政府预算的研究，跨学科的研究视角和国际化的研究视野也有力地推动了政府预算研究的广度和深度。

西方国家现代预算制度作为政府治理的重要手段，其建立与完善走过了几百年的历史，经历了新兴资产阶级力量与落后王权力量的斗争过程，以及暴力式的革命路径和非暴力式的改良路径。一个国家预算制度的选择与该国的政治体制、政党政治、经济体制、经济发展阶段、历史文化等环境因素密切相关，各国预算制度的优化也始终与政府改革、政府效率的提高紧密联系在一起，但在发展与改革过程中越来越清晰的是预算已逐渐成为社会公众和立法机构控制约束政府权力扩张的有效工具，是给权力戴上"紧箍咒"的重要载体。

他山之石，可以攻玉。编纂《典型国家和地区政府预算制度研究》丛书的根本目的，在于全面、完整、系统的提供典型国家及地区预算管理的做法，归纳典型国家与地区在建立现代预算制度过程中的成功经验与教训，为预算理论及实际工作者了解他国及地区现代预算制度的建立历程、管理模式、关键改革等提供文献资料及经验借鉴，同时也可以为我国建立起现代预算制度提供参考依据。因此，本丛书定位于具有决策参考价值和研究文献价值的专辑，目的不在于说教，而在于为决策者和理论与实际工作者提供一种选择和借鉴的可能。我们也希望本丛书的出版与问世能引起各界和决策层对政府预算的广泛关注，为我国现代预算管理制度的建设与完善，为建设法治中国添砖加瓦。

《典型国家和地区政府预算制度研究》丛书选择了俄罗斯、美国、英国、澳大利亚（俄罗斯、美国、英国、澳大利亚、日本、印度等卷已出版）、法国、德国、加拿大等国家和港澳台地区，内容根据各国和地区的特点，侧重梳理介绍其政府预算管理制度，主要包括组织体系、管理流程、管理制度、监督机制、法律法规以及预算改革的趋势等相关内容，重在诠释各国预算管理的基本事实和最新改革动态，力图总结出可供我国借鉴之处。

本丛书是依托中央财经大学中国财政发展协同创新中心和政府预算管理研究所的力量组织编著的。中央财经大学政府预算研究团队集合了国内外高校、研究机构、实务部门构成的专兼职研究人员，主要从事政府预算管理理论与政策的研究，研究范围涉及政府预算理论、财政信息公开与透明度、预算监督与预算法治化、政府会计与政府财务报告、中期财政规划等。研究团队还紧跟国际预算理论发展与我国政府预算管理改革动态，借鉴国际经验，加强对政府预算理论、预算政策、预算制度和预算程序以及中外预算的比较研究。研究团队的特色定位于倡导问题导向型的研究模式，强调研究成果的决策实用价值；随着学科交叉与融合，提倡对政府预算进行跨学科研究；推动研究方法的创新，提倡对政府预算问题开展实证研究。研究团队在运作模式上，提倡"学研一体"的运作模式，以期将科学研究与人才培养工作结合起来。

丛书编写主要基于各国政府相关部门网站、政府预算报告、最新立法及政策方案、各种统计年报等所载大量一手资料和有关文献编纂而成，力图尽可能客观地反映各国的政府预算制度体系及改革近况。但是，由于受各种因素及语言局限在资料收集上存在一定的难度，该套丛书还存在一些缺憾与疏漏，希望广大读者理解，也欢迎批评指正，以利于我们不断总结，逐渐扩大丛书所涉国家及地区的范围，为广大读者提供更多更好地开展预算研究与指导实践的书籍。

丛书编委会
二〇一七年十一月

前　言

笔者在本书写作的最后阶段，正遇法国大选、德国人口最多的州——北威州大选。从法国大选与德国北威州大选的过程来看，选民们其实都是在为保卫全球化而选。没有全球化，法国的香水、葡萄酒，德国的奔驰、宝马不可能有如此巨大的市场，虽然这些是属于富人的享受品，可又确实与本国大量普通工人的必需品、面包与牛奶相联系的，代表工人利益的"左"，代表商界利益的"右"，在捍卫全球化的选战中走到了一起。全球化不仅对劳动力资源丰富的中国经济发展是有利的，对中国的经济体制改革也是有利的。因为只有在全球化的过程中，中国人才有了解并且学习世界工业强国的制度动力。就德国本身的制度而言，也是在全球化过程中，经受制度竞争的考验，进行了持续的改革。从中国本身的制度改革需求来说，随着改革的逐步深入，需要解决的问题也是受全球化的影响在改变的。从德国本身的制度发展来说，它本身也是在根据受外在的影响调整改革的内容，从财政制度改革的大趋势来说，各国都是朝着相同的方向，需要建立的是善治的政府（good governance），精明强干的政府，而不是臃肿的，无所不包的庞大的政府，政府需要适当退出，以便让出更多的活动空间给市场。善治的政府是与公民的自治相呼应的，大量的公共事务不是由政府直接来操控，而是遵循无为而治的理念，让老百姓更多地参与公共事务的管理。信息技术的普及又给公民参与预算的透明化提供了前所未有的条件。根据中国政府预算制度改革的需求，介绍德国政府预算制度改革的过程与结果是本书的目的，笔者期望能够给读者提供一个完整的图像，同时给予相关疑问以可以理解的答案。

在德国学习期间，笔者从事的是关于中国经济方面的研究，起初是为了研究中国经济去了解德国财政制度的，是需要一个参照系，为了方便与德国教授讨论。因此，1997年有机会参加了上海财经大学储敏伟教授主持的外国财政制度研究丛书项目中德国财政制度的编著。回国工作后的第一个愿望就是新版德国财政制度，正好有南京财经大学学科建设的支持，2005年这一愿望得以实现。时光荏苒，2005年的德国财政制度修订本距今已有10多年，对10多年来的德国财政制度进行追踪研究，成为笔者的一个新的心愿。2015年笔者曾经多处寻求财政支持未果，只能放弃。2016年春通过中央财经大学的白彦锋老师介绍，得以承担编著德国政府预算制度的任务，笔者的这一愿望得以基本实现。①

在笔者2004年写作德国财政制度期间，德国的经济处于萧条阶段，至今10多年期间，德国经济经历了2008年世界金融危机、能源转型、欧债危机以及2015年开始的难民危机，经受了如此多的风风雨雨，但是德国政府通过持续的大幅度的改革，基本上克服了这些危机。改革是持续的，改革的纲领与口号由时任社会民主党的总理施罗德以2010议程，削减高福利开始，到基督教民主联盟党的总理默克尔的保护德国工业基地的地位，改革的路线一脉相承，改革的目标明确，保持德国经济在全球化过程中，尤其是欧盟一体化过程中的竞争力，使政府的财政可持续。德国政府财政由于特殊的原因，债务负担是相当重的。但是，从2014年开始，由于整个国民经济逐步复苏，进入增长阶段，就业增加，带动消费增加，使政府财政状况大为好转，公共财政从2014年开始实现当年无赤字，这对于德国财政来说是可以说是历史性大事件。从发展趋势来看，企业开始停止外迁，并有些企业逐步回迁。根据预测，工业机器人普及以后，企业回迁的数量将会增加。德国经济与政府财政状况在这10多年间的改革历程说明，制度改革的潜力是巨大的，对于中国政府现阶段坚持面向市场经济的制度改革具有相当的正面的鼓舞作用。因此，德国财政是如何走出困境，实现改善的，无疑是中国读者所关心的，因此也是笔者关注的重点，体现在更多的笔墨用于预算制度的改革。根据丛书的编写要求，本书将更多的文字用于政府预算制度，考虑到德国联邦制的特点，增加了州政府预算与市镇政府预算内容。由于将核心内容限制在预算制度方面，政府预算制度，就是对政府预算行为的规范，涉及许多具体的法律条文，这些法律条文笔者之前也没有深度接触过，这次投入了大量时间用于相关法律条文的翻译与解读，虽然比较枯燥，但收获颇丰。

笔者以为，政府预算制度改革不仅对中国财政制度改革的进一步深化具有重要意义，对于促进中国民主进程也具有直接的意义。中国现代化大业的完成不仅是经济的增长，更包括社会的可持续发展。时光之舟很快抵达2018年，中国的改革开放已经经历近40周年，虽然改革开放给人民的福利带来很大的改善，但人民福利要进一步提高，依然需要进行制度改革，因此，政府预算制度的改革也在推动之中。国家的繁荣，人民的福利都取决于好的制度，制度改革的过程也是一个制度选择的过程，即参考什么样的新模式来改革现存的制度。制度选择，人人有责，尽力为中国的改革开放做贡献，也是笔者写作的动力。制度建设不仅需要大致的蓝图，更需要具体的规划步骤，每个部分的具体结构以及各个部分之间的衔接都必须清楚，有任何的含糊，都有可能导致工程的失败。因此，写作与阅读虽然枯燥，笔者认为还是很有意义的。

因此，本书在内容安排方面，基本从中国预算制度改革的需求来考察德国政府预算制度，侧重于制度框架与预算报告的模块。

本书的内容由11章构成。首先是介绍了两个层次的制度框架：一是作为德国政府预算制度的经济制度框架：德国社会市场经济制度的具体内容及制度选择的历史

---

① 因为本专著是德国政府预算制度与德国财政制度相比较，少社会保障与税收方面的内容，因此，只能够说这一愿望得以基本实现。

前　言

与理论背景（第一章）；二是作为德国政府预算的直接制度框架：政府与预算管理体制（第二章）。由于本专著的核心内容是联邦政府、州政府与市镇地方政府预算基本程序，年度预算报告的内容，因此，第三章与第四章的内容安排尤其重要。第三章为预算基本法的多次改革。第四章为联邦预算计划与预算编制，注重年度预算报告的基本模块：预算总表与单项预算表及说明文字。第五章为联邦预算的执行与监督。第六章为州政府预算体系，使用了莱法州作为案例介绍了州政府预算总表与单项预算的关系。第七章为市镇政府预算，重点介绍了德国市镇自治的历史传统、市镇预算制度改革。第八章为政府债务管理。第九章为德国政府预算制度最具特点的是政府间预算平衡制度。第十章为公共企业预算。第十一章为政府预算信息公开制度。从全书的内容来看，追求提高制度绩效为目标的改革是主线，这十年来，德国在政府预算制度进行了大量的改革，将改革的动因与结果介绍给读者，是笔者的义务。网络技术虽然给写作提供了大量的直接资料来源，从大量的资料中进行选择与取舍也耗费大量的时间。笔者虽然有前两次写作的基础，但是这次耗费的时间还是最多的，尤其是花费在州与市镇预算部分，希望这部分能够为中国的地方政府预算改革提供直接的框架性参考。

在写作过程中，非常感谢项目主持人中央财经大学李燕教授的帮助，她根据中国政府预算制度改革中的实际需要向我提出问题，为了回答她的问题，我收集材料，组织内容。例如，年底突击花钱的问题；德国人是如何解决预算支出权限的年度有效性与资源使用单位节省财政资金的动力之间的矛盾的；德国人是如何控制地方政府债务的，等等。同时，也要特别感谢南京财经大学的朱军老师，他正巧在德国做访问学者，由于他正在进行地方债务方面的研究，因此参与了本书德国地方政府债务控制、州政府预算与市镇预算的制度方面的内容的讨论与写作内容的构思。

本书得以完成，首先要感谢《典型国家与地区政府预算制度研究丛书》编委会对笔者的接纳，将编著《德国政府预算制度》的任务委托于我。也感谢李俊生教授与马海涛教授曾经对笔者在南京财经大学学科建设方面的支持。特别感谢丛书主编李燕教授，尤其要感谢她与我的多次耐心意见交流，及容忍我在有些内容方面的固执己见。感谢刘颖编辑为这本具有翻译文字风格图书的审校工作而付出的巨大耐心与大量的时间。感谢朱军老师从他主持的国家社会科学基金青年项目（15CJY077）提供的财政支持。感谢我的家人，将本来用于陪同他们的时间用于写作的疯狂，他们给我充分的理解与耐心。

本书为国家社会科学基金重点项目"建设现代预算制度研究－基于制约和监督权力运行的视角"（14AZD022）和中央财经大学重大科研培育项目"国家治理能力提升下的政府施政行为规范研究"的阶段性成果。

由于笔者水平所限，本书的观点与内容方面责任由笔者独立承担，有不当之处或错误，欢迎读者批评指正。

作　者

2017 年 5 月于南京

目 录

第一章 德国政治、经济与财政概况 / 1

第一节 德国概况 / 2
第二节 德国社会市场经济制度 / 9
第三节 德国的经济状况 / 15
第四节 德国财政状况 / 20

第二章 德国政府与财政管理体制 / 27

第一节 政府机构设置 / 28
第二节 联邦政府财政职能 / 30
第三节 地方政府财政职能 / 36
第四节 财政管理的组织架构 / 46

第三章 政府预算的法律基础 / 54

第一节 预算基本法演变 / 55
第二节 预算基本法改革：《持续发展法》/ 58
第三节 预算基本法改革：《现代化法》/ 60
第四节 财政预算的基本原则 / 65
第五节 欧盟财政协议对德国预算基本法的影响 / 66

第四章 联邦政府财政预算计划与年度预算 / 71

第一节 联邦财政预算计划 / 72
第二节 联邦年度预算编制的内容 / 82
第三节 联邦预算编制程序 / 93

第四节　联邦政府预算草案审批 / 97

第五章　联邦政府预算执行监督与绩效 / 101

第一节　预算执行的组织安排 / 102
第二节　联邦决算 / 106
第三节　联邦总决算报告 / 109
第四节　预算执行监督的组织安排 / 113
第五节　预算执行透明度的制度保证 / 119
第六节　德国政府预算绩效管理 / 122

第六章　德国州政府预算体系 / 128

第一节　德国地方政府预算的法律基础 / 129
第二节　州政府预算体制 / 130
第三节　德国州级政府预算内容 / 135
第四节　州预算年报案例——莱法州财政预算年报 / 137

第七章　德国市镇地方政府预算 / 147

第一节　市镇地方自治理论依据 / 148
第二节　县财政事务 / 152
第三节　市镇政府预算 / 154
第四节　市镇预算计划原则 / 159
第五节　市镇预算执行与监督 / 162
第六节　市镇地方政府预算程序、特点与新的改革 / 167

第八章　德国政府债务管理 / 173

第一节　政府债务管理的法律依据 / 174
第二节　德国政府债务的形成与历史 / 177
第三节　国债规模发展 / 183
第四节　国债管理及新的改革 / 190
第五节　地方债务危机及控制 / 195

第九章　德国地区间预算平衡制度（政府间财政预算关系）/ 199

第一节　政府间财政预算平衡关系 / 200

目 录

　　第二节　州与市镇财政预算横向平衡 / 202
　　第三节　政府间财政预算纵向平衡 / 210
　　第四节　财政平衡制度改革 / 212
　　第五节　财政预算平衡对国家统一的贡献 / 217

第十章　德国公共企业预算 / 221

　　第一节　德国公共企业在政府预算中的地位 / 222
　　第二节　联邦公共企业私有化改革的预算法基础 / 223
　　第三节　联邦参股企业改革预算 / 225
　　第四节　公共企业预算管理 / 230
　　第五节　公共企业管理信息公开与审计 / 236
　　第六节　德国公共企业私有化对我国公共企业预算的启示 / 243

第十一章　德国政府预算信息公开 / 246

　　第一节　政府预算信息公开的基本法律框架 / 247
　　第二节　《基本法》关于政府财政预算信息公开的相关规定 / 251
　　第三节　《预算基本法》与《联邦预算法》中预算信息公开的有关规定 / 252
　　第四节　与预算信息公开相关的其他重要法规 / 253
　　第五节　联邦预算信息公开制度 / 254
　　第六节　地方政府预算信息公开制度 / 257
　　第七节　德国预算信息公开对我国的启示 / 259

重要名词翻译 / 262
参考文献 / 266

第一章

德国政治、经济与财政概况

■ 本章导读

在第二次世界大战的废墟上建立起来的德国经济，短短的20年间，创造了德国的"战后经济奇迹"。德国的财政管理体制对创造这一奇迹发挥了重要的作用。本章主要介绍德国政治经济财政概况，首先对德国的基本情况进行了概述，而后对德国的政治制度、经济制度、财政制度等方面进行了介绍。

第一节　德国概况

一、德国的自然地理状况[①]

德国全称为德意志联邦共和国，位于欧洲中部。德国的首都是柏林。联邦政府部以及联邦管理机构中有相当大的部分设在以前的首都波恩。德国周围有九个邻国：北邻丹麦，西邻荷兰、比利时和卢森堡，西南与法国接壤，南部与瑞士、奥地利相连，东部与波兰、捷克毗邻。德国处于欧洲的中心位置，在欧洲地缘政治上扮演着极为重要的作用。第二次世界大战以后，德国曾经分裂为位于现在德国西部的联邦德国和位于现在德国东部的民主德国。1990年10月3日，两个德国重新统一，并沿用了原德意志联邦共和国的国名和法统。德国是欧洲联盟和北大西洋公约组织的一员，是西欧和大西洋地区通向中欧及东欧各国的桥梁。

德国国土总面积为357 340平方公里。按面积计算，它居欧洲第六位。德国南北之间的直线最远距离为876公里，东西之间最远为640公里，陆地边境线全长为3 758公里。德国的居民人数约8 360万人（2003年），近十多年以来，德国人口呈下降趋势，2014年总人口为8 120万人，是欧盟人口最多的国家。

德国地形呈北低南高的态势。北部的特点是北德低地一带的草原、泥沼及湖泊以及一望无际的平原。中部有艾弗尔、哈尔茨、埃尔茨等海拔大都不超过1 000米的丘陵山脉。南部的典型象征有高耸的阿尔卑斯山，黑森林山区有德国最大的湖泊博登湖。德国最高峰为阿尔卑斯山脉的楚格峰，总高2 962米，在巴伐利亚州境内。德国西北部临北海，东北是波罗的海海岸。波罗的海中的吕根岛，总面积达930平方公里，是德国最大的岛屿。德国最长的河流是著名的莱茵河。莱茵河全长1 320公里，在德国境内有865公里。

德国位于大西洋海洋性气候和东部大陆性气候之间的凉爽西风带。冬季，北部低地平均温度约摄氏1.5度，山区6度；夏季，低地平均温度为18度，南方有屏障的山谷内为20度左右。降雨比较平均地分布在一年四季。常年气候温和湿润，有利于玉米、麦类、马铃薯、甜菜等温带农作物的生长。

二、德国的国家制度

（一）联邦共和国

德国是联邦制度国家，由16个州级行政单位组成，即13个州和3个州级市。

[①] A. Kappler/A. Grevel, Tatsachen Über Deutschland [M]. Frankfurt am Main：Scocietäts Verlage, 1995；法兰克福莎西埃德媒体公司（美因河畔法兰克福）与外交部（柏林）合作，《德国概况2015》中文版，2015年。www.facts-about-germany.de。

第一章　德国政治、经济与财政概况

1990年两德统一以后，人们习惯地把原属德意志联邦共和国的各州称为西部老州，把原德意志民主共和国地区各州称为东部新州。从北向南数，西部老州分别为石勒苏益格—荷尔斯泰因、汉堡（州级市）、不来梅（州级市）、下萨克森、北莱茵—威斯特法伦、莱茵兰—法尔茨、萨尔、黑森、巴登—符腾堡和巴伐利亚；东部新州为梅克伦堡—前波莫瑞、勃兰登堡、萨克森—安哈特、图林根与萨克森，首都柏林（州级市）。在德国西部的州级行政区划中，各个州的面积、人口规模和经济规模差别是相当大的，例如面积最大的州巴伐利亚的面积为70 554平方公里。人口最多的州为北莱茵—威斯特法伦州，拥有居民人数1 800多万人，同时也是欧洲人口最稠密的地区。从经济规模来看，在过去的相当长的时期内，北莱茵—威斯特法伦州的经济规模也是最大的，它一个州的GDP总量曾经与整个原民主德国全国的GDP总量相当。从各个州的社会经济发展来看，规模大的州拥有高于全国平均水平的公共服务设施。

在第二次世界大战失败后，在德国西部占领国主导下，于1949年制定的德意志联邦共和国基本法，[①]规定了德国国家制度的五项基本原则，即德国是民主国家、共和制国家、联邦制国家、法制国家和社会福利国家。德国民主制国家形式的基础是人民的主权原则。国家的一切权力从人民出发。基本法规定德国实行间接的、代议会制的民主制度。国家的权力必须经过人民的承认和同意。人民通过定期进行的议会代表直接选举行使国家权力。在直接选举以外，国家的权力并不直接由人民来决定，而是由立法、行政和司法的专门机构来行使。德国基本法对人民民主形式的规定与其他国家不同的是，它只有在例外的情况下，即重新划分联邦领土的情况下才可以采取公民投票等直接的民主形式。为了吸取民主的魏玛共和国在第二次世界大战前失败的经验，基本法规定联邦宪法法院可以禁止那些打算毁坏民主国家制度的政党。德国的共和国制度在宪法上首先表现为"德意志联邦共和国"的名称，通过选举产生的联邦总统是国家的首脑。总统在国际法上对外代表国家；对内，他任命联邦法官和官员，拥有赦免权。联邦总统审查法律的制定是否符合宪法并颁布法律。德国总统由德国联邦大会选举产生，任期5年。2017年新任总统为施泰因迈尔，前任总统高克任期满。联邦大会由联邦议会的议员和同等数量的各州议会的代表组成。在联邦德国，总统的权力受到很大的限制，基本上没有实际的政治权力，仅当国家处于紧急状态情况下，总统有对外宣战权。吸取魏玛共和国时期国会瘫痪、总统滥权的教训，以及吸取希特勒作为全民直选的总理，上台以后，废除总统，将总统与总理大权独揽于一身，导致战争灾难，德国设置了一种特殊的总统制度。德国国家制度中总统的设置，是对总理权利的一种制约。德国总理没有对外宣战权，总统选举也与议会大选无关。德国的行政管理权主要掌握在通过议会大选产生的联

[①]　由于德国当时的政治家们期望未来的德国统一，为了避免承担国家分裂的历史责任，他们认为，不是一个统一的国家就不可能有宪法，所以称为基本法。实际功能来说，基本法相当于宪法。参见：迪特尔·拉夫：《德意志史——从古老帝国到第二共和国》，德文版，慕尼黑Max Hueber出版社1985版；中文版，波恩Inter Nationes出版社1987年版。

邦政府总理手中，总理任期是4年。

德国联邦制的国家制度意味着，不仅联邦共和国本身，而且16个联邦州都具有国家的性质。联邦制下的州，不同于非联邦制度下的省。联邦州本身就是国家权力的实体。各个州都有自己的宪法。各州的宪法必须与基本法所规定的国家制度的原则相符合。除此之外，各个州在一定范围内拥有自己的立法、行政、司法权等主权。联邦各个州具有一定程度的国家权力只是联邦制的一个方面。另一个方面是联邦州在涉及整个联邦的重大事务上有参与权。例如，在立法方面，代表各州的联邦参议院直接参与法律的制定过程。在联邦的重要事务上，尤其是需要在地方实施重要的行政事务与涉及地方预算的投资计划和财政支出项目，联邦总理和他的部长们无权直接做出决定，必须和各州州长协商，得到州级同意。例如，默克尔在第一任期就要求各州将幼儿园作为地方义务公共产品提供，并没有得到各州的同意，也就无法真正实施。直到她的第二任期，进一步与各州协商，并且解决资金来源问题后才得以实施。

联邦制在德国领土上具有悠久的传统，但19世纪以后，德国逐渐走上中央集权的国体。1933~1945年的纳粹政府，进一步把无所不包的极端法西斯主义强加给德国人民。这段历史给德国留下了沉痛教训，突出了联邦制作为德国国家基本体制的重要价值。德国具有相当长的联邦和自治历史，过去的德国一直由联邦国组成。在许多世纪中，由于战争，德国的版图经常改变。在近代的19世纪初的拿破仑战争，1866年普鲁士—奥地利战争，第一次和第二次世界大战，都造成了德国版图的变化。德国现在的州级行政区划或者说州的领土范围基本是以1945年盟国占领时占领区的划分为基础形成的。在1949年成立德意志联邦共和国时，确定州级行政区划也考虑了历史边界划分和文化传统。在西部老州中，有些州在历史上曾经是两个不同的邦，现在合并为一个州，这些州还能够在州名上识别出来。例如北莱茵—威斯特法伦州（中文简称北威州）是由英国占领区的莱茵州，威斯特法伦州的大部分与利珀-德特莫尔德州合并而成。莱茵兰—法尔茨州（简称莱法州）是法国占领区，也是将两个州（区）合并而来。① 巴登—符腾堡州曾是美国占领区，就是将巴登—符腾堡两个地区合并而成。统一前的东部地区，曾经是苏联占领区，在民主德国建国时期，形成5个州。但是，1952年民主德国通过行政区改革，废除了州制度，采取了人为的新区划，划为14个区。德国统一以后，根据自由选举的议员们的决议，在东部重建5个新联邦州，这5个新州基本保留了1952年之前的版图格局。对于1945年以后形成的联邦州的版图划分，在德国也不是没有争论的。因为有些州是联盟军占领的原因合并起来的，仍然有人希望恢复到占领前的格局，这样有些州可能就被分小，比如说北莱茵—威斯特法伦州就要分为2个或者3个州。但联邦制专家们的看法是，州的规模大有利于形成公共产品供给的规模经济，节省行政管理方面的费用，以1945年盟军占领为基础形成的州版图格局基本是有利的，没有必要加以根本的改变。同时，也有些联邦制专家们的看法是，德国应该进一步进行州之间的合并，

---

① 第二次世界大战后美国在欧洲最大的空军基地设在莱法州。

减少州的个数，目标应该为5~6个州。但是，根据自治原则，在涉及国体和领土等重要问题上，必须由居民投票决定，在许多情况下，合并是不能够如愿的，例如，勃兰登堡和柏林的合并就因为被居民公投否定而没有能够实现。①

（二）政党政治

政党政治是德国决定国家权力分配的基础，各党派在选举中得到的票数，决定各政党在议会的席位以及执政党或是在野党的地位。为了防止党派政治环境的恶化，吸取魏玛共和国失败的教训，德国对政党成立有宪法限制。联邦宪法法院如果判定某党违背国家宪法基本精神，就可以禁止该党派活动。例如，原希特勒的国家社会主义党，与新国家社会主义党，都是被法律禁止的党。根据基本法规定的结社自由的基本人权，只要不是违宪的党，都可以参加竞选。党是选举的基本单位，但是它又是由人作为代表的，政治家作为政党的代表参加选举。长期以来，德国占主要地位的政党为基督教民主联盟（CDU），以教会的黑色为标志；社会民主党（SPD），以红色为标志；自由民主党（FDP），以黄色为标志，也与德国国旗颜色基本相同。自由民主党人数比较少，长期以来，执政党基本是红黄配或者是黑黄配。20世纪70年代后期，德国出现了以环境保护为主要党纲的政党，以绿色为标志。绿党在1983年通过最低得票5%的门槛，成为议会党团之一，其后长期都是作为在野党。在1998年施罗德总理执政时期，首次与社会民主党组成红绿联盟的联邦层次的执政党。在日本福山核电站事故以后，长期反对核能的绿党迅速发展，在州选举中得到大量选票，2011年首次在巴符州与社民党联合执政，取得执政党的地位，并且产生德国历史上第一位绿党州长。之后几年，绿党先后成为多个州的联合执政党。2013年在欧元危机背景下，德国产生了一个新党：德国选项党（AfD），以浅蓝色为标志（比欧盟的蓝要浅）。该党的主要纲领是反对欧元，同意欧盟，限制伊斯兰教移民。选民主要是来自对基督教民主联盟的欧元政策与难民政策不满的人。上次联邦大选中，得到4.7%的选票，没有过门槛，没有能够成为联邦议院党团。不过根据预测，下次联邦大选，德国选项党有希望进联邦议院。在2016年9月的州选举中，在梅克伦堡—前波莫瑞州德国选项党大胜，取得超过基民盟的选票，成为该州第二大党。这被看成德国政治生活中的历史性大事件，因为这个州是现任德国总理默克尔的选区。绿党在本届议院中有63个席位。左翼有64个席位（以紫色为标志）。在绿党因环境保护议题地位上升的同时，传统的自由民主党却在2013年大选中没有通过5%的门槛，失去了自从1949年以来的联邦议院党团位置。因此，在本届联邦议院中没有自由民主党的党团。基督教民主联盟党在本届议会拥有最多的席位，254席，加上选举的直接联盟党，巴伐利亚基督教社会联盟党（CSU）56席位，有310席位，是最大的联邦议院党团。基督教民主联盟虽然有如此多的席位，但是仍然达不到独立成为执政党的票数。最后与社会民主党组成大联盟执政党。现任总理默克尔

---

① H. Laufer/Münch, U. 1997, Das Foederative Syst. Das Foederative System der Bundesrepublik Deutschland, Bundeszentrale fuer politische Bildung, Bonn, pp. 251–254.

是基督教民主联盟党主席，她的第一任期开始于2005年，通过2009年、2013年大选，她已经连任3届。她现在的任期开始于2013年，应该在2017年到期，本来由于德国景气的经济形势，尤其是青年就业形势，她的民调指数相当高，有希望竞选连任。但是由于2015年夏开始的难民问题，她在难民问题上的立场，导致她的民调大幅度下降。尽管民调下降，默克尔仍然通过了基督教民主联盟党的党内推荐，取得了2017年大选的总理竞选人的资格。

（三）法制国家

德国法制国家制度建设以三个基本原则为基础。第一个原则是三权分立。国家权力分别由立法、行政和司法机构独立行使。第二个原则是行政的合法性。法对国家一切行动具有不可更改的效力，政府活动不得违反现行法规，特别是宪法和各项其他法律；政府行政对个人的权利及自由的约束和限制，需要有正式的法律依据。如果个人基本权力受到政府行政权力的侵犯，他可以起诉，可以要求独立的法官审查其行动的合法性。宪法法院是德国法律体制的一个特殊设计。如果个人的基本权力受到侵犯，甚至是受到来自法院的侵犯，在个人的一切法律手段于专业法庭上俱已用尽时，个人可以向宪法法院起诉。第三个是社会福利国家原则。这是对传统国家思想的一个补充，从国家制度上要求保护社会上的弱者，并且不断地谋求社会公正。社会福利国家具体表现在国家对老年、伤残、疾病以及失业提供的福利金、为穷人提供的社会救济、住房补贴和子女补贴、劳动保护法和工作时间法等方面。

1. 立法部门。联邦议院和联邦参议院是德意志联邦共和国的立法机构。联邦议院的任务是立法、选举联邦总理和监督联邦政府。联邦议院根据议会工作的业务范围，设立了相关的常务委员会。本届议会（第18届议会）有23个委员会，其中，欧盟事务委员会规模最大，由49名议员组成，其次为经济与能源委员会，由46名议员组成。劳动与社会保障委员会、预算委员会、交通与数字化基础设施委员会各由41名议员组成。外交委员会、财政委员会、内政委员会、卫生委员会各由37名议员组成。家庭、老年、妇女和青年委员会，环境、自然保护、建筑与核反应安全委员会各由36名议员组成。教育、科研与技术成果评价委员会，食品和农业委员会各由34名议员组成。申诉审核委员会由26名议员组成。文化与媒体委员会，体育委员会，旅游委员会各由18名议员组成。数字化工程，人权与人道援助委员会各由16名议员组成。法律与消费者保护委员会由39名议员组成。国防委员会由32名议员组成。经济合作和发展委员会由21名议员组成。选举审查、豁免权和社团活动规则委员会由14名议员组成。此外议会还有固定的委员会（与某届政府无关的）：选举审查委员会，协调委员会与检查委员会。

与上届相比，第18届议院增加了1个新的委员会：数字化工程。调整了三个委员会：经济与技术委员会改为经济与能源委员会，交通、建筑与城市开发委员会改为交通与数字化基础设施委员会，消费者保护在上届是与食品和农业在一个工作领域，现在将消费者保护划到法律领域下面，相当于突出了消费者保护的地位。需要特别指出的是德国的财政委员会从工作领域来看实际上是财政金融委员会，是负责除了预算之外的所有财金事务的委员会。工作领域为两大部分：金融市场规制（银行、证券与保险行业），关税与税收政策，其直接对口的联邦部为财政部。而直接负责预算的有独立的预算委员会，对口的也是联邦财政部。申诉审核委员会理论上可以翻译成信访委员会，具有传声筒的功能，工作领域是公民与议会在立法方面的互动。公民对某项立法的不满意与批评，或者所达到的目的或者是带来更多的问题可以直接向申诉审核委员会投诉，该委员会将会给予答复。在这个委员会的网页上有公布接受法律事务申诉的件数。协调委员会（Der Vermittlungsausschuss）工作领域是负责联邦议院与参议院之间的协调，由各16人组成。当联邦议院通过的法律草案在联邦参议院不能够得到多数通过的情况下，就由议会协调委员会负责协调。议会的这些固定委员会属于议会在维护民主方面的制度，注重立法过程与普通公民之间联系，注重州地方利益的要求。

联邦议院的议员作为人民代表由直接普选产生，议员的资格是独立的，不受他所属的党派成员资格的限制。对重大决议投票时，议员原则上可以不受所属政党立场的限制。在议员身份独立的同时，他们又按所属的政党，组成议院内的党团。联邦议院的全体会议是讨论内政和外政的重要论坛，各党团从他们各自政党的立场出发，提出法律草案和对政府工作提出意见。

联邦参议院是联邦各个州的代表机构，参与联邦的立法和行政监督。参议院的议员不是由人民选举产生的人民代表，而是由州政府的成员或州政府的全权代表组成。根据各个州的居民人数分配固定的席位。他们在投票时没有个人的独立性，而必须与本州政府的意见保持一致。在这种场合，州的利益高于党派的利益。在德国，一半以上的法律需要联邦参议院的同意才能生效。这些法律首先是涉及各州根本利益的法律提案，例如有关财政或者行政管理的法律。其次，对宪法的修改，联邦参议院具有重要的作用。德国法律规定，至少要有联邦参议院2/3的票数同意，才可以修改宪法。最后，在其他场合，联邦参议院也有提出异议的权利。联邦议院可以以多数票否决参议院提出的异议。在联邦议院和联邦参议院意见分歧的情况下，由两院成员共同组织的协调委员会进行调解。

税收立法程序。德国的税收立法权限大部分集中在联邦一级。涉及税收的重要法律基本上都是由联邦政府提出提案，联邦两议院通过。财政部只有对税法具体实施条例的解释权。但是，如果有人认为联邦两议院通过的、联邦政府公布的税收法律违背宪法，并且向联邦宪法法院提出上诉，联邦宪法法院就要根据宪法的基本条款，对联邦政府实施的有关税法进行裁决。如果宪法法院裁决的结果是该项税法不符合宪法的基本条款，联邦两院必须接受联邦宪法法院的裁决，对有关税法进行修改。例如，实施多年的财产税，就是因为不符合宪法所规定的保护私人财产所有权的基本条款，从1998年开始被取消。由于德国是联邦制和地方自治国家，州和市镇，尤其是市镇在本行政管理区内有税收立法权，可以对联邦法律内划归市镇管理的税种，规定税率或者增加新的税种和税收减免。

2. 司法部门。德国法律的特点是成文法。德国早在19世纪便产生的较为完整的成文的法律制度，奠定了德国作为法制国家的法律基础。其中，法院组织法、民事诉讼法以及刑事诉讼法,保证了法院和法官在行使职能时的独立性,成了公民法律保障的基石。法官只服从法律,只能、也只应该依法办事。为此,德国法律规定,法官是独立的、不可撤换的。政府和其他部门不能随便调换法官工作位置和地点。

德国司法的特点是严密的法律保护和高度的专业化。图1-1表明了德国法院的结构。它由五个部分组成。

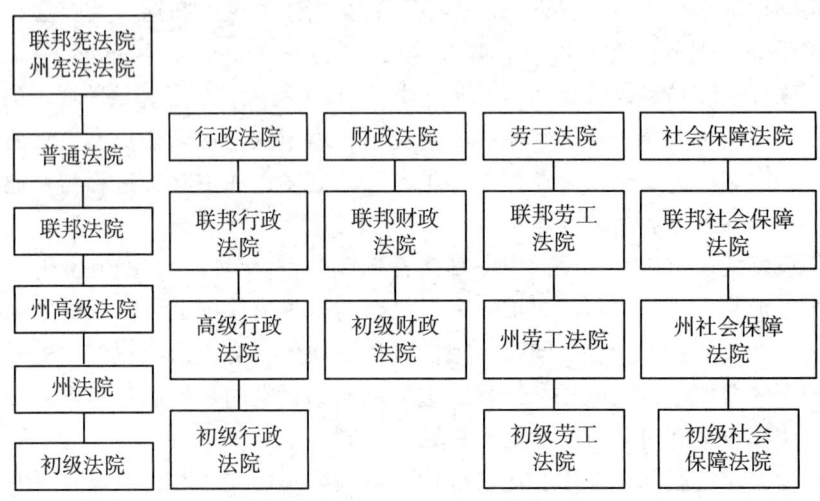

图1-1 德意志联邦共和国法院结构

资料来源:A. Kappler/A. Grevel, 1995, Tatsachen Ueber Deutschland, ScocietaetsVerlage, Frankfurt am Main。经笔者加工修改。

(1) 普通法院,负责审理刑事案件、民事案件和民事调解。它分为4级:初级法院、州法院、州高级法院和联邦法院。

(2) 行政法院,负责审理涉及行政法规方面的法律纠纷,它分成初级行政法院、高级行政法院和联邦行政法院三级。

(3) 财政法院,负责处理税收和向公用事业付费方面的纠纷。它包括初级财政法院和联邦财政法院两级。

(4) 劳工法院,负责审理劳资关系中的私法性质纠纷,劳资谈判双方的纠纷,涉及企业法和职工参与法的纠纷。它包括初级劳工法院、州劳工法院和联邦劳工法院三级。

(5) 社会保障法院,负责受理所有涉及社会福利、社会保障的法律、法规的纠纷,它也分成三级,即初级社会保障法院、州社会保障法院和联邦社会保障法院。

位于上述五种专业法院以上的,是联邦宪法法院。位于卡斯鲁尔的联邦宪法法院既是联邦的最高法院,同时也是宪法机构,是德国最高法权的象征。它裁决有关宪法问题的诉讼和五种专业法院不能最终决定的诉讼。对于属于普通法院的案件,不涉及行政权力的,联邦法院是最后的判决,不能再到联邦宪法法院去诉讼。除了图1-1中的5个联邦法院以外,还有位于慕尼黑的联邦专利法院。

第一章　德国政治、经济与财政概况

第二节　德国社会市场经济制度

一、德国社会市场经济制度的产生过程

德意志民族具有悠久的历史传统，社会主义思潮在德国有着深厚的根源。19世纪初，德国继英国、法国之后，走上了资本主义发展道路，并很快成为世界主要工业和经济大国之一。德国既是马克思主义的故乡和工人运动的发源地，又产生了俾斯麦的铁血政策和希特勒的法西斯主义。[1][2] 第二次世界大战之后，德国西部被资本主义经济制度国家的西方联盟占领，东部被社会主义经济制度国家苏联占领，德国成为当时东西方两大制度对垒的前沿阵地。西方联盟虽然从领土上占领了德国西部地区，但是西部人民选择什么样的国家制度仍然取决于他们自己。由于欧洲共产党和社会党在反法西斯战争中的贡献，这些政党都是合法的，可以参加竞选的政党。如何争取受社会主义思想影响的选民的支持，是对当时政治家们智慧的考验。当时政治家阿登纳将建立社会市场经济制度作为他的政党——基督教民主联盟政党的竞选纲领。这一思路基本逻辑是，只有市场经济制度才能够保证国家的法制与民主的政治制度。确切地说，是政治家阿登纳接受了社会市场经济制度这种设想，社会市场经济制度理论上是当时盟军占领区的经济负责人，后来的德国总理艾哈德具体提出的，在德国被称为社会市场经济之父（他当时是自由民主党党员）。社会市场经济是一种独特的经济和社会制度，是一种试图在保证自由的市场竞争和自由的企业制度的同时，把竞争和经济增长纳入为全体人民带来福祉为轨道的社会制度。通过这一制度，德国既希望从根本上避免无节制的自由资本主义给社会贫穷阶层带来的痛苦以及由此而产生的社会问题，也希望避免无所不包的国家统制经济给生产增长和经济效率带来的损失以及由此而产生的经济问题。社会市场经济制度对有产阶级的承诺是国家将保障私人永久财产权放在首位，社会市场经济制度对劳工基层的承诺是国家将保障劳动者的基本权利，并且有就业与福利的基本保障。同时承诺普通劳工阶层可以通过股票市场购买股票的途径参与分享企业利润，当时提出人民资本主义的口号。在当时社会主义理论，工人运动在欧洲盛行的情况下，联邦德国人坚持将私人产权为基础的市场经济作为制度的选择。

面对被盟军地毯式轰炸留下的遍地废墟，联邦德国人民依然选择了西方联盟的国家制度。以社会市场经济制度作为竞选纲领的基督教民主联盟党取得第二次世界

---

[1] 约阿希姆·菲斯特（Joachim Clemens Fest）：《第三帝国史，完全统治的路径》，Das Gesicht des Dritten Reiches. Profile einer totalitären Herrschaft. München, Piper, 1963.
[2] 约阿希姆·菲斯特（Joachim Clemens Fest）：《历史的遗存，图像与审视》，Aufgehobene Vergangenheit. Portraits und Betrachtungen. Stuttgart, Deutsche Verlags-Anstalt 1981, als Taschenbuch：München, dtv 1983.

大战后建国的首次大选胜利。阿登纳作为总理在德国连续执政14年，完成了德国社会市场经济的初步实践，实现了后来的德国经济恢复的奇迹。需要特别指出的是，有人用市场加宏观调控，市场加秩序，或者市场加社会保障或者将这三者相加这样的简单公式来表示德国社会市场经济模式。这是一种很容易导致误解的表述。维护市场秩序是过程，是国家为市场公平竞争创造框架条件，它的本质不是宏观调控。社会保障是为克服市场公平竞争而导致的社会福利分配不公，通过增进大众福利达到社会进步的目标。因此，德国社会市场经济制度不是所谓的"第三条道路"或者"中间道路"，而是资本主义市场经济的一种形式，是对资本主义市场经济的改良。作为市场经济的核心概念，参与市场的主体必须是私人经济单位，在这个问题上是没有中间道路可走的。社会市场经济的本质是国家通过维持市场竞争的秩序，实现市场的公平竞争。通过社会保障克服公平的市场经济竞争可能导致的社会福利的分配不公。

二、德国社会市场经济制度的具体内容

（一）生产资料私有制与自由竞争

德国经济制度的基本思想，是保持生产资料的私有制和竞争的自由。这两者是互为条件，互相保证的。没有生产资料的私有制，竞争就会受到限制，就不能充分地开展；没有自由的竞争，生产资料的私有制就无法真正实现，生产资料的私有者就不能完全行使自己的支配权。因此，德国的市场经济首先是以私有制为基础的市场经济。德国基本法规定，保护个人财产所有权不受侵犯是国家的任务。德国的私人财产所有权包括对土地、房屋、工业设备等生产资料的永久所有权。在德意志联邦共和国成立之初，社会主义公有制尚处于试验阶段，德国选择以私有制作为社会市场经济的基础，是出于以下基本理念。理论上来说，从保护个人自由的角度来看，私人财产权具有三大功能：第一是为个人带来成果。不仅是地主、资本家可以通过对生产资料的私人所有权取得地租、利润作为所有权的成果，工人也可以从所有权取得成果，例如存款的利息、股票的分红和自有住宅而节省的房租收入，或者自有房产出租收入。第二是私有权和财产所得是个体独立存在的保障。在危急状态下，个体可以通过出卖或者出租个人财产保护自己的生存。第三是私人所有权是保证个体具有比较少的依赖性或者说更大独立性的基础。这条同样适用于雇员。只要个人能够从其所有的金融或者实物资本中取得足够收入，他就可以不接受他不喜欢的工作。从国民经济和社会的角度来看，私人所有权具有四大功能：（1）私人所有权使竞争得以保证。市场经济的本质特点是市场竞争。只有当个体取得对某种资源使用和转让的权利，并且能够对其个人的效用进行估价，竞争才成为可能。通过竞争可以避免资源的浪费。在这种情况下，私人的支配权满足了社会功能。（2）私人所有权可以保证有效的经理控制。生产资料的私人所有权是经理有效管理的前提条件。私人通过资本市场交易取得对企业的参与权。这使对企业的营利和亏损的现值估计

成为可能。(3) 私人所有权可以分担风险。私人所有权使风险分担和减小成为可能。这两点是有效运行和发达国民经济体系的前提。比如股票市场就是通过私人所有权分担企业风险的例子。(4) 分散和降低错误决策的功能。降低错误是资本市场存在的前提。利息作为资本的价格，使稀缺的资本流向能够有效使用人的手中。因此，私有产权可以导致理性的经济决策，从而使资源实现有效配置。其理论核心为米塞斯的理论：没有私人所有权就不可能形成符合商品稀缺程度的市场价格，没有私有制就不可能有合理的经济核算。① 需要指出的是，在德国关于国家制度文献中，每每都强调其选择私有制的理论依据。这是因为，在第二次世界大战后新建国家的过程中，西部德国人的确面临现实的选择，因为德国东部苏联占领区是无选择的实行公有制。

(二) 个人自由和社会义务相结合

德国十分强调个人的自由。法律保证个人发展个性的自由，占有和支配财产的自由，消费、创业、投资的自由，生产决策的自由，建立工会、雇主协会和其他团体的自由，选择职业、工作和居住、迁徙的自由，决定产品价格的自由，谈判工资和劳动条件的自由等。国家为了实现法律对个人自由的保障提供具体的制度条件。例如，个人选择就业的自由。国家通过行业性的社会保险和医疗保险自由选择的制度，使个人就业地点和就业性质的选择不受保险制度限制。一个雇员无论他是大学教授或者是一个普通的工人，无论他的工作合同是长期还是短期的，他在任何单位工作一年就有一年社会保险账户的保险金累积，他的医疗保险按国家规定的比例由雇主和他个人分摊。如果他到60岁，他仍然可以调换工作单位，新雇用他的单位也不用担心将付他65岁以后的所有年份的养老保险和医疗保险。但同时，德国也十分强调个人的社会义务，要求个人把自由和社会义务结合起来。个人自由不得损害公众、国家和他人的利益。例如，德国宪法明确规定，财产所有者有义务使财产权的运用有利于公众。国家为了以公共利益建设项目的需要，可以强迫收购私人所有的房屋、土地和其他财产，但是必须按市场价格给以相应的补偿。当然，德国法律对公共利益有明确的规定，主要是公共交通与军事设施项目等，私法公司与公法公司都不可能盗用公共利益的名义。

(三) 维护市场竞争的制度

在德国，市场竞争制度被视为社会市场经济的核心内容。排斥、损害或阻碍竞争，就会从根本上削弱和排斥社会市场经济制度。"社会市场经济"的形容词的"社会"，按照艾哈德的基本思想是社会秩序，是维护市场竞争的秩序。国家的职责是制定游戏规则，监督规则的执行。在维护市场竞争的秩序中，首先是反对和消除垄断。为此德国于1957年颁布了《反对限制竞争法》，即《卡特尔法》。

---

① Iwd（Instituts der Deutschen Wirtschaft），1993，Dokumentation：Privateigentum，Quelle des Wohlstands，in：iwd. Informationsdienst des Iwd 19（8/1993）．

《卡特尔法》是德国维护和促进市场经济的基本法。《卡特尔法》规定了三类卡特尔组织机构执行反垄断的任务。这三类卡特尔组织机构为联邦经济部长，联邦卡特尔局和各州的卡特尔局。联邦经济部长负责对合并以及滥用出口垄断的监督，联邦和州的卡特尔局负责其他所有的任务。州卡特尔局负责处理发生在本州内所有的违犯市场竞争的事件。企业的合并，出版物价格的审定和对联邦邮政和铁路的监督都是联邦卡特尔局的任务。位于波恩的联邦卡特尔局内按商品门类设有9个管理处，2005年卡特尔局内部结构调整，现设11个处。卡特尔局有权要求企业汇报其经济情况，审阅和检查业务文件，有权对企业进行调查并且要求提供必要的证据。在得到联邦法院的批准以后，卡特尔局有权对企业进行搜查，并且可以没收作为证据的有关商品。

卡特尔局的工作任务主要由四个方面构成：横向监督、纵向监督、对事实上限制竞争行为的监督和确保竞争。横向监督是对企业之间通过横向联合协议影响市场商品流通和生产的情形进行监督。由于《卡特尔法》的第一条款就规定了禁止卡特尔，根据这项规定，企业之间为共同目的达成的任何会影响市场流通和生产情况的协议都是无效的。卡特尔局如果发现这类协议就要追究法律上的责任，宣布协议无效，并且处以罚款。《卡特尔法》禁止企业通过横向联合形成卡特尔以外，但是允许中小企业合法的合作，例如合理化卡特尔和中小企业卡特尔等。纵向监督主要是监督企业的纵向操纵价格行为。《卡特尔法》第15条禁止供货方对购货方的生产和销售施加价格压力，只有出版物例外。卡特尔局对事实上限制竞争行为的监督包括两个方面：一是对企业阻止他人进入市场的行为。企业通过组合、价格打折、补贴和其他歧视性措施排挤现存的竞争者和潜在竞争者的行为。二是控制市场企业对消费者的剥削行为，例如提高价格或者不适当的条件。确保竞争是保证中小企业在商业竞争中与大企业处于平等的地位。《卡特尔法》先后经过多次修改，增加了反对企业通过合并导致市场垄断的情况和对大型商业企业参股联合控制监督的条款，使维护市场竞争的机制始终保持活力。最新的案例是2016年德国食品零售企业巨头EDEKA收购一小型连锁超市Kaiser' Tengelmann，这项收购案开始于2年之前，由于后者经营困难，决定将其出售。开始有几家大型超市打算收购，后来是EDEKA与之谈妥。但是被反垄断局禁止。反垄断局的理由是，收购后整个市场会被几家企业垄断，不利于市场竞争，不利于保护消费者利益。两家超市后来继续向联邦经济部长申请，想走经济部长许可的途径（卡特尔法规定中有部长特批条款）。经济与能源部出于对员工工作岗位的考虑，推翻了卡特尔局的规定，给予了特别许可。本来以为这桩收购案已经定局。但是后来，EDEKA的竞争对手不满意，将经济与能源部长的许可上告到高级法院，法院审查，叫停了部长许可，收购案不能够成立。理由是部长与企业秘密谈话违背透明性、公平性原则。私下承诺的工作岗位保证不一能够实现。从这个案例可以看出，法院基本倾向于卡特尔局的立场，联邦部长的税收权宜之计只能在法律原则面前退让。

（四）独立的中央银行制度和货币政策

由于德国历史上经历了恶性通货膨胀的巨大痛苦，因此，在1948年币制改革基础上建立起来新的联邦共和国深切理解稳定货币价值对于稳定市场经济正常运行的意义。根据历史教训，为了维护货币价值的稳定，必须建立一个独立于政府的中央银行体系。为此，1957年的德国联邦银行法赋予德国联邦银行作为中央银行的独立地位。德国联邦银行的人事和业务都不受政府领导，也不受议会的直接监督。从业务关系上来说，联邦政府和联邦银行之间的关系不是上下级关系，而是一种协调和协商的平等工作关系。联邦银行行长一经任命，便不受联邦政府换届的影响。除了出现违反职业道德的情况而退职外，他在制定货币政策时与联邦政府的不一致甚至对立并不影响他的职位。所以，德国联邦银行法保证了联邦银行相对于政府和议会的独立性和自治性。联邦银行的主要任务是管理货币，通过货币政策保证货币币值的稳定。需要特别指出的是，在法律所规定的联邦银行的任务中不包括促进经济发展的任务。联邦银行仅允许在不与稳定币值的任务冲突的情况下，支持联邦政府的一般经济政策。根据银行法规定，联邦银行不能够根据联邦政府的指示行动，而是必须独立于联邦政府指示制定自己的货币政策。联邦财政部长可以参加联邦银行的货币政策会议，并且有发言权，但没有表决权。

联邦银行不能够直接规定银行的最高贷款额、银行利率和债券市场的资本利息。在20世纪80年代以前，联邦银行主要货币政策工具是改变联邦银行贴现率和抵押贷款的利率，改变银行的最低储备金比例和再贴现配额。具体的调节过程为：当联邦银行的贴现率提高以后，金融市场利率、短期存款利率、债券利率以及中长期存款的利率都会很快提高，这样就会吸引企业和私人储户去购买债券、参加中长期存款，从而能够比较快地制止货币量的膨胀。贷款利率提高，贷款需求就会减少，使通货膨胀的速度降低。通过提高最低准备金的比例，降低再贴现配额等方法，限制了银行购买有价证券的偿付能力。这样，金融市场的银根被抽紧，就不会提供更多新的贷款，从而能够制止货币和信贷的膨胀。在20世纪80年代以后，国债的公开市场操作才成为联邦银行的主要货币政策工具之一，并以此调节国内货币量和信贷量。

由于德国联邦银行在控制通货膨胀方面的工作卓有成效，德国马克后来成为主要欧洲国家的货币中最稳定的货币。在当时的欧共体和后来的欧盟中，其他欧洲国家的中央银行通过将各自货币钉住德国马克的方式，来保持共同体内货币和金融体系的稳定性。这就是1979年开始建立欧洲货币体系的基石——以德国马克为轴心的汇率体制。因此，德国联邦银行的榜样对欧洲货币联盟的最后成功具有决定性的作用。欧洲中央银行成立以后，德国联邦银行的一些主要功能由欧洲中央银行承担。但欧洲中央银行本质上是按德国联邦银行的体制和运作原则建立的。欧洲中央银行的成立过程基本体现了德国人对货币政策手段和目标的理解。①

2008 年世界金融危机之后，德国开始以控制风险为主要策略的银行改革。在欧盟中央银行的统一框架内，统一银行运作监督方法。分业银行法从 2016 年 7 月开始实施，将银行的风险投资业务与存款业务分开。采取关闭银行的风险户头，保护存款人与纳税人的利益等金融安全政策措施。②

（五）"社会协商一致原则"和劳资合作

为了协调雇工和雇主之间的关系，德国制定了一系列的法规，其中最重要的是 1949 年制定的劳资协议法。这项法规原则上是保护雇工的。该法规定雇工和雇主原则上享有自由选择劳动岗位和自由签订合同的权利。还规定，雇主必须执行最低工资标准，最低工资标准根据不同行业和地区不同。最低工资标准由雇工和雇主的双方的代表共同协议制定。涉及工资和工作时间方面劳资之间的矛盾，主要由行业工会和雇主联合会谈判解决。行业工会的一个重要日常工作任务就是收集物价上升和劳动生产率提高方面的资料，为工资谈判提供依据。在德国，工会和雇主联合会遇到争端，一般都能够互相让步，取得妥协，而避免大的对抗。德国的工会比较有节制，把自己的抗争局限在现存体系内。遇到十分困难的经济问题时，德国多采取社会协商方式，由政府、雇主、工会以及其他方面的代表，共同协商，努力找出各方都能接受的问题解决方案。这就是德国的"社会协商一致原则"，它使德国能够避免经济矛盾和社会矛盾的激化，使德国的社会市场经济制度能够被大多数社会团体接受。

德国在企业内部实行"共同决定制"，强调劳资伙伴合作。在企业内部，雇员参与企业事务的主要途径是通过企业委员会（Betriebsrat）。企业委员会由雇员选举产生。法律规定职工人数达到一定规模的企业必须设企业委员会，并同时规定了委员会的人数。对于大型企业，还规定了专职委员会成员的人数。企业委员会的形式在大型企业有三种或者说三个层次。由雇员选举产生的企业委员会，由负有领导责任的职员（根据企业法规定，负有领导责任的职员是有权雇用和解雇雇用的职员）选举产生的职员代言人委员会和青年工人代言人委员会。在公司有分公司的情况下，还需要有分公司的委员会和总公司的总会。企业委员会对企业的生产、投资、人事、福利等大政方针的决策过程有知情权，可以要求提供有关资料，以供审阅，有要求解释权、监督权、建议权、控告权和否决权。雇员参与企业事务的第二个途径是通过企业的最高监督机构监事会。根据企业法，企业的监事会由雇员代表和股东代表组成，比如有 2000 名雇员以下的企业，监事会的成员必须有一半是雇员代表。雇员代表由企业委员会和工会推荐产生。在监事会的雇员代表中，必须有负有领导责任

---

① V. Alexander/M. T. Bohl, 2000, Das Finanzsystem in Deutschland, in: Jürgen von Hagen und Johann Heinrich von Stein（hrsg.）: Geld-, Bank-und Börsenwesen, Handbuch, 40. Auflage. Schaeffer-Poeschel Verlag Stuttgart 2000, 447 – 470.

② 《联邦经济年报 2016》。

的职员代表。同时，必须有一名雇员代表是不在本企业就业，而且与本企业在经济上没有利害关系的。监事会是德国企业的重要机构，负有监督企业的重要责任。企业的财务年报必须有监事会主席的签名，方才有效。通过这些方式，职工直接参与了企业的管理以及涉及劳资关系的事务，比如企业的用人计划，工资及福利计划。"共同决定制"是在企业层次协调雇员和雇主之间利益冲突的制度保证。

（六）社会保障制度

德国是现代社会保障制度的发源地，早在俾斯麦时期，德国就开始建立医疗，事故和养老保险。然而，社会保障制度的完善是与社会市场经济制度密切相关的。社会市场经济追求的目标是大众的福利，让社会底层的人也能够过上享有人的尊严的生活，享受国民经济发展的成果。按照社会市场经济之父艾哈德制度设计的基本思想，经济制度在鼓励和维护市场竞争的同时，必须采取措施，在一定程度上校正由市场竞争导致社会收入分配的较大差距。社会主义的基本思想是追求社会的平等。然而在机会均等的市场竞争条件下，公平竞争的结果仍然不可能达到收入的平等。如果采用社会主义的非竞争的"大锅饭"和"铁饭碗"制度，可以达到结果的收入平等。但是"大锅饭"制度违背社会公正原则，因为勤劳的，对社会贡献大的人并没有得到相应的报酬。因此，为了保证社会公正和公平竞争的原则，必须对最后的事实不平等采取一定的社会措施加以克服。这里最重要的措施，就是以疾病、养老和失业三大保险为核心内容的社会保障制度。德国社会保障制度的基本原则是，国家应实行因人而异的自救为主要原则，将个人的能力与责任尽可能地联系起来。德国的社会保障制度，几乎覆盖了全体公民。所有最低收入和无收入的公民，都可以从国家得到住房补贴和困难救济，使其生活达到一定的水平。

第三节　德国的经济状况

一、德国的经济发展

从欧洲资本主义发展的历史来看，德国是一个后起的工业强国。19世纪末期，德国的经济实力已经超过了英国和法国，但它所占领的殖民地远远小于英国、法国。为了和英国、法国等资本主义国家争夺阳光下的地盘，德国参加了第一次、发动了第二次世界大战，并遭到了毁灭性的打击。德国人民接受教训，建立起社会市场经济制度，在第二次世界大战后的废墟上，重建家园，使德国在短短的二十年间，重新成为世界经济强国。这就是德国的"战后经济奇迹"。这也是德国能够以原德意志联邦共和国为基础进行统一的根本原因。1996年，德国的国内生产总值为18 837亿欧元。2003年，国内生产总值为21 430亿欧元，在欧盟各国中位于第一，在发达国家中仅次于美国和日本,居第三位。2014年,国内总产值为38 596亿美元在发达国家仍居第三位(美国174 189亿美元,日本46 163亿美元)。由于中国成为第二大经济体(103 804亿美元),德国成为全球第四大经济体。自2010以来,德国经济已经连续6年经济增长,2014~2016年增长幅度都达到1.6%~1.7%。①

近几年,德国经济增长的重要特点是同时就业率的提高。2014~2016年失业率在5%以下,2014年有3 040万有法定义务社会保险的就业人员,相当于受雇人员的75%~80%。(公职人员与自由职业者不属法定义务社保对象)。2014年,德国有更多的人进入劳动市场,超过以往联邦共和国历史上任何1年。高的就业状态为社会物质福利的改善提供了基础。2015年,4 300万人就业,与2005年比较,增加了370万就业人。2014年,20~64岁就业比例达到77.7%,2015年达到69.4%,创新纪录。尤其是55~64岁年龄人群的就业比例,从2005年的45.5%提高到2014年为65.6%。大约高于欧盟平均水平的14%。②

德国经济的核心部门是工业。德国现在大约有57 000个工业企业,雇用人数达940万人,是就业最多的经济部门。德国最重要的工业部门为汽车工业、机械和设备制造业与化学工业。德国是世界上第三汽车出口大国,长期仅次于日本和美国。在2014年德国销售额前7位的大公司中,汽车公司占了3个,2014年德国的大众、戴姆勒、宝马三大汽车公司的销售额达4 131.71亿欧元。为了实现环境保护,控制排放目标,德国汽车工业也在推动使用新能源的电动汽车,通过政府资助建设充电站,并且实行购买电动汽车免税政策。

德国工业企业的结构特点是以中小企业为主,包括个体企业在内,大约有360万个中小企业,占企业个数比重99.6%。中小企业是指年销售额5 000万欧元以下,就业人数在500以下的企业。中小企业总产值占国民经济总产值的近50%,占总投资的46%,占总就业人数近70%。中小企业集中的部门是机械制造业。因为机械制造业是德国的重要出口工业部门,所以德国的中小企业在出口产品生产中起重要作用。中小企业除了传统的作为大企业配件和零部件的生产商以外,正在进入新的技术研究和开发行业。在化学工业部门中,500人以下的中小企业占90%。除了与计算机技术直接有关的电子和信息行业是中小企业以外,中小企业在其他高技术开发领域也取得了相当突出的进步。

德国经济是外向型经济,长期位于发达国家第三位。2013年出口总额占BIP的50.9%。与1990年相比,增加了1倍。2014年,德国出口在发达国家中已经超过日本,成为美国之后的第二大出口国。如果包括中国,为全球第三大出口国。2014年,德国企业出口商品和劳务13 260亿欧元。德国1/2的经济价值与出口有关,总工作职位的1/4与出口有关,工业部门的工作职位1/2与出口有关。同时,有大约700万职位在海外作为德国公司的员工为德国企业工作。汽车工业、机械和设备制造业,化学与医疗技术出口占出口总额一半以上。德国企业正以数字化制造技术与

---

①② Bundesministerium für Wirtschaft und Energie, Jahreswirtschaftsbericht – 2016. https://www.bmwi.de/Redaktion/DE/Downloads/J – L/jahreswirtschaftsbericht – 2016. html.

运输为特征的工业4.0为发展方向，进行调整。经济的发展首先得益于双轨制的职业教育制度，使出口产品的质量保持稳定，得到进口国的接受。专业技术人才，基础设施与法律保障是德国作为工业基地的重要因素①。

德国不仅是世界上最重要的贸易大国之一，而且长期以来是贸易顺差国。在统一之前的1989年，德国的贸易顺差已达到688亿欧元，联邦共和国建国以后的最高额。国家统一以后，由于东部新州对进口需求的迅速增加，在1991年和1993年出口下降。1997年，德国的出口总额为4 500多亿欧元，约占国内生产总值的22%。贸易顺差为595亿欧元。1997年以后德国对外贸易增长幅度超过以往的年份（1991～1996年），除了直接得益于经济全球化带来的世界贸易总额的增长以外，德国企业出口能力增长也是重要原因。2003年，出口商品和劳务占国内生产总价值的35%，出口总额约为6 616亿欧元，贸易顺差约为1 296亿欧元。② 2014年贸易顺差达到1 900亿欧元，达到历史最高。③

现阶段德国经济的重要任务是能源转型，以新能源逐步替代传统的能源。一方面是为了环境保护与降低温室效应对全球气候的影响，另一方面是为了提高本国能源独立性，降低对进口能源的高度依赖。2000年开始的《新能源法》已经向社会承诺，逐步关闭核发电厂，退出核能源。到2014年德国在能源转型方面已经取得很大的成就，尤其在电力供应方面，新能源已经达到总供电量的26%，新能源主要由风能（9%），生物物质（7%）与光伏（6%）构成。新能源转型不仅需要建设新的绿色发电厂，还必须同时进行电网改造。为了将北部沿海的风能发电传送到南部经济发达的电消费地区，需要新建数千公里的高压电线。为了集中储存太阳能发电，地方电网也需要改建。

德国作为2002年使用欧元的12个欧元国之一，2008年全球金融危机以及后来的债务危机给德国带来严重影响。对此，联邦政府采取了双重策略：停止举新债与加强企业创新的措施。德国企业的99%的中小企业与德国DAX指数30个上司公司相互补充，成为欧洲大陆最重要的资本市场。

二、国家统一中的经济问题

国家统一以来，德国经济发展的重要任务是国民经济的整合，西部老州与东部新州的整合。

东联邦德国统一以后，随着整个社会经济制度的重建，东部新州的经济也逐步得到恢复和发展，按当年价格计算的名义国内生产总值从1991年的1 659亿欧元，上升为2003年的3 151亿欧元，增加了86%以上。扣除物价上涨因素，净增长也达到了35.5%。西部老州在同一时期，国内生产总值的名义增长率为36%，不变价格

---

①② Bundesministerium für Wirtschaft und Arbeit, Juli 2004, Annual Economic Report 2004.
③ 根据德国联邦统计局最新数据，2016年德国贸易顺差高达2 529亿欧元（约合2 700亿美元），创下自第二次世界大战后的历史最高，超过中国成为全球最大贸易顺差国，因此，可能引发与美国的贸易冲突。

的增长率为13.5%。表1-1为两个地区实际国内生产总值增长率的比较,东部地区除了1996年和1997年两个年份以外,每年的增长率都超过西部老区。人均劳动生产率,即每就业人口的实际国内生产总值的增长率,东部地区所有的年份都超过西部地区。从各个年份的增长来看,总量的增长是从1992～1996年这5年间最快,其后开始放慢,到2000年以后,与西部的速度已经不相上下,2003年甚至低于西部地区。说明东部地区经济增长在统一开始的年份,由于西部地区的资金大量流入和企业私有化制度改革对经济的刺激作用。其后,已经进入正常的增长阶段。2000年以后,经济不景气的影响对东部甚至大于西部,2003年东部出现负增长。

表1-1　　　　1991～2003年德国东西部国内生产总值增长比较　　　　单位:%

年份	实际国内生产总值年增长率		每就业人口实际国内生产总值年增长率	
	西部老州	东部新州	西部老州	东部新州
1991				
1992	1.7	7.7	0.7	23
1993	-2.6	11.9	-1.4	14.8
1994	1.4	11.4	2	8.8
1995	1.4	4.5	1.5	2.5
1996	3.2	0.6	0.7	3.9
1997	1.6	1.5	1.4	2.9
1998	0.4	2.3	0.9	0.2
1999	2.6	2.1	0.7	2
2000	1.4	3.1	0.8	2.3
2001	-0.2	1.1	0.3	1.3
2002	0.1	0.2	0.6	1.8
2003	0.2	-0.1	0.9	1.8

注:以1995年价格为基期价格,人口为就业人口。
资料来源:Bundesministerium für Wirtschaft und Arbeit, Juli 2004, Annual Economic Report 2004.

在2003～2013年,东部地区的经济增长的追赶效应已经放慢。统一25年以后,东部与西部的经济统一依然没有实现,经济统一的进程大大慢于预期。最大难题依然是总体收入水平低。虽然在大型企业的雇员,参加行业工资谈判的工人,例如钢铁企业已经达到西部水平的97%。但是大量新的临时工与钟点工的就业水平比较低,这样容易形成恶性循环。低收入导致低退休金,导致老年贫穷,因此总体个人消费水平低,导致地区的服务行业总体工资水平低。新实施的提高最低工资线达到最低8.5欧元的政策,将会使东部11%的就业者提高收入,而西部只

第一章 德国政治、经济与财政概况

能使3%的就业者提高收入。尤其是在最近3年，西部经济景气持续的情况下，东部与西部的差距有所扩大。在2013年、2014年、2015年东部地区的经济增长速度都低于西部。

表1-2数据说明，2014年东部所有新州，包括首都柏林的人均国内生产总值低于全德国的36 000欧元平均水平。不包括柏林，所有的东部新州都在3万欧元以下。再加上东部新州人口密度较低，所以地区经济发展总的状况与西部地区的经济繁荣形成明显的反差。

表1-2　　2014年德国各州人均国内生产总值（按现价计）

州	欧元	州缩写	
巴登—符腾堡	40 964	BW	
巴伐利亚	41 646	BY	
伯林	34 171	BE	东部
勃兰登堡	25 419	BB	东部
不来梅	4 566	HB	
汉堡	59 958	HH	
黑森	41 825	HE	
梅克伦堡—前波莫瑞	24 012	MV	东部
下萨克森	31 824	NI	
北莱茵—威斯特法伦	35 947	NW	
莱茵兰—法尔茨	31 895	RP	
萨尔	33 817	SL	
萨克森	26 807	SN	东部
萨克森—安哈特	24 600	ST	东部
石勒苏益格—荷尔斯泰因	29 331	SH	东部
图林根	25 471	TH	东部
德国	36 003		

注：根据联邦州国民经济统计工作组的数据，Arbeitskreises Volkswirtschaftliche Gesamtrechnung der Bundeslaender，2015年全德人均国内生产总值（BIP）37 000欧元。

资料来源：联邦统计局网页。

第四节 德国财政状况

一、联邦财政概况

由于国家统一的财政负担超预期的增加,使德国国家财政长期面临巨大的压力。同时,2008年世界金融危机以及其后的欧洲债务危机更是加重了财政负担。但是,从默克尔执政以来,联邦政府始终坚持促进增长的可持续性财政政策。这也是默克尔当时作为竞选纲领的重要承诺。可持续性财政的核心就是要少举债,不要将巨大的债务留给下一代。

经济景气、就业增加对财政状况的改善具有重要作用。2014~2015财年德国实现自1969年以来的首次财政平衡,总财政支出2 965亿欧元以相等的收入平衡,当年没有赤字。2015年德国财政结余为国内生产总值的0.5%,总国内债务存量比例在2014年占经济总产出的74.9%,在2015年下降到70%。加强了国际社会对德国经济基地的信任,使未来一代的债务不再继续增长。这些也是德国对稳定欧洲经济货币联盟的贡献。① 2015年、2016年联邦政府为州与市镇地方政府分摊支出60亿欧元,联邦政府2016年将39亿欧元的附加补助用于教育与劳动市场的投入。② 推行全覆盖的最低工资标准,每小时8.5欧元,使低工资收入部门就业人群收入水平得到改善。推出新金融的规定,促进保护小投资者,保证金融行业的健康发展,该法于2015年生效,对投资者们提出新的政策框架,每个销售项目如达到2.5百万欧元,每投资人最低投入1万欧元,最多100个投资人,有义务发表使用销售的计划。

二、公共财政支出的规模及其发展趋势

公共财政支出指的是德国联邦政府、州和市镇三级财政的总支出。建国以后直到艾哈德执政后期,公共财政支出占公共财政支出占国内生产总值的比重基本在30%以下(见表1-3、表1-4)。到20世纪70年代中期,这一比重上升比较快,达到35%以上,财政赤字一度达到国内生产总值的5.6%。这种情况引发了人们对凯恩斯主义的大讨论。讨论的结果使政府认识到,通过公共开支增加投资、从而刺激经济增长的政策必须被控制在一定的限度之内,滥用必须加以限制。因此,德国政府从20世纪70年代后期到80年代,持续削减公共财政支出,其财政政策的核心,是实现"苗条的国家"。1980年,公共财政支出为2 604亿欧元,占国内生产总值的比例为33.97%,到1989年总支出为7 015亿马克,占国内生产总值的比重

---

①② Bundesministeriumfür Wirtschaft und Energie, Jahreswirtschaftsbericht – 2016, https://www.bmwi.de/Redaktion/DE/Downloads/J – L/jahreswirtschaftsbericht – 2016. html.

下降为31.54%。1991年以后，由于东联邦德国统一，公共财政的支出增加，占国内生产总值的比重在1993年上升为34%以上，1994年达到最高34.38%，然后逐步下降，到1999年控制在30%以下，直到2003年。公共财政支出占国内生产总值的比重下降的原因是债务支出负担比较重，债务支出挤占了财政支出。如果包括债务支出其比例2003年已经达到48.9%。

表1-3　　1962~2003年公共财政支出占国内生产总值的比重

年份	公共财政总支出（亿欧元）	国内生产总值（亿欧元）	公共财政总支出/国内生产总值（%）
1962	544	1 845	29.49
1965	712	2 348	30.32
1970	1 004	3 520	28.52
1975	1 843	5 360	34.38
1980	2 604	7 666	33.97
1985	3 090	9 553	32.35
1991	4 971	15 022	33.09
1992	5 468	16 132	33.90
1993	5 740	16 542	34.70
1994	5 967	17 355	34.38
1995	6 152	18 013	34.15
1996	6 095	18 837	32.36
1997	5 710	18 716	30.51
1998	5 806	19 294	30.09
1999	5 792	19 786	29.27
2000	5 991	20 300	29.51
2001	6 031	20 712	29.12
2002	6 084	21 082	28.86
2003	6 215	21 430	29.00

注：（1）表中支出数据不包括债务偿还支出。

（2）如果包括债务偿还支出，1995年财政支出占德国生产总值的比例为50.7%。2001年比例为48.3%，2003年为48.9%。

资料来源：Bundesministerium der Finanzen, Finanzbericht 2004, Berlin.

表 1-4　　　　2004~2015 年公共财政占国内生产总值比例

年份	公共财政支出（亿欧元）	国内生产总值（亿欧元）	公共财政总支出/国内生产总值（％）	公共财政支出增长率（％）	国内生产总值增长率（％）
2002	6 109	21 082	28.98	1.2	1.4
2003	6 196	21 430	28.91	1.4	0.5
2004	6 145	22 676	27.1	-0.8	2.3
2005	6 267	22 978	27.27	2	1.3
2006	6 380	23 902	26.69	1.8	4
2007	6 492	25 101	25.86	1.7	5
2008	6 792	25 580	26.55	4.6	1.9
2009	7 615	24 567	31	5.5	-4
2010	7 174	25 762	27.85	0.1	4.9
2011	7 723	26 991	28.61	7.7	4.8
2012	7 747	27 499	28.17	0.3	1.9
2013	7 804	28 095	27.78	0.7	2.2
2014	7 925	29 038	27.29	1.6	3.4
2015	8 050	30 150	26.7	1.1	4

注：2015 年为估计数，不包括债务支出的财政支出。

资料来源：Bundesfinazministerium, Finanzbericht - 2016. http：/www.bundesfinanzministerium.de/Content/DE/Standardartikel/themen/Oeffentliche_Finznze.

2003 年，德国经济增长放慢 2004 年采取财政整顿措施，公共财政支出没有增长反而下降了 0.8%。2009 年，世界金融危机的影响比较大，当年国内生产总额下降了 4%，而同年财政支出增长了 5.5%，导致财政支出占国内生产总值比例超过30%。2010 年经济恢复性增长，年增长 4.9%，但是实际上增长只是恢复性的。2010 年财政支出增长仅为 0.1%。2011 年财政支出增加最高，达到 7.7%，同年国内生产总值增长 4.8%，由于上年是增长，所以 2011 年的增长是实质性增长。从 2012 年开始，虽然经济增长，但是财政支出由于受新的财政规则的控制，增长幅度保持在比较低的水平。在大量年份，德国的财政支出增长率低于国民生产总值的年增长率，能够实现财政支出占国内生产总值比例的逐年下降，2015 年达到最低的 26.7%。

当然，表 1-4 数据不包括债务的支出。这样从统计方面是明确本届政府的财政责任。另外一方面也想说明如果不是承担国家统一政治任务的公共财政的实际状况。

三、公共财政的支出结构

公共财政支出按支出方式分为两大类：经常项目和资本项目。

(一) 经常项目

1. 人员支出。包括国家公务人员和一般工作人员的薪水和工资、与人员有关的津贴和供给方面的开支、与人员有关的救济和补助。

2. 经常性实物开支。包括办公楼的维护费或者租金、相关设备的购置、军事设备的购置。

3. 利息支出。包括对公共部门和对非公共部门的利息支出。

4. 经常性补助。包括对个人、企业、养老保险基金、社会设施和国外的经常性拨款和补助。

(二) 资本项目

1. 实物投资。它包括建筑投资、不动产的购置和设备的购置。

2. 财产转移。包括联邦参与州的投资项目、州参与市镇的投资项目、或者政府部门参与公共部门和非公共部门的投资项目的拨款以及对投资项目的补助，对参股的私人股份公司股票购买，公共部门的债务偿还，对公共部门和非公共部门的贷款。

3. 对其他部门支付。按照注释说明是对社会保险机构的支付（补贴），占总支出项目的 12.61%。

在 2014 年公共财政总支出中，经常项目开支占 75.98%，资本项目占 11.07%。在经常项目中，人员支出为 29.70%，经常性拨款和补助为 23.99%，利息支出占 7.03%（见表 1-5）。

表 1-5　　　　　2014 年按支出种类划分的公共支出结构

项　　目	金额（亿欧元）	占项目比重（%）	占总支出比重（%）
1. 经常项目	6 042	100	75.98
人员支出	2 362	39.09	29.70
经常性实物支出	1 213	20.08	15.25
利息支出	559	9.25	7.03
经常性拨款和补助	1 908	31.58	23.99
小　　计			
2. 资本项目	880	100	11.07
实物投资	456	51.82	5.73
财产转移、贷款和参股	424	48.18	5.33
3. 对其他部门支付*	1 003		12.61
总支出	7 925		99.66

注：* 对社会保险机构支付。

资料来源：Bundesfinanzministerium, Finanzbericht-2016. http://www.bundesfinanzministerium.de/Content/DE/Standardartikel/Themen/Oeffentliche_Finznze.

四、按任务划分的支出结构

联邦、州和市镇三级公共部门的财政支出按任务范围分为22个大项目。它们是：政策实施和集中管理，外交，国防，公共安全和秩序，司法保护，财政管理，普通教育与职业教育、中小学和学前高校、小学生与大学生教育资助、其他教育事业，高校以外的科学研究与开发、文化宗教事业、社会项目支出，卫生、环境保护、体育和休闲事业，住宅、区划和城市建设资助，市镇公共事业，食品和农业，能源、水经济、工业企业资助，交通和新闻事业，经济企业，土地、资本财产和特殊财产，一般财政经济。表1-6列出了德国2011年公共财政支出的结构。公共财政支出中比例最高的是社会保障方面的支出，占33.12%。一般财政经济占17.59%，其次为普通教育与职业教育支出，占8.89%。政策的实施和行政管理开支占总支出的5.17%。支出占3%~4%的开支项目有：国防开支占3.95%，公共安全占3.77%，高等学校占3.73%。

表1-6　　德国2011年按任务划分的公共财政支出构成

编号	任务范围	总支出（百万欧元）	比例（%）
1	政策实施和行政管理	35 472	5.17
2	外交事务	8 639	1.26
3	国防	27 095	3.95
4	公共安全和秩序	25 868	3.77
5	司法保护	12 014	1.75
6	财政管理	9 938	1.45
7	普通与职业教育	61 033	8.89
8	高等学校	25 612	3.73
9	小学生、大学生资助	6 062	0.88
10	其他教育事业	2 023	0.29
11	高等学校外的科研开发	13 425	1.96
12	文化宗教事业	9 256	1.25
13	社会保障、战争受害者补偿等	227 438	33.12
14	其中：社会保障包括失业救济		
15	家庭社会救助、福利护理资助		
16	战争与政治事件社会补偿		
17	卫生、环境、体育和休闲	15 111	2.20
18	其中：医院与康复设施		

续表

编号	任务范围	总支出（百万欧元）	比例（%）
19	住宅、区划和城市建设	7 571	1.10
20	其中：住宅建设资助		
21	市镇公共服务	11 773	1.71
22	其中：污水处理		
23	食品和农业	4 718	0.69
24	能源、水经济，工业企业资助	19 144	2.79
25	交通和新闻	19 977	2.91
26	其中：道路与管理		
27	经济企业	15 524	2.26
28	土地、资本财产和特殊财产	8 174	1.19
29	一般财政管理	120 792	17.59
30	总计	686 659	100

资料来源：Bundesfinazministerium, Finanzbericht - 2016. http：/www.bundesfinanzministerium.de/Content/DE/Standardartikel/Themen/Oeffentliche_Finznze.

五、公共财政供养人员支出

由于两德统一对财政统计范围的影响，德国政府人员开支1992年比1991年有大幅度增长，总增长率为24.6%。其中州和市镇的人员增长特别显著。在市镇一级，增长率为40%以上。1993年开始进入统一后的正常阶段，1993年和1994年的总增长率分别为4.57%、5.78%。精减人员、削减人员开支的政策在联邦和市镇都取得了相当显著的效果，从1994年开始，联邦和市镇的人员开支增长率下降。联邦一级邮电和通信事业和联邦铁路的私有化，市镇一级公共企业的私有化使政府行政人员转为企业人员，从而相应减少了人员开支。1998年，人员减少的原因除了私有化以外，还有统计口径的变化。就是大部分地方经营性医院不再作为公共财政供养的人员。从1997年开始的统计中，联邦人员开支中还包括联邦铁路等联邦特别财产账户（ERP）的人员开支，这个项目的人员支出在2002年为76.7亿欧元。2003年人员经费开支总额为1 730亿欧元，占总支出的28%。比上年增长0.5%，低于总支出的增长率。2003年人员支出方面的主要变动因素为2003年提高工资2.4%的支出（其中低工薪组2003年1月生效，其他组2003年4月生效）。同时，东部新州的工资水平提高为西部的91%。因为提高工资而增加的支出通过削减人员数量而抵消一部分。2006~2011年，2009年州级人员支出增长比较明显，其中1个重要原因是食品安全监督方面的人员的增加。这项任务主要是在县级的机构，但是因为县是州的下派机构，统计上属于州公务员或职员。

六、德国面临的社会和经济问题

在社会和经济方面，德国存在着与其他西方发达国家共同的问题，例如经济增长率低、老年龄化、生产设备利用不足和环境等问题。同时，由于本身社会经济制度的特点和东联邦德国的统一，德国也有自身特有的问题。两德在西部老州的制度下实现的统一，也是对原先民主德国的整个国家机器进行改造、对经济体系进行改组的过程。国家的统一需要庞大的财政开支，这给西部老州的纳税人带来沉重负担，转型过程中出现的失业和价格上涨，也给新州人民带来转型痛苦。因此德国人调侃说，国家统一，当代西部人承担制度转型的货币成本，当代东部人承担转型的生活成本（个人的原生活秩序给打破了），整个下一代承担转型之债务成本，就得到一个德国自豪。因此，在东部地区出现纳粹党复活的倾向。在经济方面，统一之后，尽管国内生产总值和出口都有一定的增长，但是由于新技术的发展及其他原因，德国的失业率在2000年及之后的几年都在两位数以上居高不下。促进就业成为各级政府的首要任务。失业和人口结构的老年化使社会开支增加，给各级政府的财政平衡带来困难。因此，自从统一以来，以基督教民主同盟的科尔和以社会民主党的施罗德为总理的联邦政府都是以就业政策作为政府政策的重点，采取了减轻企业的税负和工资附加成本的负担，促进投资补贴的一系列改革措施。由于这些改革措施逐步发挥作用，到默克尔总理第二任期德国已经几乎解决了长期以来的高失业问题。2015年，德国的失业纪录为20世纪70年代以来的历史新低。在这种大背景下，虽然东部地区经济发展与西部的差别有所缩小，但仍然小于经济学家与普通公民的预期，东部地区有些州失业率依然在10%附近。由于人们对社会经济负担和经济竞争力之间的关系在认识程度上还有差别，在联邦范围内还存在左翼政党可能取得竞选胜利的风险。正如德国人所说，德国的统一还有相当长一段路要走。

第二章

德国政府与财政管理体制

■ 本章导读

与德国的联邦制相适应，德国的财政管理体制由联邦和州两个独立的体系构成。财政管理体制包括联邦政府、州政府与市镇地方政府的财政管理机构设置，以及近年来的重要改革。本章首先对联邦、州、市镇三级政府机构设置进行了介绍，而后分别对联邦政府和地方政府的财政职能进行了梳理，在此基础上，对德国财政管理的组织架构进行了介绍。

第一节　政府机构设置

一、联邦政府的机构设置

德国联邦政府由联邦总理和联邦各部的部长组成。人们往往把德国的政府制度称为"总理民主制度"。联邦总理是唯一由议会选举产生的政府成员，并且由他一人对议会负责。联邦总理一人拥有组阁权，即各个部的部长由总理提名，总统任命。总理决定政府的政策方针和部长的工作范围，部长的工作只是对总理负责。本届联邦政府总理是默克尔，她主持下的现联邦政府共设14个部，它们是：经济与能源部，外交部，内政部，司法部与消费者保护部，财政部，国防部，教育与研究部，食品与农业部，家庭、老人、妇女和青年部，卫生部，劳动与社会保障部，交通与数字基础设施部，环境、自然保护、建筑与核能安全部，经济合作和发展部。其中，经济与能源部，由原来的经济与劳动部改成，强调开发新能源在经济中的作用。劳动部任务被合并到社会保障部，食品与农业部是将原来的消费者保护与食品农业部中的消费者保护任务划归司法部。新增加了一个部是将原先的卫生与社会保障部中的卫生部分任务独立出来。此外还有一个相当于部级的总理府事务部，这个部主管总理府的事务，协调各个部之间的工作。在科尔总理期间，还曾经有邮电通信部，后来德国相继将国有的联邦邮政部门改为联邦控股的德国邮政公司，将联邦电讯部门改革为股份公司并上市出售和发行股票。1998年，德国撤销了邮电通讯部。施罗德期间将交通部与规划、建筑和城市建筑部的合并也与联邦铁路的私有化有关系。联邦铁路私有化以后，联邦交通部直接管理的事务也随之减少了。联邦经济和能源部、外交部、财政部、司法部、内政部、交通与数字化7个部设在柏林。国防部，教育与科研部，食品与农业部，家庭、老人、妇女和青年部，卫生部，社会保障部，环境、自然保护和核能安全部，经济合作和发展7个部在波恩。总部设在波恩的部在柏林都有分部。

在每个联邦部下面都设有一个或者更多的直属局，负责管理具体的事务。例如财政部有联邦财政局，环境、自然保护、建筑与核能安全部有联邦环境局，经济部有经济局，卡特尔局，出口局，内政部有联邦统计局等。在分工方面联邦部负责本身权限内的政策决策功能和提交联邦议会的政策提案，需要经过联邦议会批准的政策形成。而联邦直属局负有执行具体事务的功能。除了联邦政府各部以外，联邦级还有3个不直属于联邦总理领导的相对独立机构：德意志联邦银行、联邦审计院、联邦最高法院。[①]

[①] 德意志联邦银行（Deutsche Bundesbank），在法兰克福市。联邦审计院（Bundesrechnungshof, BRH），总部在波恩市。联邦最高法院（Bundesgerichtshof），在卡尔斯鲁尔市。

二、州政府机构设置

由于国家制度的联邦制特征，州既是联邦的下一级行政单位，同时又具有高度的独立性。凡是法律没有规定联邦履行的事务，都属于州法律的管辖范围。联邦法律要在州内实施，需要州通过相关法律才能够落实，亦即落地条款。德国州政府与联邦政府一样，由州长与下设的各部组成，州长是州政府的最高领导，并对州议会负责。州长由州议会通过法定多数票选举产生，各部部长由州长直接任命。州长同时有权任命州法院法官。州政府各部的名称和职能基本与联邦级别的部相对应。例外的是，为了保持各个州在文化方面的个性，州级政府设有文化部，而联邦政府没有独立的文化部，文化事务由内政部统管。例如在文字改革和中、小学教材和中、小学制度等问题上，只有各个州文化部长都同意时，全国才能统一。否则，各州便自行其是。州的权力还在于对本州的行政管理，以及通过联邦参议院的途径参与联邦立法。各个州对州内的行政管理负责，同时它们的行政机关也负责执行联邦的法律与管理条例。州行政管理的任务主要是三部分：（1）专门由州负责的任务，例如，学校、警察和区域规划；（2）负责在本州执行联邦的法令事务，例如建筑规划法、工商管理法、环境保护法，食品安全法等；（3）受联邦政府的委托实施联邦的事务，如建造联邦公路，促进教育事业等。

三、市镇地方政府机构设置

德国州政府以下的地方政府体系比较简单只有两级：县和市镇。区具有行政区划，交通规划或选举方面的意义，不属于行政与财政意义上的地方政府，市镇联盟属于具有特别公共服务的地区性合作组织，类似于一个公司的组织。区与市镇联盟在德国都不作为地方政府。

（一）行政县而非财政县

在德国一个县下面可能有多个市镇，这些市镇无论人口规模的大小都是同级的。但是县和市镇之间在行政上往往是有分工的，而很少有重叠的任务，即由县下达到市镇，由市镇去完成。而是有些任务就是由县一级完成。比较重要的任务是交通和区域间的规划是由县完成的。此外，食品安全、人和动物防疫方面的具有城市外部性的任务基本是由州下达给县，由县设的专门机构完成的。对于一般的市民来说，基本是和市镇行政打交道，很少有事务与县有关，所以县从某种意义上说仅有区划上的意义，而不是政府的意义。县没有独立的预算，县设机构所需要的事业费用是由州拨款组成的，这些机构相当于州的地方办事处。有些需要办县范围的公共事务，比如交通或其他事务，由地方上缴来筹集资金，也称为县上缴。由于县没有独立的财政收入，没有独立的预算，仅作为报账单位，因此在德国的财政统计中，没有县一级的财政收支统计。就法院和警察系统来说，在德国基本也是两级：州法院和市镇地方法院、州警察和市镇地方警察。县级公共行政机构是很少的。

德国有一个重要的特点是，县级没有财政机构，比如没有县财政局。但是县有重要的金融机构，就是地方储蓄银行。地方储蓄银行基本是以县为基本的联合单位。促进地方经济政策相关的业务基本是由具有合作经济性质的地方储蓄银行承担，比如原来的住宅建筑储蓄补助，新的节省能源的个人住宅建设的贷款贴息等。

（二）行政市镇同时财政市镇

德国的地方统计中，一般将市镇分为县级市（不受县管辖的市），其他的市镇不再加以区分，都统计为市镇。市镇在德国不仅是独立的行政单位，同时也是财政独立预算单位。德国从1969市镇行政改革开始，市镇的个数是持续下降的，1968年有24 828个市镇，1980年全德国市镇个数下降为8 409个。其后，县和市镇的个数基本稳定。表2-1以德国人口最多的北威州为例，显示德国州以下政府体系及人口规模。这个州是由区、县级市、县和市镇组成的政府体系。各个管辖区的人口规模差别比较大，在杜塞多尔夫区平均每个市镇有近8万人口，而科隆区平均每个市镇就只有4万多人口。代特莫尔德区每个市镇不到3万人口。由于北威州人口密度比较高，所以平均每个市镇的人口比较多，其他州的市镇平均人口规模一般要低于北威州。

表2-1　　　　　　　德国北威州市镇统计

行政层次	个数（个）	北威丹				
专区	5	杜塞多尔夫	科隆	明斯特	代特莫尔德	阿恩斯贝格
县级市（独立市）	23	10	4	3	1	5
县	31	5	8	5	6	7
市镇	377	66	95	78	70	78
人口（万人）	1 787	516.2	439.3	259.4	206.5	365.8
平均每个市镇人口（人）	46 181	78 212	46 242	33 256	29 500	46 897

注：数据时间：2010年12月底。2015年12月底人口普查的数据各个市镇的未查到。
资料来源：北威丹各区政府网。

第二节　联邦政府财政职能

一、现代国家对联邦财政职能的影响

财政学基本理论将资源配置和收益分配作为政府的财政职能。国家的财政职

能是由一个国家的基本立国思想以及政府的执政理念所决定的。如前所述，德国长期以来追求的是社会市场经济的社会经济制度。因此，德国政府希望尽量少地对社会怎样生产和生产什么发生影响。政府的职能在于保护和促进市场竞争，通过市场竞争来决定社会怎样生产和生产什么。在社会市场经济的原则下，政府的财政职能主要表现在社会财富的再分配方面，即保证社会成员基本权利的实现，如享受基本生活水准的权利和受教育的权利。因此，也许可以说，在理论上的两个政府财政职能方面，德国政府注重于收益分配职能。而对于收益分配职能的理解，德国人非常强调机会均等，而不是收入均等。因此，教育在德国为公共任务。国家本身从过去的制度国家向现代国家的转变，促使国家机构担负起更多的任务。制度国家的任务仅仅在于建立和维护法律秩序，而现代国家则把促进国家的现代化建设作为己任。现代化建设既包括了基础设施如道路和桥梁的建设，也包括了文化教育事业、高等学校和职业教育及全民社会保险制度的建立。然而，国家责任范围扩大的一个不利后果，是削弱了个人、企业和地方的主动性。德国政府吸取20世纪70年代国家干预泛滥成灾的教训，20世纪80年代以来，一直坚持精简国家机构，同时坚定不移地执行私有化政策和厉行节约的预算政策，使国家支出占国民生产总值比重从1982年的50%降到1989年的45%。东联邦德国的统一使德国政府突然面临大量的新任务。这对于德国财政来说，可以说是一个非常时期。恢复和振兴东部经济对国家财政的压力，完全不亚于德国第二次世界大战后的恢复时期。因此，德国政府财政的规模和意义都在迅速增长。联邦、州和市镇1993年的财政支出首次突破1兆马克。再加上社会福利支出、地区间平衡和给欧洲联盟的上缴款项，德国的财政支出再次超过国民生产总值的50%。不过，如果不是20世纪80年代的紧缩财政政策，降低了财政支出的比重，德国财政几乎不可能承担国家统一的重任。

二、联邦政府事权

根据德国的基本法，德国的联邦、州、市镇各级政府必须自己负责本级政府的财政收支平衡。三级政府之间的财政独立性和自主性是德国财政体制的根本特点。如果从性质上看，某项任务关系到整个国家的利益，那么，这项任务就是联邦政府应当完成的任务。首先，属于这种性质的任务有：社会保障、国防、外交、国内安全、货币政策、建造高速公路和跨州长途公路、通讯事业、大型研究项目以及科学发展事业。联邦也负责能源与经济、农业、住宅与城市建设、卫生事业、环境保护以及同其他国家尤其是发展中国家的经济合作。其次，促进社会和地区平衡发展也是联邦的重要任务，这又具体表现为促进社会各个阶层之间生活水准的接近和促进不同地区之间人民生活水准的接近。因此，联邦负责社会保险制度的维护和协调地区财政平衡制度。再次，国家有一些任务要由联邦和州一起规划和筹资。它们包括扩大和新建高等学校、改善地区性的经济结构、农业结构和海洋保护、教育规划和促进科学研究等。教育科学研究开发方面的政府任务是由联邦与州共同承担的。一部分通过项目的方式直接进入高校，另一部分为高校外的研究所。而德国政府对于大学生的助学贷款属于联邦的资产项目，属于一般财政经济项目里面管理的项目，不属于高校投入项目。从表2-2联邦预算支出项目9大领域[①]的数据可以看出联邦政府的具体任务。

表2-2　　2013年联邦政府按任务划分的财政支出结构

序号	项　　目	金额（百万欧元）	比例（%）
	总　　额	307 843	100
1	社会保障、家庭、青年与劳动市场政策	145 706	47.33
	其中：社会保障包括失业保障		32.06
	家庭救助、福利护理		2.13
	战争与政治事件赔偿		0.76
	劳动市场政策		10.62
	青年救助		0.13
2	一般行政服务	72 647	23.60
	其中：政治领导与中央管理		4.29
	外交		5.97
	国防		10.48
	公共安全与秩序		1.45
	财政管理		1.26
3	教育、科学、研究与文化	18 648	6.07
	其中：高校		1.58
	高校外科学研究与开发		3.30
4	卫生、环境、体育与休闲	1 633	0.53
	其中：体育与休闲		0.04
	环境与自然保护		0.14
	核安全与放射性保护		0.17
5	住宅、空间规划与地方公共服务	2 304	0.75
	其中：住宅、住宅建筑补贴		0.54
6	食品与农业	904	0.29

---

① 所有大类支出项目不完全等于其中小项的加总，而是基本小于其中小项的加总，因为"其中"仅是被强调的主要项目。

续表

序号	项　目	金额	比例
	总　额	307 843	100
7	能源、水经济、企业与服务业	3 900	1.27
	其中：水经济、洪水与海岸保护		0.01
	矿山、加工企业与建筑企业		0.48
	地区扶持措施		0.26
8	交通与新闻事业	16 406	4.53
	其中：道路		2.40
	水路、港口航运扶持		0.55
	铁路、公共个人短途交通		1.49
	航空		0.09
9	财政经济	46 017	14.66
	其中：土地与资本资产、特别财产		4.38
	税收与一般财政补贴		0.01
	债务		10.17
	全球项目		0

注：表中数据与百分比直接引用于联邦财政年鉴。

资料来源：Bundesfinanzministerium, Finanzbericht-2016, http://www.bundesfinanzministerium.de/Content/DE/Standardartikel/Themen/Oeffentliche_Finanze.

社会保障系统在一国的区域范围划分和所包含的主要内容在世界各主要国家有很大差别。就区域范围划分来说，它涉及政府之间的任务划分。德国的社会保障系统是全国统筹。雇员无论他在哪个州工作，也无论他在多少个州工作过，他的退休金账户累计额都不会因工作地点的变动受影响。这样制度安排的特点是利于劳动力在全国范围内自由流动，从制度上保证了基本法所规定的劳动者就业和迁徙自由。因此，社会保障账户补贴是联邦最重要的任务，2002年占联邦级总支出的比例为45.04%。根据预测，联邦对社会保障的支出将逐年上升。在社会支出中，最大的支出项目是对养老金的补助，2003年为772亿欧元，占社会保障总支出的比例为36%。按照新的分类，2013联邦社会支出项目已经达到987亿欧元，占联邦支出比例为47.33%，其中社会保障方面支出占32.06%。社会保障支出具体是指养老金、医疗保险、社会保险等项目的补贴。其中，劳动市场占10.62%，家庭救助与福利护理占2.13%。

需要指出的是，联邦政府在社会保障项目方面支出，是对这个项目的补贴。因为这个项目本来是由参保人投保，公共的社会保障账户负责支付。由于人口老龄化与经济不景气导致收不抵支，所以需要联邦政府补贴，主要是养老金账户的补贴。

需要特别指出的是，德国养老金筹资方式采取的即收即付制，不是基金制。①

一般行政管理项目占23.6%，其中国防是重要部分占10.28%。位于第三位的是财政经济，占14.95%，其中用于债务方面的支出占重要部分，为10.17%。教育与科学研究方面的支出占联邦的比例为6.07%。联邦的另一项最重要任务是联邦范围内的交通事务。建设高质量统一的远程交通网是平衡国内各个不同地区发展水平差别的重要措施，是为不同地区提供均等发展机会的前提。因此，长期以来，德国致力于国内的交通设施建设，其高质量的、发达的交通网是德国优于世界上任何其他国家的一个重要优点。在交通方面联邦的主要任务是联邦远程铁路、远程高速公路等的建设和管理。1995年联邦铁路部分私有化以后，联邦在交通方面的重要支出仍然是"联邦铁路资产"和"德意志铁路公司"，2003年对这两个项目的支出分别为63亿欧元和47亿欧元。统一以后，联邦在铁路交通方面的重要投资是"德国统一项目：交通"，主要投资地区是东部新州，2003年仅这一项目总支出就超过联邦对铁路资产和德意志铁路公司的支出。2013年，联邦用于交通方面的总支出达到164亿欧元，其中用于道路的占2.4%。联邦政府不仅对联邦范围的远程交通项目有投资和管理的任务。根据德国市镇交通筹资法，对于州范围内交通，市镇提出的地方公共交通项目，地方铁路交通建设投资项目，可以得到80%的联邦投资补助。2013年，联邦对于铁路、公共个人短途交通的支出为45.97亿欧元，占1.49%。

具体完成联邦政府任务的联邦公务员有：直属于联邦国防部的国防军、联邦外交部以及其遍世界的工作人员、财政部以及海关、联邦交通部下属的水路和水运管理部门、经济和劳动部下属的卡特尔局、内政部以及其他各部门的工作人员。2001年，德国有280万国家公务人员（不包括联邦军队成员），其中联邦一级占9.6%，州一级占56.7%，市镇占33.76%（不包括市镇目标联盟人员）。2011年，德国总公共财政人员支出为1933.93亿欧元，联邦经常性支出中用于人员的经费为278.56亿欧元，联邦占比例为14.4%（包括了联邦国防人员支出）。

三、联邦政府财权

根据基本法（财政划分法）规定，每一级政府都有权要求取得完成其任务所需要的财政资源。因此，在三级政府之间的财权划分上，联邦政府与其他两级政府的地位是平等的。尤其是在联邦制民主选举的框架下，联邦总理和各个州州长之间并不存在服从的关系。因此，对于法律规定所留下的可以在联邦和州之间协商分配的部分，基本都是通过每年一次的总理和州长之间的圆桌会议决定。联邦德国的财政收入来源主要是税收，因此，税收收入在各级政府之间的纵向分配，对各级政府的财权具有重要意义。完全属于联邦政府的税收为：矿物油税、烟税、烈酒税和保险

---

① 德国经济学界坚信费里德曼的货币数量论，认为养老金基金制将扩大政府在金融系统的作用。米尔顿·弗里德曼（Milton Friedman）；《资本主义与自由》（*Capitalism and Freedom*），英文版，University of Chicago Pres，1962；中文译本，商务印书馆2004年版。

税。联邦和州两级共享税为个人所得税、公司所得税和增值税。增值税在联邦和州之间的划分，法律规定为联邦和州之间税收分配的一个机动要素，可以通过联邦和州之间协议，适应联邦和州财政关系而改变分配比例。根据基本法，工资所得税也是联邦和州的共享税，但同时联邦政府可以确定工资所得税划分给市镇的比例。因此，工资所得税也是联邦、州和市镇三级政府的共享税。2013 年，个人所得税联邦的分享比例为 42.5%，法人所得税联邦分享的比例是 50%，增值税联邦实际分享比例是 49.7%，进口税分享比例为 49.7%。2013 年联邦政府财政总收入为 2 855 亿欧元（见表 2-3）。其中税收收入为 2 598.07 亿欧元，占近 90%。① 在联邦税收收入中，共享税收入为重要部分，占大概 75%，个人与公司所得税分成收入为最大，为 1 073.4 亿欧元，占 37%。在联邦直接税收中矿物油税收入为主要部分，占总比例的 13.93%。②

表 2-3　　　　　　　　2013 年联邦政府财政收入构成

项　目	金额（百万欧元）	比例（%）
总收入	2 855 亿欧元	100
1　经常性收入		
1.1　税收收入	2 598 亿欧元	90.99
共享税总收入	213 199	74.68
增值税分成收入	78 377	27.45
个人与法人所得税分成收入	107 340	37.60
进口税	25 906	9.07
营业税	1 575	0.55
联邦直接税总收入	100 454	35.19
矿物油税	39 758	13.93
团结税	14 378	5.04
烟草税	13 820	4.84
咖啡税	1 021	0.36
酒税	2 553	0.89
保险税	12 046	4.22
电税	7 009	2.45
核能原料税	1 285	0.45
航空税	978	0.34

---

① 由于有对欧盟增值税划分与矿物油税地方返还，联邦实际税收收入低于 90.99%。
② 由于矿物油税有对地方返还，实际比例为 13.93 - 2.52 = 11.41%。

续表

项　　目		金额（百万欧元）	比例（%）
	卡车税扣除	-501	-0.18
	其他税	2	0.0007
	扣除		0
	对州补充拨款	-10 792	-3.78
	对欧盟上缴（BNE-）	-24 787	-8.68
	欧盟增值税共享部分	-2 083	-0.73
	矿物油税对地方拨款	-7 191	-2.52
1.2	其他经常性收入	192 亿欧元	6.73
2	资本账户收入	65 亿欧元	2.28

资料来源：Bundesfinanzministerium, Finanzbericht - 2016, http: // www. bundesfinanzministerium. de/Content/DE/Standardartikel/Themen/Oeffentliche_Finanze，笔者整理加工。

第三节　地方政府财政职能

一、州政府财政职能

（一）州政府事权

1. 教育。洪堡教育思想与德国公共任务划分中州的任务。根据德国基本法第 30 条规定，只要没有明文规定由联邦完成的国家任务，州政府都有义务完成。因此，这可能意味着，州政府实际上要完成的任务比联邦政府多。如前所述，德国作为社会市场经济国家，政府财政职能更重视收益分配职能。对于收益分配职能的理解，德国人非常强调机会均等（过程均等的公平社会），而不是收入均等（结果均等的社会主义"大锅饭"）。而享受公平的教育机会是公民机会均等的制度基础之一。由于德国从 1809 年就开始了以洪堡主持的教育改革，将教育作为国家统一的任务。这项任务在当时作为国家任务也就是各个州的任务。洪堡教育改革强调教育水平的一致性，比如教师的资格，必须有统一的要求，也必须有统一的福利待遇。在这种理念之下，中小学基础教育和大学教育在德国都是州的事务，而不需要由县或市镇地方自筹资金来完成。

在国家任务分工上，教育是州政府的主要任务，在德国大学与中小学教育都是州的财政支出任务。正规大学都直接属于州所有，由州负责学校的建设、维护、设备投资和人员经费。只有极少数的私立大学，以捐款和学费为经费来源。大学的教学设施属于州的固定资产，德国老大学的主楼，基本都是原来的地方公国皇家宫殿。① 由于洪堡教育思想的传统，研究所附属于大学作为一个特点，因此，国家科学研究的任务，也是基本由州立大学承担，尤其是在医学方面，领先的研究领域基本完全由大学附属医院承担。在新建高校和新增加高价值设备的情况下，州可以得到联邦的共建资助。因此，在联邦财政支出项目中有高校与高校外的科学研究开发支出。尽管大学是州有州办，但是大学招生并不以州划分招生名额，不存在全国的统一名额分配，也不存在本州大学以招本州学生为主的规定。② 学校与专业完全由学生自愿选择，因为个人选择学业的自由是基本法所包含的公民基本权利，是政府必须要保障的。虽然事实上有些学生为了节省生活成本的需要，选择就近的本州的大学，这是个人的自由，不是政府的意向。对于热门专业，报名人数过多，例如医学，法律，经济专业或其他新的专业，各个大学而不是州教育部采取不同的限制规定，这些专业称为限制性专业。具体为规定高中会考成绩的分数线，优秀的学生才可以录取，③ 或者采取抽签的方式。对于当年不能够录取的学生，有些情况下，参加排队等待，可以在第二年得到录取。有些宁愿等待的学生，往往采取在等待期间去参加国外的学习活动。由于不存在一个联邦教育部或者州教育部对大学生的名额分配，各个州在办大学方面存在着相当的竞争动力。财力雄厚的州能够投资新的实验设备，可以招聘到知名的教授和开设新的专业，就可以吸引更多的国内与国际的学生到本州的大学就读。反之，如果学校没有吸引力，招到的学生可能就比较少。大学教育和科学研究是德国州与州之间的主要竞争内容。中小学的正式教育也是州的任务，州负责所有教学人员和经常性经费的支出，不负责固定设备的支出（有一定的补助），没有教学设备财产的所有权。中小学教学设施按照属地原则属于市镇地方的公共财产。

大学、中学、小学教学人员在德国是州公务员编制，由州承担全部的工资与福利支出，学生免缴学费。需要特别指出的是，在德国州承担的教育作为公共任务与美国是不同的，因为在德国的整个教育资源中，私立学校的地位微乎其微。有些小学，虽然教室属于教会财产，管理人员是教会人员，教学人员是享受州公务员待遇，因此都是按公立学校进行管理。私立大学也比较少，近年来，为了适应欧洲一体化的需求，德国不少大学新成立了独立的国际部（相当于大学里的一个新的独立学院）或是在原来的学院中新成立1个所，用英文教学。基本是作为公立学校中的私立部分，教授或者是新增加的助理教授是讲席教授而不是州公务员待遇，要由学生学费筹资。这些响应全球化尤其是欧洲一体化要求成立的用英文教学的部或所，基本是利用原大学的基础设施、教学楼、图书资料等。因此也都必须得到州批准的，有些州也出了部分资金

---

① 应该相当于中文的诸侯国（选帝候），因为各个城市历史上就是1个皇帝的领土。德文的皇帝有两个词：Koenig 与 Keise，后者才是中文意义上的皇帝。大学的各个学院都是分散在城市的不同城区，大学主楼主要是大学的行政管理部门与少部分人文学科。20世纪70年代新建的大学，基本是所有学院集中于一个校区。

② 因为不收学费，所以也不存在美国人采取的对本州学生低学费标准或者看其父母是否缴纳个人所得税等条件。

③ 并不能够理解为这些限制专业全部是德国最顶尖的高中毕业生。因为德国人考虑更多的是对专业的兴趣，而不一定是选择热门专业。所以，在所有的专业必定都有优秀的高中毕业生。

的。也有很少的大学英文班是全免学费的，人员经费可能得到州政府补贴或者得到私人基金会的资助。同时，需要特别指出的是，德国的正规公立大学全部属于州所有，没有联邦直属的，因此，德国大学之间本质上是地位平等的，不存在联邦政府直属（国立）与州政府直属（州立）的差别。联邦部属的大学基本是用于内部培训的学校，对外在名称上也有所区别，不称为 Universitaet，而是 Akademie。例如联邦财政部的联邦财政学院，① 就是为财政部系统的财税公务员进行升级培训的。

2. 法院与警察系统。此外，州负责本州的司法系统和内部安全的警察系统。由于大、中小学的教师和管理人员，高、中、低级法院工作人员全部由州负责，在德国公共财政的人员总支出中，州承担的比例最高，1997 年占 53.41%，2000 年和 2002 年都在 56% 以上。② 2011 年州财政供养的人员经费在公共财政人员经费中比例仍达到 56%（见表 2-4）。因此，从财政供养人员比例来看，可以说德国的国家是以州为主的国家，符合联邦制国家的本意。

表 2-4　　　　　　　　公共财政人员费用支出结构　　　　　　　　单位:%

年份	联邦	州	市镇	ERP-特别财产项目	合计
1997	14.25	53.41	27.98	4.36	100
2000	15.74	56.17	23.47	4.62	100
2002	15.72	56.45	23.35	4.47	100
2011	14.40	54.64	24.01	6.98	100

资料来源：Bundesministerium der Finanzen, Finanzbericht 2004, Berlin; Bundesfinanzministerium, Finanzbericht-2016, http://www.bundesfinanzministerium.de/Content/DE/Standardartikel/Themen/Oeffentliche_Finanze.

在州级财政供养人员中，中小学人员是州财政供养人员的最大部分。图 2-1 以德国人口规模最大的州北莱茵—威斯特法伦州为例，说明州级财政供养人员构成。在 2004 年计划的 30.8 万多人员中，中小学人员在 14 万人以上，占到 47%。再加上高校的 3 万多人，整个教育部门合计达 57.3%。从人员分布大致可以看出州政府公共任务的内容。此外，警察、法院、税务管理是三大用人最多的领域。在其他领域中包括文化事业、卫生防疫、社会救助等。

3. 州内财政平衡。为了使本州内的各个市镇社会经济得到均衡发展，州政府也负责平衡本州的市镇政府完成它们的任务所需要的财政资源。为此，州政府是州内各个市镇之间财政平衡的承担者。在州的财政支出中，对市镇的补助和拨款占较大的比例，基本占 20% 左右。在东部和西部之间仍然有比较大的差别，2001 年在西部老州对市镇地方的拨款占州财政支出的比例为 18.8%，而东部新州的这一比例为 29.9%。同时，根据联邦制原则，州对完成州范围内的国家任务需要的设施有投资

---

① 联邦财政学院（Bundesfinazakademie）。
② 在德国州承担公共财政供养人员支出比例明显提高的原因是增加了中小学的师资配置，大量小学增加了下午的活动课程，为了照看父母双职工家庭的孩子。

第二章 德国政府与财政管理体制

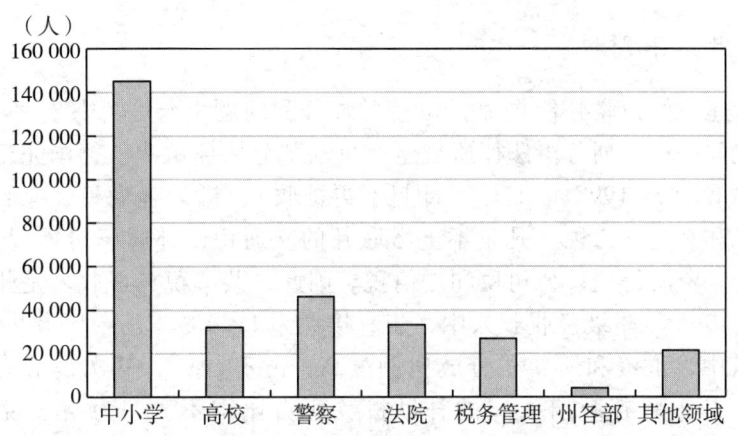

图 2-1 2004 年北莱茵-威斯特法伦州财政供养州级人员分布

资料来源：（Finanz Repore, November 1997,）："Tatsachen und Argumente zur Finanz-und Steuerpolitik in Nordrhein-Westfalen", Duesseldorf.

义务，所以州财政支出投资的主要是州范围内的交通事业、高等学校设施和科学研究方面的设备投资。在州一级，投资支出占总支出的比例，在 1997 年为 15.9%，2001 年为 14.7%，其中，西部地区为 11.6%，而东部地区的投资比例为 23.3%，可见对东部地区的投资使总投资比例提高了，如果没有东部因素，整个投资比例还要低。2002 年以后由于经济不景气，财政收入下降，投资比例降低到 13%，之后，由于控制资产账户债务，投资比例继续下降，2013 年降低为 10% 以下。经常性实物支出虽然有所下降，但是在 2013 年开始，又恢复到 9%。比较明显的是利息支出下降，从 1997 年的 7.5%，下降到 2014 年的 5.1%（见表 2-5）。主要原因是由于举新债还旧债的策略，适逢资本市场利息下降，由此降低了利息支出。

表 2-5　　1997 年、2009~2014 年州级财政支出结构

年份	人员支出 总额（亿欧元）	人员支出 占比（%）	市镇拨款 总额（亿欧元）	市镇拨款 占比（%）	投资 总额（亿欧元）	投资 占比（%）	经常性实物支出 总额（亿欧元）	经常性实物支出 占比（%）	利息支出 总额（亿欧元）	利息支出 占比（%）
1997	905	37.5	505	20.9	383	15.9	228	9.4	180	7.5
2009	993	34.7	638	22.3	389	13.6	247	8.6	200	7
2010	1 021	35.6	642	22.4	347	12.1	256	8.9	197	6.9
2011	1 046	35.3	671	22.6	348	11.7	262	8.8	194	6.5
2012	1 073	35.9	686	22.9	306	10.2	267	8.9	187	6.3
2013	1 105	35.8	734	23.8	303	9.8	278	9	176	5.7
2014	1 144	35.8	777	24.3	312	9.8	289	9.1	162	5.1

资料来源：Bundesministerium der Finanzen, Finanzbericht 2004, Berlin; Bundesfinanzministerium, Finanzbericht - 2016, http://www.bundesfinanzministerium.de/Content/DE/Standardartikel/Themen/Oeffentliche_Finanze.

（二）州政府财权

如前所述，作为联邦制国家，州在财政分配问题上与联邦具有平等的地位。联邦和州之间的税收划分由法律所规定，机动部分协商解决。德国完全属于州的税种为财产税（从1997年1月1日起不再征收）、机动车辆税、啤酒税、赌场税、遗产税和其他交通税（凡是不上缴联邦的交通税，都属于州）。与联邦政府的共享税为工资所得税、公司税和增值税。因此，共享税分成收入是州级税收的主要来源。1995年州级税收收入中，州直接税为11.4%，其余均为共享税收入，共享税收入中，工资和所得税分成比例最高，占39.4%，其次是增值税分成收入，占32.3%。联邦政府对州的补助拨款所占比重不高，为州级税收收入的7.9%。2002年州级税收中，州直接税和所得税比例均有所下降，增值税有所上升，上升了3.3%。在2012年州级税收收入中，州直接税的比重明显下降了，占6%。主要的原因是在共享税中，增值税比重提高了，2002年占35.6%，2012年占36.7%，新增加了营业税税收返还与卡车收费返还两个项目。同时，联邦补助拨款比重明显下降（见表2-6）。

表2-6　　　　1995年、2002年、2012年州级税收构成

年　份	1995 总额（百万欧元）	1995 占比（%）	2002 总额（百万欧元）	2002 占比（%）	2012 总额（百万欧元）	2012 占比（%）
州直接税	187.1	11.4	185.8	10.3	14 201	6.00
共享税分成收入						
个人所得税	644.7	39.4	593.9	32.9	89 219	37.75
法人所得税	89.6	5.5	84.4	4.7	8 467	3.6
利息税	28.8	1.8	37.3	2.1	3 623	1.5
增值税	527.8	32.3	642.2	35.6	86 785	36.7
营业税	31.1	1.9	40	2.2	2 243	0.95
地区近程交通补助			67.5	3.7	7 085	3.00
营业税提高返还					3 308	1.4
卡车收费平衡支付					8 992	3.8
联邦补助拨款	126.4	7.7	155.8	8.6	11 621	4.92
稳定拨款					800	0.34
税收总额	1 635.5	100.0	1 807.5	100.0	236 344	100

注：（1）不包括州对德国统一基金上缴的扣除，总数大于年报总数。
（2）联邦补助拨款不属于税收收入，但是在新的联邦财政年报中将此项目设在税收收入栏目，可能属于税收返回性质的拨款。

资料来源：Bundesministerium der Finanzen, Finanzbericht 2004, Berlin; Bundesfinanzministerium, Finanzbericht – 2016, http://www.bundesfinanzministerium.de/Content/DE/Standardartikel/Themen/Oeffentliche_Finanze.

二、市镇地方政府财政职能

(一) 市镇地方政府事权

市镇自治权的基本内容由基本法第 28 条（Art. 28. Abs. 2 GG）明确，市镇在法律框架下所有当地事务自我负责（Eigenverantwortung）。北威州通过州法典（Art. 78 LV Landesverfassung）第 78 条确认基本法规定的市镇自治在本州实施。市镇作为某一地区的居民实体。用德文是 Gebietskoerperschaft。这个德文词可以分解为三个部分：Gebiet（地区）、koerper（人体）、schaft（实体）。只要是这个地区的居民都必须接受市镇地方政府的管辖。法律规定市镇拥有自己的命名权、区旗权、区徽权、财产权、经营权、法律诉讼权。市镇的任务为：（1）自愿自治任务，这些任务不是由国家规定的，而是地方自己决定是否提供和如何提供。自愿任务为游泳池、新的公共交通线路、电影院等。（2）义务地方自治任务。由联邦和州法律所规定的，决定是否提供的权限不在地方，但是如何提供的权限在地方。市镇作为自治单位，应该为本辖区内的居民提供基础生活设施，像清除垃圾，供应水、电和煤气，建立并维持小学和幼儿园等都属于市镇非指令性义务任务。这些任务不是为国家而完成的任务，而是为本地区居民而义务承担的任务。（3）指令性义务任务。市镇作为国家的一个部分，它必须完成联邦和州在本市镇的任务。由联邦或州下达的任务就是市镇的指令性义务任务，具体为根据国家的统一规定，支付社会救济和住宅补贴；消防和急救事业；防止自然灾害的措施等。这些任务是由州决定，地方有义务完成的任务。如何完成的决定权也不在地方，而是根据州的指令。（4）委托任务。这些任务是联邦或州委托的任务。是地方作为国家的分支，需要完成的任务，例如组织选举。市镇地方自治的一个重要优点是基层行政单位具有竞争的积极性，通过自己的经济促进政策，改进本市镇的居住和投资环境，吸引居民向本地区流动和企业到本地投资。因此，促进本地经济发展也是市镇的任务。但是在私人所有权的市场经济制度框架条件下，市镇促进地区经济发展的政策措施是受到严格限制的，主要为改进本区域内的基础设施建设，改进行政管理服务等具体的内容。因此，市镇是本地基础设施的主要投资者，市镇范围内的公共设施总投资中，① 市镇财政始终是主体，占 60% 以上。根据联邦服务行业工会的统计，在市镇本级财政支出中，2000 年实物投资占总支出的 15.9%，2002 年由于财政紧缩，投资减少 12 亿欧元，比例为 14.5%。根据联邦财政部的统计，市镇财产账户的支出占包括行政账户和财产账户总支出的比例在 2000 年为 20.47%，在 2002 年，由于经济不景气，财政收入下降，投资也下降，为 18.97%。不同数据来源的差别在于对地方医院的投资支出是否包括在内，或者其他统计项目上的差别。根据 2011 年统计数据，市镇投资占本级财政支出的比例达到 19.05%（见表 2-7）。

---

① 公共设施总投资包括在市镇范围内的联邦和州的投资。

表 2-7　　　　　　　按支出项目分类的市镇财政支出结构

项目	2000年 总额（亿欧元）	占比（%）	2002年 总额（亿欧元）	占比（%）	2011年 总额（亿欧元）	占比（%）
总支出	1 198		1 231		179 375	
人员	319	26.6	326	26.5	46 432	25.89
流动性实物支出	232	19.4	242	19.7	39 091	21.80
社会支出	232	19.4	246	20	1 185	0.70
养老金补贴					42 989	23.97
利息	43	3.6	46	3.7	4 266	2.37
实物投资	190	15.9	178	14.5	22 061	12.30
合计		84.8		84.4		87.03

注：（1）2000年、2002年总支出不包括地方医院支出。

（2）2011年经常性账户支出总额157 296百万欧元，没有扣除同级支出。2011年资本账户总支出为27 528百万欧元，而实物投资为22 061百万欧元。这里的总额为经常性账户支出加实物投资支出的总额，小于实际总额。

资料来源：ver.di，2002，Ver.di fordert eine stabile and solidarische Gemeindefinanzierung，Beschluss des ver.di – Bundes rorstands vom 18. Fed 2002；Bundesfinanzministerium，Finanzbericht – 2016，http：//www.bundesfinanzministerium.de/Content/DE/Standardartikel/Themen/Oeffentliche_Finanze.

在整个公共财政的实物投资中，市镇占最大的比例，超过联邦与州的总和，2006年达到19 412百万欧元，其中，主要为建筑投资。在2011年的总实物投资22 061百万欧元中，建筑为17 632，达到79.9%（见表2-8、表2-9）。在近年来的德国建筑业的发展中，市镇建设起了很大的推动作用。在20世纪50年代第二次世界大战后建设的大量城市基础设施、地下管道、电车轨道等都到了必须更新的年限。根据德国规定，有些设备技术使用寿命为50年，有些为70年。

表 2-8　　　　　　2006年、2011年市镇在公共财政实物投资中比例

年份	联邦（百万欧元）	州（百万欧元）	市镇（百万欧元）	ERP特别财产（百万欧元）	总额（百万欧元）	联邦占比（%）	州占比（%）	市镇占比（%）	总和（%）
2006	7 045	6 567	19 412	29	33 054	21.31	19.87	58.73	99.91
2011	7 067	7 551	22 061	1 138	37 818	18.69	19.97	58.33	96.99

资料来源：Bundesfinanzministerium，Finanzbericht – 2016，http：//www.bundesfinanzministerium.de/Content/DE/Standardartikel/Themen/Oeffentliche_Finanze.

表2-9　　　　　　财产账户支出占市镇财政支出的比　　　　　单位：亿欧元

年份	经常性账户支出	财产账户支出	总计	财产账户占总支出比例（%）
2000	1 162	299	1 461	20.47
2001	1 181	298	1 479	20.15
2002	1 209	283	1 492	18.97
2011	1 572.96	275.28	1 848.24	14.89

资料来源：Bundesministerium der Finanzen, Finanzbericht 2004, Berlin; Bundesfinanzministerium, Finanzbericht - 2016, http://www.bundesfinanzministerium.de/Content/DE/Standardartikel/Themen/Oeffentliche_Finanze.

市镇作为国家的最基层单位，直接面向居民的公共服务基本都是由市镇直接提供。因此，人员支出是市镇财政支出的最大部分，人员支出占26.5%。如果根据联邦财政年报的统计，将包括地方医院的人员包括在内，基本占行政管理账户的30%~40%。按照财政年报的人员统计，市镇地方行政管理的内容可以归纳为4个主要的方面：（1）一般行政管理；（2）公共卫生、体育和休闲；（3）社会保障；（4）教育科研和其他文化事务。表2-10为1980~1991年统一之前联邦德国的市镇地方政府全日制管理人员在这4大领域的分布。

表2-10　　　　　　1980~1989年市镇地方全日制工作人员分布

年份	总数（人）	一般行政管理占比（%）	健康、体育和休闲占比（%）	社会保障占比（%）	教育、科研、其他文化事务占比（%）
1980	9 204	20.5	28.7	7.8	11
1982	9 330	20.5	28.5	7.9	10.9
1984	9 370	20.2	28.7	8	11.1
1985	9 524	20.3	28.8	8	11.1
1986	9 714	20.1	28.6	8.5	11
1987	9 960	20.1	28.5	8.7	10.9
1988	9 918	19.9	28.5	8.7	11
1989	9 872	19.8	28.6	8.8	11

注：在2016年联邦财政年报里都没有这个数据，所以没有2011年及以后的数据。

资料来源：Bundesministerium der Finanzen, Finanzbericht 1993, Bundesanzeiger Verlagsgesellschaft mbH, Bonn. 笔者加工整理。

从市镇供养的人员分布来看，健康、体育和休闲占比例最高，基本稳定在28%以上。健康具体包括地方医院，红十字会救护系统，青少年心理咨询系统和养老院等。体育具体指对本地区所有的体育设施和设备的管理，游泳池、球场和体育馆等。德国并没有本市镇所有的专业体育运动队。体育运动都是业余的，以协会的方式组织。教练由协会雇用，教练费用由协会成员交纳的会费与社会捐款支付。他们不属于地方政府雇用的工作人员。业余运动队平时的其他费用，如器材、服装等都由协会成员自理，只有当他们代表本地区参加比赛时，可以得到地方政府的参赛补贴。但是，所有的协会都可以以优惠的租金或者免费使用本地区公共所有的体育设施。休闲是指对本地区的休闲场所的管理，具体为博物馆、图书馆、公园，对外开放的森林、山区和湖泊等自然保护区设施的管理。

表2-10人员分布显示的一个特点是教育文化事业的人员比重比较低。其主要原因是中小学的正规教育的人员支出都是由州财政负担的，不是由市镇财政负担。由于文化教育人员所占比例低，从比例上来看，一般行政管理人员的比重就显得比较高。一般行政管理是市镇的整个行政管理机构。市镇行政管理机构的基本设置由市直属管理机构和部门管理机构两大部分构成。以波恩市为例，市行政管理系统共设7个部。第一个部为市长直属的管理机构，有总管理和协调部、国际事务和对外宣传部、基本事务部、经济促进部、法律、社会保障和平衡负担部、女权工作处、信息部、审计部。第二个部为市政管理部门、有人事局、秩序和交通局、居民登记局、消防局等。市镇管理在各个区有分支机构。第三个部为财政部门，下属单位有行政和财政管理局、公共企业事务局、市结算支付处、税务局和不动产管理局。第四个部为卫生部门，下属单位有环境和消费者保护局、绿地局、城市绿地服务处、市清洁和垃圾处理局。第五个部为文化部门，下属单位有市乐队、市艺术馆、市图书馆、音乐学校、人民高校、戏剧院、体育局。第六个部为教育和社会部门，下属单位为社会事务和住宅局、儿童、少年和家庭事务局、教育局。第七个部为城市规划部门，下属机构为土地登记和测量局、建筑秩序管理局、市建筑局。

教育局的具体任务是负责本地的中小学教学设施的管理，包括对教学人员的聘用和管理，不负责教学人员的工资支出和管理。对于幼儿园市镇既负责设施，负责工作人员的管理以及工资支出的管理。长期以来，德国幼儿园教育并不普及，不属于市镇的任务。仅仅是从1995开始，才以法律形式纳入市镇的任务。同时，其他非高等教育中的非正规教育也是由市镇教育局管理，具体为对弱智儿童，残疾儿童的特殊教育。

从行政账户费用支出项目来看，社会支出是市镇地方财政的重要支出项目。根据联邦财政年报的统计数据，2002年总支出为282亿欧元，占行政管理账户的20%。其中，社会救济是其中最重要的支出项目，为207亿欧元。市镇社会支出的其他项目为社会住宅补贴，老年活动中心，青少年活动中心，青少年心理咨询中心和妇女救助中心等。在2011年整个公共财政支出中的社会项目支出为227 438百万欧元，其中，市镇支出为50 635百万欧元，占22.26%。市镇社会项目支出超过州在社会项目的支出27 786百万欧元。因此在德国地方政府社会项目支出任务方面市镇的地位是超过州的。

（二）市镇地方政府财权

市镇地方财政经常性收入由税收，财政拨款，收费和其他收入构成，其中，税收是主要收入来源。在1980～1992年的前13年中，税收收入占西部地区市镇地方财政收入的比重基本稳定在38%～39%左右，从1992年以后开始下降，1995年为35%。在1999年和2000年税收的比例超过40%，2002年税收收入在市镇财政收入中的比重下降为37.9%。2006～2011年期间，2009年税收占37.4%，其余年份都超过40%以上，最高年份为2008年，达到43.8%。类似税收收入比例相当低，公共部门的补贴占比例比较高，2006年为53.7%，最高年份为2010年达到58.4%（见表2-11），原因是市镇地方财政危机，联邦与州增加了补贴，尤其是对东部地区的市镇的补贴。

表2-11　　　　　2006～2011年市镇经常性收入结构

年份	经常收入总额（百万欧元）	税收（%）	类似税收收入（%）	经济活动收入（%）	公共部门补贴（%）
2006	142 718	42.7	0.05	6.3	53.7
2007	153 456	43	0.05	6.3	53.6
2008	161 093	43.8	0.04	5.4	54.3
2009	166 080	37.4	0.03	5.9	55
2010	157 493	40.5	0.05	5.9	58.4
2011	166 536	41.8	0.03	5.8	57

资料来源：Bundesfinanzministerium, Finanzbericht - 2016, http://www.bundesfinanzministerium.de/Content/DE/Standardartikel/Themen/Oeffentliche_Finanze，笔者整理加工。

市镇税收收入的构成为：工资和所得税分成收入、营业税分成收入、土地税和增值税分成收入以及其他杂税收入。自从1970年以来，所得税分成为市镇地方税收收入第一项重要来源。市镇地方在工资和所得税分成中的比例虽然比较小，只占15%，其余部分被联邦和州平分。由于工资和所得税税收总量大，所以在市镇税收收入中，所得税分成收入占第一位。2001年，西部老州收入为193亿欧元，占比例为42.9%。营业税是联邦、州和市镇三级共享税，主要为市镇所有，是市镇税收收入的第二大来源，2001年西部老州收入为171亿欧元，占市镇税收比例为35%。营业税包括两种：营业额税和营业资本税。营业资本税于1998年开始取消。因营业资本税取消而给市镇税收方面带来的损失，将由市镇参与增值税的分配得到补偿。从1998年开始，增值税分成收入也成为市镇税收收入的一部分。此外，属于市镇地方的直接税主要为土地税。市镇还有自己的杂项税收，如狗税、饮料税、娱乐税、打猎和钓鱼税。市镇不仅有对这些零星杂税的征税权，也有税率的确定权。2011年工资税占市镇税收收入的27.36%，营业税占43.77%，市镇直接税占税收收入的

16.39%。2011年市镇税收收入结构见表2-12。

表2-12   2011年市镇税收收入结构

项 目	总额（百万欧元）	占比（%）
市镇总税收	76 613	
其中共享税		
工资税	20 962	27.36
预估所得税	4 799	6.26
利息税	962	1.25
增值税	3 973	5.18
营业税	40 424	
－营业税	3 670	
－提高营业税	3 219	
扣除营业税后	33 535	43.77
市镇直接税		
土地税A	368	0.48
土地税B	11 306	14.76
其他市镇直接税	886	1.15
	12 560	16.39

注：在2006年土地购置税比上年减少100%。这个税是属于州的税收，但是以往州与市镇分成的。这个数据说明，从2006年开始，州不与市镇分成了。

资料来源：Bundesfinanzministerium，Finanzbericht-2016，http://www.bundesfinanzministerium.de/Content/DE/Standardartikel/Themen/Oeffentliche_Finanze.

第四节 财政管理的组织架构

一、总体组织结构

与德国联邦制相适应，德国的财政管理体制由联邦和州两个独立的体系构成。联邦一级的财政管理体制由四层构成。联邦财政部是最高的财政管理机构。联邦财政部下面是联邦高级管理局。第三层是中层高级财政局（OFD）。第四层是地方的管理结构，主要由关税局，关税局的分支机构和边防控制站等组成。

州拥有自己的财政管理系统。州财政管理的主要任务是税收征管和税收的转交。在德国共享税是由州财政管理系统征收的，征收以后将上划部分给联邦。但是州的财政管理系统受联邦统一法律的制约，全国所有州级财政管理体制都是相同的。州的财政管理系统由三层构成。最高层是州财政部，中层是高级财政局（OFD），地方管理机构是市镇财政局。这种三层结构的机构安排，在2001通过财政行政管理改革法通过以后有所变化。主要是组织结构扁平化改革，将三层改为两层，以节省人员开支。全面组织改革在2005年完成，改革以后大部分州直接变成两级：州财政部、市镇财政局。将原来高级财政局的任务合并到州财政部。也有些州没有改变，例如，北威州，仍然有州财政部与高级财政局。改革以后从名称上没有全国统一。

长期以来，德国财政体制的一个重要特点是，财政局和税务局并为一体，名为财政局。从联邦到州都不设独立的税务局。联邦财政部的下属单位中也不设税务局。虽然税务征收和管理是基层财政局的主要任务。但是他们上一级的领导机构是高级财政局，最上级的领导是州财政部。既管理税收，也要负责本级政府所有的公有财产的管理。设在市镇的财政局是州财政部的派出机构。但是这一点，从2006年开始有些改革。市镇级只设有税务局，负责市镇地方税的征收。

二、联邦财政部系统

（一）联邦财政部

联邦财政部的中心任务是设计作为政府经济政策中心的财政政策。经济和财政政策的总体策略体现在财政年报中。财政部通过税收政策为完成联邦政府的任务筹集资金，通过预算将财政资源分配到各个职能部门，并监督预算的执行过程。同时通过税收政策影响国民经济的运行。联邦财政部的第二项主要任务是对联邦财产的管理。联邦财政部的第三项主要任务协调具有财政意义的国际关系，例如关税以及与欧盟的财政关系。联邦财政部的第四大任务是规范联邦、州和市镇地方政府之间的财政关系。

（二）联邦财政部直接下属机构

直属联邦财政部的联邦级管理单位有：联邦财政局、联邦不动产管理局、联邦有价证券管理局、联邦关税采购局、联邦烧酒专卖局、联邦保险监督局、联邦金融监督局、联邦有价证券监督局、联邦结算中心、联邦财政管理培训中心等单位，它们分设在波恩、柏林、法兰克福、科布伦茨等8个城市。

联邦财政局从2006年开始进行了组织改革。原来下属的管理机构按任务领域进行了调整，并且独立成为直接隶属于财政部领导的单位（属于组织结构上的扁平化改革）。新成立了联邦税收中心，联邦税收中心承担的任务就是原来高级财政局里面的一部分。原联邦财政部的下属中层管理结构有10个高级财政局和联邦海关稽查处。原来隶属于联邦财政局的联邦海关总局，原为联邦财政局下设的分局。① 在2008年改革以后，独立出来，成为直接隶属财政部的联邦海关管理局。② 从2016年1月开始，海关总局作为联邦部直属机构运行。在2016年改革之前，原联邦财政局分局是按地区设分部的，具体见本章附表1。

联邦财政局（后改为联邦税务中心）的任务是参加对外的审计，处理由于国际协议的报销或者免税事宜，代表财政部处理国际之间税收事宜，例如，个人所得税双重纳税的免税协议。对外国投资进行审查，对外国投资的利润审查，发放增值税识别号码，接受增值税登记和储存数据，与其他欧盟成员国交换数据，发放增值税免税的许可，对州财政机构上报的增值税骗税的信息和事件进行收集和评价，确定需要检查的对象，协调州财政机构对跨州的增值税检查，通过计算机控制系统为州财政管理部门对电子交易的增值税征收。联邦财政局（联邦税务中心）的另外一个重要方面的是代表财政部负责处理联邦和州（包括市镇地方）之间在公司所得税，工资税所得税和老年辅助保险的报销和退税事务。联邦结算中心负责所有联邦机构的收入和支出的管理，并为建筑储蓄提供资金。联邦财政学院的经费预算是属于联邦财政部的，具体任务是州的税务管理部门高级管理人员的进修和培训。

联邦财产管理局（Bundesvermoegensaemter）的管理机构设置是三层，中层是高级财政局的财产管理部，下属的机构是37个联邦财产管理局和36个联邦森林管理局。联邦财产管理部门的职能是购买、管理、利用联邦的不动产，主要是房地产。同时在财政部的业务范围内，也负责卖出联邦不再需要使用的不动产（联邦财政部网页）。从2005年1月开始原联邦财产管理局改为联邦不动产任务局，仍然是联邦的直属机构。新的局成立以后，首先将原来1998年迁都时留在波恩的联邦建筑与规划局合并入不动产任务局。从2008年6月开始，原属联邦国防部不动产部也全部被合并到新的联邦不动产任务局。原国防部的这个独立单位被取消。从2008年7月，原联邦统一特殊任务局（原负责民主德国国有资产私有化的后续单位）也被合并进不动产任务局，原来这个独立的机构被取消。从2013年开始，原由联邦财政部参股的彼得堡（petersberg）酒店股份有限公司也被合并进不动产任务局。原来的联邦森林部分仍然是联邦不动产管理局的工作任务的一部分。联邦不动产任务局现有（2016年）6500名工作人员。由于工作单位的合并，原来的公务员保持待遇，新进人员基本为职员，也是减少联邦公务员，减轻财政负担的一个重要方法。

联邦信息技术中心（Informationstechnikzentrum Bund，ITZB）是直属联邦财政部的一个局级机构。2016年由原来的信息加工与技术中心（ZIVIT）与联邦信息服务局合并而成，总部设在波恩。按照预算程序流程，联邦结算支付中心是由联邦信息中心负责的。联邦结算支付中心，负责联邦中心账户的财政收入和支出的结算和支付工作。联邦结算中心除了总部以外，设有分部。1996年以来，由于电子自动系统的应用，联邦结算中心的分部数量大大减少。2000年有16个，在每个州设有一个。

---

① 联财政局分局，Bundesfinanzdirektion（BFD'en）。
② 联邦海关管理局本身没有变，变化的只是原来属于联邦最高财政局，改革后直接属于财政部了。

2004年已经减少为8个，2008年减少为4个。联邦结算中心负责所有联邦机构的收入和支出的管理，并为建筑储蓄贷款提供资金。

联邦金融监督局是联邦财政部的最重要的下属局。联邦保险监督局负责根据保险监督法（1951）对所有公法和私法保险机构的监督，以保证保险公司的利益和保险系统功能的正常发挥。联邦金融监督局负责根据金融机构法（1993）对国内所有金融机构的监督工作，主要监督的内容为对金融机构资产安全性有害的行为，对正常执行国家金融法规的有害行为和可能对国民经济整体有害的行为。联邦金融监督局与联邦银行有合作关系，互通信息。但是联邦银行对金融机构监督的具体任务与联邦金融监督局有区别。联邦有价证券监督局，负责根据有价债券交易法对有价债券交易进行监督。从2002年开始，原来直属财政部的：联邦信贷监督局、联邦证券交易监督局、联邦保险监督局三个联邦局合并成一个联邦金融服务监督局（Bundesanstalt fuer Finanzdienstleistungsaufsicht），希望通过组织改革能够克服监督管理方面的漏洞，应对国际国内资本市场的复杂关系，为稳定资本市场做出贡献。但是，在机构合并以后，该机构也出现组织方面问题，形成巨大资金流失，被联邦审计院起诉，并败诉。后来内部的组织结构有所改进。联邦金融服务监督局总部分设于法兰克福与波恩。

在2008年世界金融危机的影响下，根据2008年的金融稳定法于2008年10月成立了联邦金融市场稳定局，目的是帮助受金融危机影响的德国银行业，总部在法兰克福。从2015年开始按照欧洲银行运作指导路线，增加了一个新的局——国家银行整顿局，任务为收集银行业上缴的整顿基金，负责问题银行整顿方案实施的监督。开始这个局附设于德意志联邦银行，后来已经有独立的办公楼。当时有工作人员21人，都是原来德意志联邦银行的人员。由3人领导委员会领导，领导成员均为原大银行行长。这个新机构的位置最终由联邦财政部2011年的规章确定。现有工作人员100人，将作为新的欧洲金融监督机构的一部分。

2016开始，联邦海关总局（Generalzolldirektion）进行了组织改革，有新的德文名称，原来的5个联邦高级财政局被取消，将原来联邦财政部三司的任务，联邦高级财政局，关税打击犯罪局与联邦财政管理的教育与科学中心合并到一个总单位：海关总局下面。之后，关税管理由海关总局与运行的地方机构两个单位。运行的地方机构分为：总关税局与关税警察局。海关总局的总部在波恩，在联邦范围内现有（2016年）7 000多工作人员。

需要指出的是，整个财政部系统的组织改革的目的是提高管理效率，节省人力。但是这种大规模改革的效果还有待考察，联邦审计院已对此提出质疑。据笔者推测，改革果然有省人的目的，也有办公楼调整的目的。因为新调整后的机构，基本放在原来的首都波恩，总的来看，减少了些在柏林办公的人员。因为柏林近几年人口增加太多，导致住房用地紧张。而迁都以后波恩有些联邦的办公楼还没有得到充分有效的利用。

三、州财政部系统[①]

(一) 州财政部

州财政部的任务是负责本州的财政税收政策的设计,执行和对执行效果的评价。中心任务是编写提交州议会的财政预算报告和财政年报。负责本州的财政收入和支出的管理,负责下属的高级财政局的领导和管理工作。负责代表本州参加联邦级的财政政策形成和州际财政平衡的讨论和谈判。负责协调本州的州与市镇之间的财政业务管理关系。在北威州州财政部大楼里的工作人员有500人。在州财政部有财政经济与基础设施问题权限中心,与州银行合作,负责州范围内地方市镇建设项目的PPP与项目咨询管理方面的工作。适用于所有市镇。因为市镇建设项目需要州财政扶持,要纳入州财政预算的。

(二) 州财政部直接下属机构

州财政部直属机构有财政管理计算中心和州工资发放局,财政教育系统,州财政高等专业学校,州财政中等专业学校和财政系统进修学院。从2013年开始,州财政司(des Landesamtes fuer Finanzen)将负责州的预算记账系统,金库、州财政部的人员工资发放局的任务合并形成。州财政部下属直接中层管理层为高级财政局,负责市镇财政局的领导和州公共企业的管理。北威州高级财政局(Oberfinanzdirektion NRW)内部有三个部门。(1)税收部门负责为下面的财政局提供税收法律咨询服务。(2)中心事务部门负责下面财政局的人事,信息技术、不动产、后勤服务等管理。(3)建筑部门。负责建筑与工程技术监督,按照属地原则,民用的与军事的,联邦的、州的、北约友军的或者是第三方的,凡是得到联邦、州或其他以公共项目第三方资助的项目在本州内的建筑设施的监督,包括施工过程的监督。以完成受联邦政府与州政府委托的任务,为联邦与州的财政预算监督执行方面的义务。[②] 图2-2以北莱茵—威斯特法伦州为例,说明州级地方政府的财政管理体制。

(三) 市镇财政局

州高级财政局属于中层管理机构(上级是州财政部)。高级财政局下面是设在市镇的财政局。市镇财政局是州财政管理的第三层,是最底层。市镇财政局的主要任务是税收征管和税收稽查。对于企业和个人的纳税行为的检查是市镇财政局的主要任务。市镇财政局是州高级财政局的派驻机构,办公楼属于州财产,后勤方面由州高级财政局的中心事务部门管理,受所在市镇政府的领导与制约。北威州规模比

---

① 北威州财政部网页。
② 建筑工程项目涉及财政资金的使用效果,属于预算执行监督的方面。

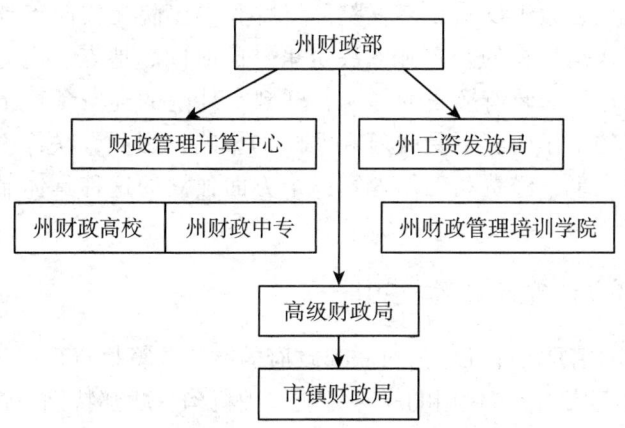

图 2-2 德国州财政管理单位的组织设置

资料来源：北莱茵—威斯特法伦州财政部网页。

较大，有 129 个市镇财政局，一般一个市镇设 1 个。

四、市镇财政系统

由于市镇是自治的独立财政单位，因此，在市镇设有自己的财政管理系统，负责本市镇的预算编制和制定市镇地方的财政税收政策，市镇公共财产和企业的管理。市镇财政部设有自己的税务局，负责完全属于市镇地方的税收征收。市镇财政部和州财政部不存在行政上的隶属关系。例如，在波恩市有财政局，这是属于州财政部的下属单位。在波恩市有税务局，税务局是波恩市的，属于波恩市政府财政部门的领导。因此，从名称来说，税务局就是波恩市的，财政局就是州的。个人所得税和公司所得税的征收管理是波恩财政局（州财政部下属单位）负责，不是由波恩税务局负责。

五、联邦审计院系统

（一）联邦审计院组织的组织设计

联邦审计院属于德国财政体制的一个重要部分。但是正如联邦银行既不属于经济部，又不属于财政部直接领导一样，联邦审计院不是财政部的直属机构。它是一个独立于联邦政府、独立于联邦议会的，国家最高财政监督机构。虽然德国独立的财政审计制度具有 200 多年的历史，但是现行审计制度的主要法律依据却是 1985 年的联邦审计院法。联邦审计院的正、副院长人选由联邦政府提出，联邦议院和参议院决定，联邦总统任命，任期为 12 年，不得连任。联邦审计院人员由与执法机构和立法机构没有政治和个人关系的专业人员组成。联邦审计院的财政预算和联邦宪法机构的财政预算一样，得到专门的法律保障，联邦财政部无权改变。同

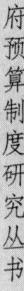

时，联邦审计院也独立于议院和参议院。议院和参议院无权向审计院提出审计任务。它的审计工作是独立的。它独立决定审计的时间、地点、内容和方式。联邦审计院的院长人选不受政府换届的影响，联邦审计院的经费预算不受财政部的影响，联邦审计院的工作内容不受政府和两院的影响，因此，联邦审计院在法律上的独立地位通过人事、经费和工作内容三个方面独立的这种具体制度安排而得到切实的保障。

（二）联邦审计院的工作范围

联邦审计院的主要工作任务为对联邦政府的财政预算执行情况进行监督。凡是涉及联邦政府预算财政经费使用的联邦行政管理机构，联邦特别财产项目，联邦参与股份的企业以及其他单位使用联邦政府的财政预算补贴的项目都属于联邦审计院监督范围。

（三）联邦审计院的工作组织

联邦审计院的组织原则不是等级制，而是合议制，单个人没有最后决定权。联邦审计院现有（2016年）大约700名工作人员，其中约70名是联邦审计院成员，约450名为审计师。联邦审计院的正院长、副院长和联邦审计院成员的1/3以上必须具有律师资格。联邦审计院从各个部门招募人员，使其成员和审计师具有足够的工作经验。从1998年开始，联邦审计院开始组织结构改革，取消了原先设在各部门非直属的预审站，成立了直属联邦审计院的审计局。现在（2016年）联邦审计院有10个直属审计局分设在柏林、科隆、法兰克福等10个城市。2000年根据迁都计划，联邦审计院从法兰克福迁到波恩，在波茨坦有分部。

附表1　　　　联邦财政局分局（主要关税局）地区分部

联邦财政局分局	位置	主要关税局
中部	波茨坦	柏林，比勒费尔德，布伦瑞克，德累斯顿，法兰克福（奥德河），汉诺威，马格德堡，奥斯纳布吕克，波茨坦（Berlin Bielefeld, Braunschweig, Dresden, Frankfurt（Oder），Hannover, Magdeburg, Osnabrück und Potsdam）
北	汉堡	不莱梅，汉堡港，汉堡－约纳斯，汉堡市，伊策霍，基尔，奥尔登堡施特拉尔松德（Bremen, Hamburg-Hafen, Hamburg-Jonas, Hamburg-Stadt, Itzehoe, Kiel, Oldenburg und Stralsund）
东南	纽伦堡	奥格斯堡，埃尔福特，兰茨胡特，慕尼黑，纽伦堡，雷根斯堡，罗森海姆，施韦因富特（Augsburg, Erfurt, Landshut, München, Nürnberg, Regensburg, Rosenheim, und Schweinfurt）

续表

联邦财政局分局	位置	主要关税局
西南	酒街新城	达姆施塔特，海尔布隆，卡尔斯鲁尔，科布伦茨，罗拉克，萨尔布吕肯，舍根，斯图加特，乌尔姆（Darmstadt, Heilbronn, Karlsruhe, Koblenz, Lörrach, Saarbrücken, Singen, Stuttgart, und Ulm）
西	科隆	亚琛，多特蒙德，杜伊斯堡，杜塞尔多夫，法兰克福（美因河），机场，吉森，科隆，克雷菲尔德，明斯特（Aachen, Dortmund, Duisburg, Düsseldorf, Frankfurt am Main Flughafen, Gießen, Köln, Krefeld und Münster）

资料来源：https：//de. wikipedia. org/wiki/Bundesfinanzdirektion，https：//www. zoll. de/DE/Der-Zoll/Struktur/Generalzolldirektion/generalzolldirektion_node. html.

第三章

政府预算的法律基础

■ 本章导读

　　1949年，德意志联邦共和国成立，延用了第二次世界大战前的《帝国预算法》，直到1966年，在德国财政危机的影响下，1967年德国开始对预算基本法进行了根本性改革，形成新的适用于全国公共财政的预算基本法和联邦预算法（BHO）。直到1970年，新的《预算基本法稳定—增长法》开始生效，后又经过两次重要修改，形成1998年的《持续发展法》与《现代化法》。本章对德国预算法律体系的发展与改革进行了梳理，在此基础上总结归纳了德国财政预算的基本原则。

第一节 预算基本法演变

一、《帝国预算法》

1949年德意志联邦共和国成立以后,并没有产生新的预算基本法,而是延用第二次世界大战前的预算基本法,因为战争本身不是人民需要的,是独裁者强加给人民的,第二次世界大战后恢复正常秩序,首先是恢复到第二次世界大战前的秩序。所以联邦政府预算的法律基础是1922年生效的帝国预算基本法。德国作为国家的形成开始是以普鲁士为基础的。因此帝国预算基本法也是以普鲁士帝国基本法为基础的。1815年德意志邦联成立对普鲁士财政有重要意义。原来普鲁士有324个帝国侯爵辖区,1 475个帝国骑士区,其后成立了38个州和4个城市作为德意志邦联的成员。当时的联盟实际是侯爵的联盟(各个公国的联盟)而不是人民的联盟。法兰克福邦联议会的成员是各公国的侯爵。邦联成立对现代财政体制的意义在于如何为邦联筹集资金。邦联的成员国需要缴纳成员费作为邦联的开支。1817年邦联议会提出成员缴费的问题,决定按人口数缴纳。邦联成立以后,普鲁士帝国的版图扩大了,增加了北萨克森、莱茵兰—威斯特法伦等领土。领土扩大以后,首先需要统一区内各种税制方面的差别。1821年税制改革以1810年为基础,改革的第一项是对原来属于帝国的酒税改革,原来是按照生产能力纳税,1821年改为按照酿酒厂的面积征税。这种方法继续到1834年德意志关税联盟建立。关税联盟成立以后酒税由购买者缴纳,不再由生产者缴纳。在1828年引入烟草税,按照种植面积纳税,1821年统一了印花税,1820年改革城乡人头税。但是,大土地所有者和军队仍然享受免税。总的来看,1815~1834年,帝国地区的经济和技术发展不快。1850年实行新的税法,税收和上缴都要根据财政法为依据,不可以由帝国直接决定。在1848年大革命的背景下,逐步走出专制主义,开始引入所得税,年收入在1 000泰勒以下的居民免税。实行粮食税和屠宰税的城市仍然不需要缴所得税。1861年普鲁士进行了统一的土地税改革,将土地和建筑物分开纳税,建筑物单独纳税。1867年北德联邦建立,不包括南部的巴伐利亚和符腾堡。北德联邦开始设立联邦税,关税、盐、糖、酒、烟草等为联邦税,同时邮政和铁路盈利也为联邦收入。这些联邦税收如果不够,各成员州再按人口数缴纳成员费。北德联邦相对于邦联制有了很大的进步,联邦还可以有借贷权。在此期间的税制改革,使普鲁士帝国的经济实力大大加强。[①] 在普鲁士进行的一系列现代税制改革,还不能够适应后来的工业和技术发展的要求。新技术应用,尤其是铁路的建设,火车运输使城市之间的联系加快,促进了现代的城市建设。市镇财政体制还不能够满足建立现代化城市的需要,存在对财政体制的进

---

① 这部分内容主要来源于 Aline Papenhoff, 1949。

一步的改革巨大压力。在米其尔担任帝国财政部长期间，州上缴成员费，为帝国的财政收入来源。财政支出的具体项目不是由帝国议会决定，而是由各个州决定。因此，州的财政预算早于联邦级财政预算。帝国没有独立的预算权限，米其尔当时的合作者俾斯麦很想通过间接税的途径使帝国拥有预算权。在米其尔的协调和帮助下，帝国议会取得了州上缴成员费支出预算权。至此为止，州缴费才具有帝国财政收入的意义而不是成员费的意义，为联邦级财政打下了基础。

虽然在帝国时期，尤其是米其尔时期，进行了大量的税制改革，基本建立起现代税收的基础。同时也开始了社会住宅，城市公共设施建设的筹资活动。但是在帝国时期人们并没有能够完成预算法的制定。《帝国预算法》是在第一次世界大战以后的1922年12月才完成的。帝国预算基本法的基本特点是将国家财政的任务明确为保证政府行政管理的正常运转，所以经常性支出要由正式的税收来源来满足。而公共设施建设这部分应该从建设项目的收益来补偿，是可以通过贷款来筹集资金的。① 所以，将经常性收支作为制度内，将建设投资作为预算外，建设投资以项目投资预算为基础。这两个部分都要实现收支平衡。

在1949年德意志联邦共和国成立之年，新的议院决议将帝国预算法作为暂行预算基本法（规章）使用。② 这部暂行使用的预算基本法一直使用到1969年。

二、新预算基本法产生：《稳定—增长法》

（一）预算基本法改革背景

德国公共财政预算的法律基础是预算基本法（HGrG）。随着国家在社会政策和经济生活中作用的增加，帝国法作为预算基本法不再适应现代国家对公共财政的需要。尤其是在1966年德国财政危机的影响下，1967年德国开始对预算基本法进行了根本性改革，形成新的适用于全国公共财政的预算基本法和联邦预算法（BHO）。1966年德国财政危机是由内外双重因素造成。一方面，在德国经济经历战后恢复性高增长的黄金时代结束以后，经济本身面临增长放慢的调整；另一方面，美国因越南战争影响，导致通货膨胀，美元汇率下降，国际资本开始大量流入德国套利，导致输入性通货膨胀。为此，联邦银行采取了紧缩的货币政策，导致1966年经济严重下降。1967年又受到英镑贬值的影响，1967年经济出现负增长。面对宏观经济的巨大波动，在原先的帝国预算基本法的制约下，政府没有任何可以使用的政策工具。因此，具有历史意义的预算基本法改革开始启动。同时，《基本法》（宪法）也为适应1969年新预算基本法要求做了相应的修改。

---

① 基本是以早期德国的财政学基本理论为基础的，将非生产性的政府服务与生产性的公共部门投资分开。在当时公共部门的投资项目基本都有自身的经济性，能够通过收费回收投资。直到现在，所有的预算基本法中都有资产经营这部分。

② 预算基本法（HGrG）。德国将每年通过的有具体收支数据预算作为预算法。而没有具体的年度数据的制度性规定成为预算基本法（规章）。

（二）《稳定—增长法》的核心内容

1969年新预算基本法为《稳定—增长法》（1970年生效）。新的预算法基本强调以下几点：（1）联邦和州的财政预算必须首先考虑国民经济均衡发展的需要。国民经济均衡发展的含义是同时实现经济持续、适度的增长，价格稳定，高就业率和对外贸易平衡。[①]（2）财政预算收入中国家净借贷的部分，不允许超过财政预算支出中的投资部分。对此的例外只有两种。一是国家的借贷特别有利于未来发展；二是国民经济的均衡遭到严重和持续的扰乱。在这两种情况下，可以允许国家的净借贷超过国家的投资。（3）联邦和州必须提出未来五年的财政计划。（4）设立以联邦财政部长为主席的财政计划委员会，为协调联邦、州和市镇以及市镇联合体的财政计划提供建议。（5）通过收付实现原则来保证财政的透明度。概算的财政支出必须是本财政年度实际发生的支出。取消未发生的支出。防止上年实际未发生的支出和增加的税收收入结转到下年形成不受约束的第二财政预算。（6）财政分类计划必须表明该类收支的经济意义，以显示财政政策决策对国民经济的影响。（7）功能性财政计划必须表明各项公共任务完成的程度。

从技术上来看，1969预算法改革有4个要点：（1）引入5年财政计划；（2）成立了财政计划委员会协调联邦政府与地方政府的财政关系；（3）要求联邦预算与州预算的统一；（4）规定了债务限制。

（三）《稳定—增长法》的财政政策意义

如前所述，1969年预算法改革的重要背景是1966～1967的经济大萧条。对于经济大萧条可能带来的社会问题，德国是非常敏感的。而联邦共和国成立以后，可以说经济发展是一帆风顺的。而帝国预算基本法在产生的过程中，受冯·米其尔思想风格的影响是很大的。米其尔是一位民族自由主义者，他基本是古典经济学理论的信奉者。他虽然在法兰克福的市政建设方面开始了很多很重要的项目，但是他把这些限制在市镇财政权限范围内。对于经历过恶性通货膨胀的德国人来说，帝国财政基本法很适合，这部法够简单，原则性强，没有给联邦政府干预经济留下活动的空间。所以1969年预算法改革的重点是为政府干预经济开的谨慎的法律空间。此法的名称为《稳定—增长法》，强调政府在经济严重不稳定的情况下，可以通过举债，采取促进经济增长的措施，以达到国民经济的稳定。

《稳定—增长法》生效以后，《帝国预算基本法》被废除。根据新的预算基本法，联邦、州和市镇三级财政采用统一的预算规则，适用统一的评价标准。

此外，德国预算基本法中对预算体制和预算程序的规定还有：联邦和州的财政预算是相互独立的，他们共同承担为保证国民经济平衡所需要的资金预算义务；财政预算的完整和全面性；在预算法没有及时通过情况下的政府财政经济活动的规定；

[①] 德国对国民经济均衡发展，或者国民经济处于稳定发展的状态有具体的定义，这个定义在德国中央银行法中都有应用的。和平时期国民经济宏观均衡或者稳定是一个政府干预的底线。

联邦财政部的权限，联邦财政部关于批准预算外支出的权限。

（四）预算基本法的多次修改

在其后的一些年份里，对《稳定—增长法》进行了多次补充性修改。1985 年的修改，增加了为通过联邦审计院法的内容，包括了审计现代化的内容。1990 年对预算基本法进行了第 4 次修改，主要内容是关于修改联邦预算法中投资概念的精确性。1994 年对预算基本法进行了第 5 次修改，主要内容是对联邦预算法中超过计划和计划外支出的前提条件的更准确的定义，义务授权支出和对私人借款用于公法形式补助的条件。

第二节　预算基本法改革：《持续发展法》

一、预算基本法改革背景

（一）国家统一的财政负担压力

1970 年新的预算基本法，《稳定—增长法》产生以后，虽然经过多次修改，但是预算基本法的名称没有改变。因此，其后的近三十年间，《稳定—增长法》作为预算基本法是德国联邦政府及地方政府预算的法律基础。20 世纪 90 年代开始，德国发生了重大历史事件，完成了民主德国与联邦德国的国家统一。虽然国家的统一是以民主德国（德意志民主共和国）加入联邦德国（德意志联邦共和国）的途径完成的，理论上不需要修改适用于联邦德国的法律。但是，实际上国家统一形成政府的巨大财政负担压力是预算基本法改革的重要背景之一。当时巨大的财政压力主要是两个方面。一是两德统一的债务负担。两德统一以后不仅没有像人们预料的那样，有变卖国有资产的财政净收入，而是形成巨大的政府债务。联邦信托局负责完成民主德国国有资产私有化的时间是 1991~1994 年，1995 年私有化基本完成以后，不但没有得到财政净收入，而是净负债，这些债务根据当时资本市场的利息率计算，需要 40 年才能够还清，对于青年一代来说是严重的社会不公。当代人不能够享受自己的税收成果，当年的财政收入首先需要为国家统一形成的巨大债务支付利息。同时东部的经济恢复还需要继续投入资金。因此，国家财政面临破产的危险，维持不下去了，被预测为不可持续的。二是由于人口老龄化。根据预测，由于人口老化，西部老州也面临在未来政府财政无力支付按原来标准支付的养老金的问题。因此，对于青年一代来说，这样的政府是完全不顾将来，是对青年一代不负责任的政府。据此推论，这样的社会制度也是不可能持续的。因此需要新的预算基本法，来保证政府财政能够继续维持下去，不要破产。

（二）绩效预算的推广

1998年，生效的预算基本法改革的另外一个重要背景是财政管理领域绩效预算的推广。绩效评价最初来源于世界银行投资项目的贷款条件，后来被推广到行政管理领域，被成为新公共管理运动的主要技术工具。在德国原来的财政基本法中规定的预算基本原则中就有对财政支出的经济性评价。对投资项目必须要做经济性评估，要对项目实施的技术方案采取标准的方法进行比较。但是对行政管理经费的使用基本是不需要进行经济性评估的方案比较，之前隐含的意思是在预算原则要求的经济性原则之下，经费的使用必然是按照经济节省的途径来使用的。而在财政管理的实践中其实并不完全是这样的，如果采取绩效评估的方法，还是有大量的节省经费的空间。绩效评估只是个方法，制度上需要解决的问题是：如何使经费使用单位具有真正使用这个方法的动力。问题是在原来的制度规定下，行政管理支出项目节省的经费，经费使用单位不可以使用，只能上缴。因为财政经费使用是不可能跨年度的。因此，在原体制下，每个经费使用单位，预算多少，使用多少，按钱办事，没钱就停工。所以，必须解决这个年度转记的制度障碍，才能够为经费使用单位提供真正的制度激励。1997年德国对预算基本法和联邦预算规章进行了重要修改，这项法律于1998年生效。通过的新法律为《持续发展法》。这次修改的目的，是为在不影响议会预算权限的前提下，通过对财政资金的灵活使用，提高使用效率的可能性。

二、《持续发展法》的核心内容

为了保证社会的可持续发展，需要对政府预算加强管理，节省支出。因此，在新的预算基本法中强调了经济性计算适用于所有的财政措施，就是指不仅仅是投资项目，经常性预算支出项目也可以采用项目方式管理，采用成本—效用的评价方法得到最优的方案。按原来预算比较，节省下的经费可以转到下年，继续使用。所以，新的预算基本法的第一要点就是放松年度实际发生额的限制，在新的预算模板中都增加了"更多的收入许可的更多的支出"的注释，[①]这就是在账务上为上年余下的支出在下年使用提供了基础。例如，复印设备属于行政管理部门的重要实物性支出，各使用单位都需要购买，之后有维护成本，如有损坏，等待维修还需要时间成本。如果不采取使用单位直接购买的方案，而是全部由外面的公司来提供，各使用单位租用。机器的折旧维护全部由外面的公司负责。使用单位只需要支付每月的租金，如果遇到暂时不能够修好的，公司可以提供一个代用的机器。不但节省了一开始的需要的巨额资金，而且在以后的使用中也省去大量管理人工与麻烦。

新预算基本法的基本要点为：（1）对年度实际发生原则的放宽。对于用途明确的支出可以进行年度之间结转。（2）为了促进增加收入的积极性，放宽了总平衡原则。需要通过预算注释来说明。（3）财政资金使用的成本效益计算的具体财政预算

---

① 参见联邦预算章预算流程部分的单项预算模板。

报告表格的调整。(4) 财政资金的经济性计算适用于所有的财政措施和经济性研究，对于政府预算作为法律要求的义务。并对联邦预算规章进行了适应性修改。

三、《持续发展法》的财政政策意义

虽然长期以来德国预算法对预算基本原则的规定中就有经济性原则与节省原则，要注重财政资金使用的效率。但是这一原则在实践应用中受到制度的约束，也就是说原来的制度本身有内部矛盾性，就是年度有效性原则。预算资金的使用单位在年初都是精打细算的，到年终的时候，只要有结余，就全部花光，就不考虑节省了。因为资源使用单位节省的资金使用权限就被迫放弃了。因此，从技术上来说，1998年《持续发展法》改革的核心为增加预算的机动性，为适应绩效评价方法的运用，提供了制度框架，使经费使用单位具有精打细算、细水长流的主动性，以达到财政的可持续性。

第三节　预算基本法改革：《现代化法》

一、《现代化法》产生的背景

2009年德国对预算基本法又进行了一次重要的改革，标题为《预算基本法——现代化法》。这个标题对中国人来说有的困惑，德国到现在还没有现代化，现在才需要现代化吗？对于具体的预算制度来说，德国的确是使用的传统的，或者说古典的方法。2009年的改革是为了采用新的、现代化的预算方法——复式预算而进行的制度方面改革。虽然，德国多年以来都是将经常性财政支出与资本项目在预算中是分列的。但是，从预算方法上来说，还是属于单式预算。

引入复式预算方法的改革来自于市镇地方预算改革的推动。20世纪90年代地方市镇开始采用复式预算。2003年在内政部的州联合会公布了一项决议，该决议为在市镇从官房预算方法向扩大的官房预算方法或复式预算的转变提供了框架规范。原官房预算是古典的公共部门行政管理的记账方法。在这种方法中，第一步是预算结构中的成本系统（预算计划支出数），包括了在运行年度的可能的变动。第二步是在财政总收入的框架内的委托合同，按照实际收入的次序记账的。第三步是在预算监督的框架之内的计划支出与实际支出的比较，最后就直接导出年终总决算报告。最重要的记账目的是作为预算法——预算计划实施，以及实际支出需要是否覆盖（余额或者缺口）的证据。这种预算方法的特点是基本只注意到支付与收入的权限，以及收入与支出的义务权限，仅包括现金流。[①] 制度上存在缺陷是：不能够包括整

---

① 关于官房预算（Kameral）方法的说明，http://wirtschaftslexikon.gabler.de/Definition/kameralistik.html。

个的资源使用，缺少一个完整的资产账户，当预算项目包括了法律上独立的自然人，以及私法组织形式参与实现项目资金平衡的情况下就几乎没有办法。这是主张废除官房预算方法，使用复式预算的重要理由。

从 2003 年的讨论到各地的实践，2009 年的预算现代化法对于州与市镇采用复式预算给予了肯定。虽然没有要求明确的时间，但是各个州与市镇采用新预算会计制度的时间基本确定为 2015 年。新市镇预算会计制度的核心是为复式预算制度提供会计制度基础。① 在德国被认为成功运用复式预算的有莱法州的斯派尔市，被称斯派尔市预算程序（speyerer verfahren）。

2009 年预算基本法改革的重要目标之一，就是使多种预算方法的实际应用成为可能。在汉堡市与黑森州试验的基础上，法律许可政府预算与会计方法在之前的官房方法的基础上，增加使用复式预算方法。② 新的法律并不强制要求联邦与州统一采用新的预算方法，而是由各州与市镇自行决定，是否采用新的复式预算方法。2009 年通过的预算基本法于 2010 年生效。修改后的预算基本法也没有给出具体的时间点，在什么时候必须实行新的预算方法。改革只是为一个新制度的开始打开大门：这个制度的特点是允许多样化的方法，但是是统一的，是可以比较的。

二、预算基本法——《现代化法》中对预算方法的改革

改革后的预算基本法对预算方法的改革强调 4 个要点：（1）官房预算以分组计划中的标题为分类。（2）复式预算以行政账号中的账号为分类。（3）官房预算中的产品预算以产品为分类，产品按其在产品计划中的次序排序，标题以小组计划为基础。（4）复式预算以产品为分类（导入标题），产品按其在产品计划中的次序排序，标题以行政管理账户的框架为基础。

新的预算方法为引入复式预算提供了框架，同时仍然以规范的会计以及现有的联邦预算的管理条例规定为基础。将公共预算的特点考虑到新制定的法律规范中。这些法律规范为：行政账户框架（VKR），整合的产品框架（IPR）以及国家复式预算标准（SsD）。一方面为复式预算给出了整体的框架，另一方面考虑也到公共管理的特别的需要。这些规则的进一步发展需要在联邦—州的一个协调机构来统一规范国家的会计事务。

新预算方法的适用性。在联邦层次不采用复式预算方法，主要的理由是复式预算要求的是两年的预算数据，也就要求两年的经济预期数据，必然不能够保证正确性。因此，就必须通过追加预算方法。追加预算必然危害到预算法所追求的程序合法性。从联邦财政的结构来看，不仅涉及税收收入的估计，更涉及大规模的支付任务，这些支出与经济发展的稳定性密切相关，尤其是劳动市场与退休金支出，这些

---

①② Bundesfinanzministerium，2015，Das System der Oeffentlichen Haushalt 2015，http://www.bundesfinanzministerium.de/Content/DE/Standardartikel/Themen/Oeffentliche_Finanzen/Bundeshaushalt/Haushaltsrecht_und_Haushaltssystematik/das-system-der-oeffentlichen-haushalte-anl.pdf?_blob=publicationFile&v=4.

巨大支出项目与州的层次是不同的。因此,预算方法改革,不涉及联邦政府预算。复式预算仅适用于州与市镇政府预算。

三、新预算基本法对财政预算工作的直接影响

从技术上来说,新的预算基本法对联邦预算工作的改变是增加了一个项目:承诺支出权利在预算年度及计划年度要体现(要有数据表)。支出权利(Ausgabenermaechtigungen)与承诺支出权利(verpflichtungsermaechtigungen)的区别,前者是指必须承担的当年支出,后者是指在未来财政年度必须承担的支出。承诺支出权利为议会提供了权利,明确开始年份的支出承诺对未来预算的负担,也就是说这部分要进入议会监督。具体来说,增强了议会对政府换届期间预算行为的约束。

2009年《预算基本法——现代化法》是指州与市镇采用新的复式预算方法。联邦层次仅是考虑到联邦预算与州预算之间的联通问题,联邦预算不采用复式预算方法。

四、预算基本法——《现代化法》:联邦制改革第二期

(一)联邦制改革的背景

从财政预算控制的角度来看,联邦制的核心问题就是对州举债行为的约束,不要形成州政府对联邦政府的依赖思想,贫穷的州最后都希望联邦政府最后买单,简单来说,就是财政吃大锅饭的问题。由于预算基本法对各级政府的预算基本原则规定是财政平衡原则,支出需要根据收入可能性要自求平衡的。同时,也有财政转移支付制度的安排,保证作为联邦制内部的基本统一的行政任务能够完成。在国家统一之前,州之间的横向转移支付与联邦政府的补充拨款的规模是有限的。国家统一以后,由于东部地区的经济发展仍然低于西部的水平,给联邦制内的财政安排带来问题,具体来说就是西部富裕州由于承担的负担过重,对整个制度的不满情绪增加。对于富裕州对财政平衡制度的不满情绪,联邦政府是不可以置之不理的,因为直接涉及基民盟在这些州的选票。所以,2000年就开始了联邦制改革,主要是解决对东部新州的转移支付的安排。在2003年联邦制改革 I (联邦制改革第一期),主要是指2001年生效的改革之后,成立了联邦两院推动联邦预算改革现代化委员会(联邦制委员会 I,第15届政府),对于专家们提交的"提高联邦与州完成任务的预算的目标性与有效性的建议"进行研究,对联邦与州财源支配权进行重新调整。

(二)联邦制改革第二期的主要内容

规范联邦与州政府债务行为,尤其确定对经济落后州的总扶持数额。2003年成立

的预算现代化改革委员会，在2006年，被联邦制委员会Ⅱ替代（第16届政府），委员会的名称为：联邦与州关系现代化委员会。① 2009年预算基本法改革的任务之二是推进联邦制改革第二期。该委员会的研究结果报告题目为："公开论题集"。作为第一号的论题为：预算经济，防止预算危机，具体要求为：建立一个预警机制，例如预算计划委员会，评价，识别风险，抗御风险。开发一个评价可行的债务的标准，引入债务限制线与债务刹，对原避免预算紧急状态的预算基本法第115条与第119条进行修改。

因此，债务管理成为该委员会的首要任务。工作中心是制定对新债的新规定。该委员会与2009年5月5号，提交出他们的报告：《一揽子改革建议》，以后结束工作。议院于2009年5月29号通过他们建议，参议院于2009年12月通过。新改革的核心点是以预算基本法重新规定政府的举债行为，对联邦与州政府提出债务限制。与此相关，也规定向经济落后的五个州，因为财政特别困难，由联邦州共同体给予从2011~2020年总计8亿欧元扶持资金，使他们能够执行新的债务规定。在财政政策方面具有重要意义的是，为处理改革事务而设立的两院委员会结束工作以后，原财政计划委员会进一步发展为稳定与防止预算危机委员会，② 负责监督对新债务规定的执行。

在1969年的预算基本法改革中曾经新设立对债务的规定：在正常情况下，预算中估计的贷款数额不能够超过投资总额。例外的情况是国民经济的均衡运转受到严重干扰。这项规定背后的基本考虑是：如果为增加国家的资产的需要，增加国家债务是许可的。这也被称为黄金定律。国家投资的结果也应该提高未来的效用。这一制度的弱点是，债务承诺与毛投资总额不成对应，折旧或者出卖导致净投资额大大小于贷款投资额。在过去年度预算中都是按照此规范制定的，但是执行的结果都是贷款超过了资产。在2002~2010年就有6次是超过的。因此，必须对原来的债务规定进行改革。新的规定以欧盟的标准为债务限制线。对联邦政府与州政府都要求实现无贷款的收支平衡的预算。对联邦来说，允许结构性元素贷款（调整经济结构的投资项目）为国内生产总额的0.35%。对于州层次没有结构元素贷款许可。例外的情况是：（1）经济危机，经济非正常浮动，可以有结构因素贷款；（2）巨大自然灾害。

在新修改的预算基本法中也规定了过渡时期方法。鉴于2008年世界金融危机给联邦政府与州政府财政的巨大负面影响的现实情况，允许联邦政府的过渡期是2011~2015年，联邦政府年度预算净赤字逐步向新规定0.35%靠近。对于州级政府，到2020年实现预算没有新的结构元素贷款的平衡。

新预算基本法对债务的限制为无结构性贷款的自动平衡。在经济萧条期间可以

---

① Bundesfinanzministerium，2015，Das System der Oeffentlichen Haushalt 2015，http://www.bundesfinanzministerium.de/Content/DE/Standardartikel/Themen/Oeffentliche_Finanzen/Bundeshaushalt/Haushaltsrecht_und_Haushaltssystematik/das-system-der-oeffentlichen-haushalte-anl.pdf?_blob=publicationFile&v=4.

② 稳定与防止预算危机委员会，简称为稳定委员会，下文将会继续提到。

采用结构元素贷款。结构性元素词来源于欧盟的《稳定增长与就业一揽子计划》的理念。在经济景气—萧条周期的非正常状态下，政府可以用国内生产总额的 0.5%贷款用于结构调整与就业措施。按照联邦制改革委员会的方案，0.5%的比例分给联邦政府 0.35%，分给州政府 0.15%。对于结构性元素贷款的程序预算基本法 115 条中有具体规定。从联邦财政实际运行情况来看，过渡期不需要到 2015 年，从 2011~2013 年，净债务已低于 0.35% 的限定，因此联邦政府提前 2 年实现了根据新制度制定预算。

结构性元素贷款保证了联邦政府在经济不稳定的情况下，实现其维持经济稳定的功能。结构性元素贷款具体的做法是经济景气时期减少贷款，经济萧条时期增加贷款。因此，在景气时期，财政必须有盈余，才能够避免经济不景气时期的贷款增加导致国家总债务的增长。这就是新规则强调的财政无贷款的结构性平衡的含义。无贷款不是绝对的，在经济不景气的情况下是允许的。

（三）新债务规定对联邦预算工作的直接影响

1. 预算技术方面的改变。据新的结构性元素贷款规定，在联邦预算中，要计算两次结构性元素。在起草预算的阶段与在做决算阶段。所以，追加预算是必要的，需要在决算时候的数据与新的经济估计数据一致，并扣除转移支付。确定债务最大数额之前，必须进行对收入与支出项目中的转移支付的扣除。涉及两个方面：出卖原参股的公共资产的收入，从公共部门贷款的收入，以及对贷款的归还；购买公共资产参股的支出，归还公共部门贷款的支出，以及贷款发放。

2. 设立控制账户。对债务管理的另一项政策是控制账户。控制账户的借方应该不超过名义国内生产总额的 1.5%，如果超过 1%。控制账户就显示控制作用，下年度的债务数额就会下降，下降的数额即为超过的部分，最多减少额为国内生产总额的 0.35%。此外，对危机情况下财政政策的操作可能性，追加预算的特点，债务规定中对特别财产的考虑等都有明确规定。

3. 对执行新债务标准的监督。稳定委员会的任务是使预算基本法中的债务规定在联邦与州得到遵守，保证联邦与州政府预算的长期安全。稳定委员会归属于联邦与州的财政部与经济部。稳定委员会的核心任务是对联邦与州的预算进行监督。对于面临财政紧急状态的市镇，采取紧急整顿措施克服危机。稳定委员会每年对接受财政援助的 5 个州进行审计，看这些州是否维持每年承诺的赤字限，然后决定是否继续给予援助。此外，稳定委员会也监督联邦、州、市镇与社会保障单位的预算债务总体上不超过国民生产总额 0.5% 的限制。就此保证德国与欧盟的《稳定增长一揽子计划》的财政协议得到遵守。若超过债务极限，稳定委员会将建议联邦政府、州政府与议会采取适当的财政稳固措施。稳定委员会配有一个独立顾问委员会作为其完成任务的支撑。

第四节 财政预算的基本原则

一、预算基本法所规定的基本原则

从1970年开始生效的新的预算基本法《稳定—增长法》，直到国家统一之前，历经多次修改，但是所规定的基本原则都没有改变。后来又经过两次重要修改，1998年的《持续发展法》与2009年的《现代化法》。从政府可以适当采取财政政策手段保持经济稳定，到政府预算安排要注意代际平衡负担，保持社会的持续发展。2009年的《现代化法》主要强调的其实是政府债务风险的控制。预算基本法规定的基本原则并无改变，财政预算的基本原则在预算基本法（相当于宪法）与预算法中都有规定。预算基本法所规定的预算基本原则：

1. 完整性和统一性。所有支出与收入全部进入预算。没有预算授权不允许任何预算以外的支出。除了国有企业和国家的特别基金外，任何机关不得有特别预算。国有企业与特别财产只有进入与退出在预算计划中列出。联邦特别财产是联邦财产中自我经营的部分，是在立法或者立法的基础上成立的，是完成特定的联邦任务的需要，一般由联邦局管理，也可以委托联邦以外的机构管理。如果单一的特别财产项目取得贷款，原则上也是属于联邦总债务，也要遵循债务限制规定。可以排除在之外的是2010年12月之前已经发生的贷款。联邦特别财产有以下项目：联邦铁路财产，ERP特别财产，金融市场稳定基金等。①

2. 收支平衡，预算列出的财政支出，必须与预算列出的财政收入相等。

3. 年度有效性，财政预算只是一年的财政收支计划，多年的财政计划必须分解为年度的计划。

4. 提前性原则，财政预算必须在财政年度开始前提出并且得到及时的批准。

5. 年度有效法基本原则，禁止法规超载，在年度财政预算中仅仅考虑与年度收支有关的预算法，其他均不予考虑。

二、预算法所规定的基本原则

1. 经济性和节约原则，经济性原则在节约原则之上。经济性是指以尽可能少的支出达到一定的效果，或者以一定的支出达到尽可能好的效果。

2. 总体平衡原则。它表示用所有的收入平衡所有的支出，不存在对特定支出的优先考虑。同时，不允许因为没有相应的收入，而将重要的任务后推。预算的财政收支是当年的收支。

---

① 具体特别财产项目参见债务章。

3. 区分支出权限和义务权限。前者是本年将实现的，后者是在财政计划中列出的不在当年支出、但在未来有义务实施的财政措施。将义务权限区别于支出权限，便于议会在审批当年财政预算时，对未来财政年度的负担有所了解。

4. 毛收支原则（总合原则）。为保证预算的透明度，收入和支出全额、分开概算。不允许以收抵支和以支抵收。

5. 单项概算原则。各项收入根据来源和各项支出根据目的作逐项概算。

6. 预算的真实性和透明度原则。它要求各个预算项目尽可能准确地概算和清晰地分类。

三、预算基本法对预算的类型与模式的规定①

根据预算基本法规定，财政预算从时间上分为年度预算与预算计划。预算计划是5年。从内容上分为单项预算与总预算，单项预算的汇总是总预算。

预算的类型为官房预算与复式预算。从2015年开始，联邦采用官房预算模式，州与市镇可以采用复式预算模式（有过渡期）。

第五节 欧盟财政协议对德国预算基本法的影响

一、《马斯特里赫特条约》对成员国的财政金融要求

《马斯特里赫特条约》是欧盟的创始条约，是完成从欧洲共同体向欧洲经济与货币联盟的基础协议。该协议经过第46届欧洲共同体首脑会议于1991年12月在荷兰的马斯特里赫特通过并草签。协议包括《欧洲经济与货币联盟条约》和《政治联盟条约》，合称《欧洲联盟条约》。该条约为欧共体建立政治联盟和经济与货币联盟确立了目标与步骤。1992年2月7日当时欧洲共同体的12个成员国正式签署马斯特里赫特条约，于1993年11月1日开始生效。②《欧洲经济与货币联盟条约》为成员国加入欧洲经济货币联盟（EMU）确定了具体条件以及时间表。规定至迟于1998年7月1日成立欧洲中央银行，并于1999年1月1日实行单一货币欧元。后来于

---

① 预算类型具体参见联邦预算计划章与联邦预算章。
② 原欧洲共同体12个成员国：比利时、丹麦、德国（原联邦德国）、希腊、西班牙、法国、爱尔兰、意大利、卢森堡、荷兰、葡萄牙、英国。英国与丹麦后来没有加入欧元区。2002年1月1日起，欧元纸币和硬币正式流通，但欧盟成员国英国、瑞典和丹麦决定暂不加入欧元区。2007~2009年，斯洛维尼亚、马耳他、塞浦路斯［（不包括北塞浦路斯）、斯洛伐克正式加入欧元区。2011~2015年，爱沙尼亚、拉脱维亚、立陶宛正式加入欧元区。现在欧元区有17个国家，总人口3.387亿人，GDP总额13.265亿美元，人均39 162美元。欧元区总人口超过美国，经济总量次于美国，（美国总人口3.189亿人，GDP总额179 470亿美元，人均55 000多美元，2015年数据）］。

1997年又签订《稳定和增长公约》，进一步明确加入欧盟国家的财政经济要求。协议要求作为欧元区成员国的经济必须达到以下财政金融指标：

1. 价格稳定。通货膨胀率不得超过通膨率最低的三个成员国平均值加 1.5%，例如 1997 年，欧盟成员国的通货膨胀率最低的为法国、爱尔兰、奥地利分别为 1.2%、1.2%、1.1%，这 3 个国家的简单算术平均值为 1.2%，再加 1.5%，即标准为 2.7%。

2. 公共财政状况良好。财政赤字不得超过国内生产总值（GDP）的 3%；公共债务不得超过 GDP 的 60%。

3. 金融稳定。（1）汇率稳定。具体为希望加入欧元区的成员国加入欧洲第二汇率机制至少两年且保持本币未发生贬值。也就是说，以该国货币和欧元之间的汇率为中心汇率，其上下浮动范围在 15% 之内。如超过此范围，则该国央行必须干涉。（2）利率稳定。具体为长期国债利率不得高于价格最稳定的三个成员国平均利率的 2%。

在当时有 7 个国家符合上述财政金融指标要求的条件，因此当时的约定是，符合条件的国家先采用欧元，不符合条件的国家，可以暂时在欧元区之外，等达到条件以后再加入。所以，在 2000 年开始引入欧元的时候，希腊因为没有达到标准，没有被接受作为使用欧元的国家。

在 1991 年签署协议的时候，德国还没有完成统一，当时的德意志联邦共和国还没有包括现在的东部地区。德国是成员国中最大的经济体，而且在之前的欧洲各国货币中，德国马克是货币价值最为稳定的货币，马克的汇率相当与原欧共体国家的基准汇率。德国在 1997 年修改的预算基本法——《持续发展法》于 1998 年生效。在该法的财政预算方面的要求与《马斯特里赫特条约》是一致的。但是很难说，德国当时的预算基本法改革是由《马斯特里赫特条约》推动的。因为其实可能是相反的，因为《马斯特里赫特条约》的财政经济标准不是一个经济理论模型的数据，而是按照当时各个国家实际的经济数据的统计分析结果。由此也许可以说，《马斯特里赫特条约》主要是参照德国的预算基本法方面的要求制定的。

二、《里斯本条约》

在 2008 年国际金融危机的压力下，欧盟成员国的债务危机开始蔓延。为了应对债务危机，欧盟成员国签订《里斯本条约》，该条约于 2009 年 12 月 1 日生效。《里斯本条约》实际上对"欧洲大厦"的结构进行了全方位的改革：主要致力于提高欧盟各机构及其相互协作的工作效率，提高欧盟的民主合法性以及面向欧盟公民的透明性。由于要全力应对部分成员国出现的债务危机，欧盟政治及机构改革因而放缓。应对债务危机同时也改变了欧盟内部的政治决策进程。欧债危机是欧盟自 1957 年《罗马条约》签署以来遭遇到的最大考验。

(一) 欧债危机的成因

欧洲货币联盟正式引入欧元作为统一货币以后,形成了以人员、服务、商品和资本的自由流动的欧盟市场,使政治联盟变得"不可逆转"。加入欧元区使得成员国失去了货币政策自主权,但根据《里斯本条约》仍保留财政和经济政策自主权。但是1992年签署的《马斯特里赫特条约》和1997年的《稳定和增长公约》虽然为欧元区成员国规定了财政金融标准,但缺少有对违反标准的国家进行自动制裁的规定。本来在欧盟制度设计中,货币联盟支柱包括了设立独立的、主要职能是维护货币稳定的欧洲央行,协调欧元区成员国的经济政策。欧洲央行的协调被限制在对成员国遵守"不救助条款",即禁止欧盟和成员国为任何一个成员国承担债务。以德国央行为蓝本而建立的欧洲央行具有充分的独立性,再加上"不救助条款",才使德国人在当初放弃马克时投了赞成票。因为"不救助条款"是个硬约束,理论上是可以避免成员国在欧盟内部的吃财政大锅饭的行为的。然而,这条硬约束后来某种程度上被忽视了。欧元启动后,欧元区外围国家较高的利率吸引了大批德国资本流入,导致德国国内投资匮乏,因而成为当时欧元区经济发展的榜尾。另外,欧元也带来了错误的导向,随着欧元的引入,希腊、葡萄牙、西班牙等外围国家得以以较低利率大肆发行国债,完全没有遵守财政纪律。低借贷成本让一些国家忽略了提高经济竞争力,忘记了本国在竞争上的结构性劣势。欧债危机的主因是一些欧元区国家过度举债和欧元区国家长期无视《稳定和增长公约》。欧元区各国经济发展水平的差距逐步拉大,有两个原因:一是自然趋同论导致的盲目乐观,认为通过统一货币区,生产要素的自由流动,各国经济发展水平将会趋同。二是违背财政纪律的国家没有得到及时制裁。尤其是欧元区两个最大的经济体德国和法国,在21世纪初多次违反《稳定和增长公约》的规定,使公约的制度约束性受到忽视,给中小成员国带来不好的预想。希腊在加入欧元区前后都是通过粉饰数据达到要求的,它成功地实现了不符合欧元区成员国的条件,也成了欧元区成员国。其实,当时已有专家指出希腊的数据问题,指出它是"特洛伊木马",可能会成为破坏欧元区的危险性力量。但是欧盟委员会和各成员国忽视了专家的严重警告。理论上也许可以说,欧债危机是欧盟委员会工作的失误造成。

(二) 克服欧债危机的财政措施

2009年10月,希腊政府宣布2009年政府财政赤字占国内生产总值12.7%,远超当年的财政预算,大大超过财经纪律规定的指标。随后一些欧元区国家公共债务的快速增加,受到市场关注,被认为欧债危机发生。2010年5月8日,欧元区各国和国际货币基金组织形成欧债危机解救方案,紧急救助希腊1 100亿欧元。条件是希腊必须实施严厉的财政紧缩计划。鉴于葡萄牙和爱尔兰面临受到连锁影响,2010年5月10日,欧盟各国财长达成一致,成立规模上限为7 500亿欧元的临时救助机制——《欧洲金融稳定基金》,其中国际货币基金组织出资2 500亿欧元，截至2012年年底，由届时生效的总额为7 000亿欧元的《欧洲稳定机制》加以代替。

虽然《欧洲稳定机制》当初是被作为一项紧急救助手段，但是当它在卢森堡启动以后，事实上成为一个强大的政府间金融机构。持有希腊债券的欧洲银行和保险公司承担了因参与希腊救助计划（债券减值/债券置换）而蒙受的损失，此间对塞浦路斯亦是如此。随着《欧洲稳定机制》职能的范围扩大，它可以在欧元区国家二级市场上购买国债，参与制订预防危机计划，向欧元区各国政府提供贷款以帮助其国内金融机构（进行资产重组）。《欧洲稳定机制》是类似于基金会的机构。机构的实际操作者为欧洲理事会，欧盟委员会，欧元区财长会议，欧洲中央银行，国际货币基金组织。他们为发放救助款设定条件，而只有采取这些改革措施才能得到《欧洲稳定机制》和国际货币基金组织的救助款。伴随着这些贷款条件而来的大幅削减社会福利的要求引发了大规模抗议，一些国家的政府也因此下台。

面对欧洲债务危机，德国政府的立场是，持续监督欧元区国家履行其应共同承担的责任并在政策上加以贯彻落实，更好地协调各国的经济政策。只有欧元区国家执行以稳定为目标的政策才能重新赢得市场信任。在危机发生后德国政府财政政策中心也转向控制本身债务。同时，由于德国坚持欧元区各国必须自己偿还本国债务的原则，因此德国政府也断然拒绝了其他欧元区国家提出的共同承担债务的要求，拒绝了发行欧元区共同债券的提议。因为这不但违反欧元区各国应当自己承担财政责任的"不救助"原则，而且还会弱化陷入危机的国家进行财政整顿的改革压力。这一立场虽然导致高债务国家的反对，但至少开始促使它们进行必要地改革，它才会出手购买该国国债，也就是说欧洲央行将根据欧元区财长会议的决定行事。但是，显然欧洲央行的角色已经发生了根本性转换，它在欧债危机中起到了关键性作用，特别是欧洲央行主席德拉吉宣布他将不惜一切代价捍卫欧元，这一举动促进了金融市场的稳定，欧洲央行成为维护货币联盟的定海神针。同时欧洲央行采取措施为欧元区银行消除障碍，使他们能够以低息向贷款人提供贷款。而且这些银行能够从欧洲央行获得其所需的流动性。此外，欧洲央行实施了一项直接货币交易计划（Outright Monetary Transactions，OMT），为国债市场建立保障机制。

（三）救助措施依然没有解决的问题

里斯本协议虽然对于未来如何将统一的货币政策与17个欧元区国家独立制定的财政政策以及各自为政的银行监管有效地协调提出了方案。但是欧盟各主权国家不可能给予欧盟在政治层面上的干预性权力。主权国家仍将自主制定财政政策并承担责任，并通过金融市场强化财政纪律。但是在欧元区内必须确保国债水平不能过高，因为这会损害货币价值的稳定性。因此，各成员国还必须进一步协调财政政策，保证债务不超上限。

三、欧盟财政协议（2013年）

为了进一步控制债务问题，2012年3月，欧盟25个成员国[①]在欧盟国际法的基础上达成协议，在欧洲经济与货币联盟内实现稳定协调与调控的财政协议。英国、捷克与克罗地亚没有参加。财政协议是一个控制欧盟范围预算原则的进一步的工具。原有的工具是2011年通过的加强预算与经济政策的监督与协调（也称为6点计划）加强稳定增长计划。该协议在2013年1月生效。参加协议签订的国家有义务将此协议的财政规则在本国实施。

欧盟财政协议的本质要点为：

1. 结构贷款限制。当债务余额没有明显低于国民生产总值的60%条件下，预算的结构贷款最高限制为名义国民生产总值的0.5%。

2. 法律有效性。欧盟财政协议必须与本国法律有牢固的持久的联系，要将债务控制规定加入本国的基本法。遵守债务线规定必须在总预算程序中得以体现与保证。德国已经在联邦制改革第二期的框架之内引入了这个债务限制规则。

3. 被起诉与惩罚的可能性。如前所述，在之前的协议中忽视了处罚条款，才导致有些国家财政债务过高，而且有隐瞒数据的问题。新的协议明确了处罚办法。如果违背债务限制的规定，可以根据国际法到欧盟法庭起诉。如果没有遵守财政协议的债务限制将被罚款，罚款最高可能达到国民生产总值的0.1%。

4. 成员国自我负责与监督。参与欧盟财政协议的国家必须提交预算与经济合作规划，得到欧盟议会与欧洲委员会的批准，并且监督。

5. 赤字程序的决议。关于不遵守债务限制的起诉及在赤字程序框架内的欧盟委员会的决议将是一个根据债务标准的自动启动的程序。

6. 建立欧洲层次的交流的程序。财政协议开启了一项程序，通过高层峰会加强信息与意见的交流，以改善与控制欧元区货币联盟的财政。1年至少举行2次欧元区峰会，欧元区峰会与会成员为欧元国家最高领导人与欧洲委员会的主席。

由于德国2009年财政基本法改革中已经将控制政府债务规模扩张作为重点，因此也就按照欧盟的规定，在联邦、州与市镇的预算基本法中引入欧盟财政协议的债务限制规定。[②] 在联邦年度预算中，都要体现欧盟债务标准的实施。[③]

[①] 截至2013年7月，欧盟成员国为28个国家。除了欧元区17个国家，未加入欧元区的最初的欧共体成员丹麦与英国外，有奥地利（1995年）、芬兰（1995年）、瑞典（1995年）、波兰（2004年）、匈牙利（2004年）、捷克（2004年）、罗马尼亚（2007年）、保加利亚（2007年）、克罗地亚（2013年）。2012年欧盟财政协议，英国、捷克与克罗地亚没有参加。

[②] 欧盟2012年3月通过，2013年生效的协议必然是在之前在动议阶段。而德国在之前有几年都是超过欧盟马约规定的标准的，2009年预算基本法改革，对债务控制的过渡期与欧盟的财政协议基本一致。

[③] 参见联邦年度财政预算章里的总表。

第四章

联邦政府财政预算计划与年度预算

■ **本章导读**

  1966～1967年的经济萧条，德国财经界开始认识到财政不是单一的为完成政府的财政支出需要筹集资金，也应保证经济与社会的稳定运转。因此，1969年新的《稳定—增长法》，要求联邦预算中要有5年的财政计划。本章介绍的内容为两个大部分：联邦政府预算计划与年度预算。在预算计划部分包括预算计划的总表与说明。在联邦年度预算部分包括预算总表与说明、部门预算、单项预算、预算流程与预算审批。

第一节 联邦财政预算计划

一、五年财政计划的目的

(一) 法律依据与背景

根据基本法的要求，财政预算必须由财政计划与当年预算构成。而联邦预算与州预算的预算计划必须是五年的财政计划。当年的财政预算必须以五年的财政计划为依据，或者说当年的财政预算只是五年财政计划中一个单列的年度计划。五年的财政计划与中国的国民经济发展五年计划并不相同。它仅仅涉及预算的财政收支数据。它是一个滚动式的五年计划，逐年可以根据上年的预算实施结果进行小的调整。比较大的调整也是在法律规定框架之内。比如说国民经济由于外部或内部的原因造成严重的不稳定，依据1969年通过的《稳定—增长法》，为了保持国民经济的正常运行，可以对原先制定的五年计划进行调整。尤其是当因为经济危机发生的不稳定情况下，不是通过修改1年的预算可以解决问题的。联邦和州都必须制定五年财政计划。市镇也要编制财政计划，但是计划的年份由各市镇的预算法自行规定。

五年预算计划产生的背景是1967年预算基本法中财政的规定进行了改革，新的基本法名称为《稳定—增长法》。改革的直接背景是1966~1967年的经济萧条，导致人们对公共财政任务的认识的根本性是转变。财政不是单一的为完成政府的财政支出需要筹集资金，也应该对经济周期浮动实施一定的影响，保证经济与社会的稳定运转。因此，1969年新的《稳定—增长法》，对预算的直接影响是要求联邦预算中要有5年的财政计划。该法于1970年1月生效。

(二) 决定五年计划的理由

1. 德国五年的财政计划本质上是三年，因为有1年是上年的实际数据，1年是预算年度本身。因为当年的预算肯定要依据之前1年的实际数据作为基础，有可能上年的数据超过原来的预算，是什么原因，必然是要在预算年度注意的。而需要有后几年的计划数据，是在制定当年预算的时候必须考虑到以后的财政发展状况的估计，尤其是像劳动市场支出项目等。

2. 对于新的法律规定或政策措施，能够提前看到其影响的规模。

3. 能够及时估计到以后年份财政政策的运作空间，识别到经济是否能够正常发展，如果能够识别到其后可能不正常发展，能够提前采取措施，以克服不正常。

4. 为什么是总的数据涉及五年，计划本质是三年。因为时间如果太长，会有太多的不确定性。此外，财政部也有另外做的特别计划，长期的计划，例如人口发展与财政支出,特别是养老金及相关家庭福利的支出计划。① 虽然当初五年财政计划主要是为了防止经济萧条对国民经济的震荡。但是从实践来看五年财政计划也从技术上保证国家财政的稳定性,避免由于执政党的轮换形成的决策改变,导致前任的财政扶持项目不能够顺利完成。因为,德国的选举制度是 4 年一个任期,而财政计划是 5 年的。因此,一任新政府上任之后,至少在第一年,必须按照前任的财政计划执行。这样就保持了财政政策的相对稳定性。

5. 年度预算是五年财政计划中的 1 个有机构成之一,因此联邦基本法与州基本法都有规定,五年财政计划与年度预算相同,都是要提交议会通过的。但是,财政计划作为一个内部的控制工具,并不如当年的预算是作为当年的法律通过的,有执行的强制约束力。② 但是,它是作为一个当年预算或者下年预算的一个框架。因为五年财政计划编制本身就不是一个简单的表格数据,对每个项目都需要有文字说明的。如果改变计划也是需要说明其理由的。改变计划者必须要能够自圆其说,证明改变计划的理由。而且,改变计划的自圆其说还必须得到议会的通过。虽然议员是按区民主选举的,其素质是有差异的。但是议会负责预算的是预算委员会,都是由议员中的财经专家组成的。那么,改变计划首先是需要议会的预算委员会通过的。其次,预算是政府的最重要的工作,涉及如何花纳税人的钱,修改计划者的自圆其说是要公开辩论的,要通过媒体报道这一关的。因此,执政政府如果是严重错误的决策也不可能到最后将责任推诿到下一届政府。本质来说,也是对选民一个明确的交代,减少前任总理与后任总理之间的说不清。五年财政计划也是对一届政府的选举承诺的财政政策的考查依据。

从 2005 年开始,联邦财政部为每届政府做一个公共财政承受能力报告。这个报告虽然是财政部主持的,但是是由外面的专家负责的。财政承受能力报告由 3 个部分构成:(1)背景介绍,比如人口老龄化。(2)改革财政支出与收入(以财政计划的数据为基础的),从中独立出与人口年龄结构相关的支出,说明其他的假设或收入。(3)说明国家财政总的状况,年财政赤字或结余的数据,说明债务比例。

德国财政预算制度的一个重要特点,是把五年财政计划作为每个年度财政预算的一部分,以及划分两种支出权限。这个特点从制度上约束了预算制定者,使他们必须通盘考虑国家财政收支的长期平衡、通盘考虑重要税收政策的改变对国家财政收支的长期影响,防止由于当届政府的短期行为给下任政府造成财政困难。无论从实践与理论来看,德国的五年财政计划是衡量政治家执政能力的一个重要指标,执政期财政收支是否平衡,是否给后任留下巨大债务负担。

---

①② Bundesfinanzministerium,2015,Das System der Oeffentlichen Haushalt 2015, http://www.bundesfinanzministerium. de/Content/DE/Standardartikel/Themen/Oeffentliche _ Finanzen/Bundeshaushalt/Haushaltsrecht _ und _ Haushaltssystematik/das-system-der-oeffentlichen-haushalte-anl. pdf? _blob = publicationFile&v = 4.

二、联邦政府五年财政计划总表

德国联邦政府的年度财政预算草案中,第一个部分是五年财政计划。该计划由五年财政计划的总表、筹资总表、按支出项目概算的支出总表、按支出种类划分的支出总表、按支出种类分类的联邦投资计划和按任务分类的投资计划6个计划表组成。① 德国是2016年6月要完成2016年的预算。数据能够得到2014年完全的实绩数。2015年仍然是计划数,因为德国2015年个人所得税最后申报期是2016年5月底,因此2015年的数据仍然还不是完全的实绩数。按照预算法要求,在预算计划年份之前,必须有上个预算年度的实际数。因此,联邦的财政计划表,除了2015~2019年的五年计划数据外,还必须有2014年的数据。

表4-1至表4-6列出了联邦政府制定的2014~2019年的五年财政计划。

表4-1　　　　2014-2019年联邦财政计划总表　　　　单位:亿欧元

	项　目	2014年 实绩数	2015年 计划数	2016年 草案	2017年	2018年 预算计划	2019年
	1	2	3	4	5	6	7
1	支出	2 955	3 016	3 125	3 188	3 263	3 331
	加支付援助基金利息支出后支出	3 078	3 016	3 120	3 188	3 263	3 331
	与上年相比增减(%)	-0.4	+2.1	+3.4	+2.2	+2.4	+2.1
2	收入	2 955	3 016	3 120	3 188	3 263	3 331
2.1	税收	2 708	2 789	2 900	2 991	3 122	3 238
2.2	净借贷收入	—	—	—	—	—	—
2.3							
	投资	293	301	304	312	318	308

注:包括43亿欧元对欧洲稳定机制的支付,欧洲稳定机制是一个融资机构,设于卢森堡,Der Europäische Stabilitätsmechanismus (ESM),根据欧盟协议于2012年9月27日生效。

资料来源:Bundesfinanzministerium, Finanzbericht - 2016, http://www.bundesfinanzministerium.de/Content/DE/Standardartikel/Themen/Oeffentliche_Finanze.

---

① Bundesfinanzministerium, Finanzbericht - 2016, http://www.bundesfinanzministerium.de/Content/DE/Standardartikel/Themen/Oeffentliche_Finanze.

第四章　联邦政府财政预算计划与年度预算

表 4-2　　2016~2019 年借贷筹资计划总表　　单位：亿欧元

	项　目	2016 年 实绩	2017 年 计划	2018 年 预算草案	2019 年 计划
1	法定占国内生产总值最大比例	0.35	0.35	0.35	0.35
1.1	上年预算中国内生产总值数	29 038	30 156	31 153	32 151
1.2	法定最大净债务	102	106	109	113
	扣除周期因素	-16	-18	-11	00
2	扣除财政转移	2	4	4	4
	法定最大净债务	116	120	116	109

注：这个表与以前的联邦预算计划表是有明显变化的，就是法定最大债务项目原来是没有的。

资料来源：Bundesfinanzministerium, Finanzbericht-2016, http://www.bundesfinanzministerium.de/Content/DE/Standardartikel/Themen/Oeffentliche_Finanze.

表 4-3　　2014~2019 年按任务划分的联邦重要支出项目计划　　单位：亿欧元

	项　目	2014 年 实绩	2015 年 计划	2016 年 预算草案	2017 年 计划	2018 年 计划	2019 年 计划
1	社会保险						
1.1	养老保险支出	828.04	843.07	886.20	—	—	—
1.2	劳动市场	321.13	331.17	320.18	—	—	—
	家庭政策	69.33	73.15	77.73	—	—	—
5	住房补贴	4.22	5.3	7.3	—	—	—
	住宅建设补贴	3.42	3.65	2.71	—	—	—
	战争牺牲者补贴	12.49	11.53	10.76	—	—	—
	纳粹受害者补偿	6.92	7.19	7.61	—	—	—
	农业社会政策	37.14	36.96	37.36	—	—	—
5.1	法定医疗保险	105	115	140	—	—	—
	其他社会项目	45.92	45.95	49.78	—	—	—
	国防						
	军事防卫	278.70	274.99	286.93	—	—	—
	其他防卫支出	0.49	0.38	0.39	—	—	—
	食品农业健康消费者保护						

续表

项　目	2014年实绩	2015年计划	2016年预算草案	2017年计划	2018年计划	2019年计划
共同任务农业结构改善与海岸保护	5.67	6.1	6.2	—	—	—
其他农林消费者保护	4.08	5.01	5.33	—	—	—
经济促进与能源						
能源	16.23	16.16	21.61	—	—	—
其他部门经济促进	4.05	4.71	4.72	—	—	—
中小企业工业研究与技术	9.89	9.96	10.07	—	—	—
地区经济促进	7.10	6.19	13.86	—	—	—
担保与其他经济促进措施	12.77	16.97	17.45	—	—	—
交通						
联邦铁路	98.57	105.55	105.29	—	—	—
联邦远程公路	63.59	60.99	68.76	—	—	—
联邦水道	18.63	21.51	22.65	—	—	—
改善市镇交通	16.11	16.72	16.72	—	—	—
其他交通改善措施	17.01	18.97	26.61	—	—	—
建筑						
住宅和城市建设	16.88	18.29	17.49	—	—	—
研究教育科学文化						
高校外科研与开发	88.85	97.54	102.5	—	—	—
高校	34.47	33.67	37.50	—	—	—
教育资助、科学后代资助	26.35	34.99	35.63	—	—	—
职业教育及其他教育	17.30	18.79	19.68	—	—	—
文化	20.27	21.69	21.14	—	—	—
环境保护	11.53	12.65	14.71	—	—	—
体育	1.36	1.62	1.95	—	—	—

续表

项 目	2014年 实绩	2015年 计划	2016年 预算草案	2017年 计划	2018年 计划	2019年 计划
内部安全，移民	48.57	48.13	52.53	—	—	—
经济合作与发展	63.80	64.18	72.87	—	—	—
财政经济						
利息支出	259.46	231.87	238.64			
10.1 联邦铁路与邮政之外的供养支出	81.62	85.31	86.91	—	—	—
信托局的后继设施	2.9	3.13	3.23			
欧洲稳定基金	43.43	—	—			
特别财产项目	6.89	44.81	9.73	—	—	—

资料来源：Bundesfinanzministerium，Finanzbericht – 2016，http：//www.bundesfinanzministerium.de/Content/DE/Standardartikel/Themen/Oeffentliche_Finanze.

表4-4　　　　2014～2019年按类型划分的支出计划总表　　　单位：亿欧元

	支出种类	2014年 实绩	2015年 计划	2016年 草案	2017年 计划	2018年 计划	2019年 计划
1	经常性支出						
1.1	人员支出	292	300	—	—	—	—
1.1.1	主体相关	213	217				
1.1.2	附属补助	79	82				
1.2	经常性实物支出	232	245				
1.2.1	不动产维护	14	14	—	—	—	—
	军事用品购买等	88	96	—	—	—	—
	其中：经常性实物支出	130	135				
1.3	利息支出	259	231				
	对行政管理	0	0				
	对其他领域	259	231				
1.4	经常性拨款与补助	1 873	1 936				
	对行政部门	211	229	—	—	—	—
	州	141	160	—	—	—	—

续表

	支出种类	2014年实绩	2015年计划	2016年草案	2017年计划	2018年计划	2019年计划
	市镇	0	0	—	—		
	特别财产项目	70	69	—	—		
	目标联盟	0	0				
	其他领域	1 662	1 707	—	—		
	企业	255	270	—	—		
	养老金、自然人补贴	280	288				
	社会保障	1 047	1 068				
	非营利性私立研究所	19	20				
	国外	60	61	—	—		
	其他	0	0	—	—		
总额	经常性支出	2 656	2 712	—	—		
2	资本账户						
	实物投资	79	78	—	—		
	建筑措施	64	61	—	—		
	不动产购买	10	12				
	土地购买	5	5				
2.2	资产转让	166	213	—	—		
	拨款投资补贴	160	206				
	向行政部门	49	85	—	—		
	州	48	49	—	—		
	市镇	1	1	—	—		
	其他资产项目	—	35				
	向其他领域	111	121				
	国内	59	70	—	—		
	国外	52	51	—	—		
	其他财政转移	6	7				
2.3	贷款担保、参股	54	16	—	—		
	贷款担保	10	16	—	—		

续表

支出种类		2014年实绩	2015年计划	2016年草案	2017年计划	2018年计划	2019年计划
	向行政部门	0	0	—	—	—	—
	其他领域	10	16	—	—	—	—
	国内其他担保	8	12	—	—	—	—
	国外	2	4	—	—	—	—
2.3.2	购买参股、资本投资	44	1	—	—	—	—
	国内	1	1	—	—	—	—
	国外	43	0	—	—	—	—
	资本账户总计	299	307	—	—	—	—
3	全球投资		−3	—	—	—	—
4	支出总额	2 955	3 016	—	—	—	—

资料来源：Bundesfinanzministerium, Finanzbericht – 2016, http：//www.bundesfinanzministerium.de/Content/DE/Standardartikel/Themen/Oeffentliche_Finanze.

表4–5　2014~2019年按支出类型划分的联邦投资计划　　单位：亿欧元

支出种类		2014年实绩	2015年计划	2016年预算草案	2017年计划	2018年计划	2019年计划
1	实物投资	79	78				
1.1	建筑措施	64	61	—	—	—	—
	高建筑	8	8				
	深建筑	56	54				
1.2	动产购买	10	12				
1.3	不动产购买	5	5				
2	财政资助	214	222				
2.1	对公共部门财政资助	49	85				
	贷款	0	0				
	拨款	49	85				
2.2	对其他部门财政资助	166	137				
	贷款	2	4				

续表

支出种类	2014年实绩	2015年计划	2016年预算草案	2017年计划	2018年计划	2019年计划
拨款	111	121				
参股	44	1				
权利担保	8	12				
投资支出总额	293	301				

资料来源：Bundesfinanzministerium，Finanzbericht－2016，http：//www.bundesfinanzministerium.de/Content/DE/Standardartikel/Themen/Oeffentliche_Finanze.

表4－6　　2014～2019年按任务划分的联邦投资计划　　单位：亿欧元

	任务项目	2014年实绩	2015年计划	2016年预算草案	2017年计划	2018年计划	2019年计划
1	联邦长途公路	54	51	62	66	67	56
2	联邦铁路	40	46	50	—	—	—
3	改善市镇交通	16	17	17			
4	联邦水道	7	9	10			
5	数字化基础设施（宽带）	—	—	7			
6	发展援助	44	43	49			
7	教育与研究	18	21	23			
8	住宅与城市	13	14	14			
9	担保	8	12	11			
10	高校新建/补偿	10	10	10			
11	环境保护	8	9	10			
12	地区经济结构	6	6	6			
13	联邦不动产	2	2	2			
14	农业结构与海岸保护	4	4	5			
15	内部安全	3	3	3			
16	文化事务	2	3	2			
17	国防	2	2	2			
18	欧洲稳定基金	43	—	—			

续表

任务项目		2014年 实绩	2015年 计划	2016年 预算草案	2017年 计划	2018年 计划	2019年 计划
19	参股亚洲基础设施银行	—	—	3			
20	市镇地方投资促进基金	—	35	—			
21	其他	13	14	17			
	总额	293	301	304			

资料来源：Bundesfinanzministerium, Finanzbericht – 2016, http：//www.bundesfinanzministerium. de/Content/DE/Standardartikel/Themen/Oeffentliche_Finanze.

三、五年财政计划项目说明

除了上述6个表格以外，五年财政计划内还有一个重要的内容，是对五年财政计划中每个项目的编制说明。

在上述五年财政计划总表中的有个重要的数据是总财政收入。涉及总税收收入，总税收收入是增加的。筹资计划中需要对总国内生产总值的计划数（预测数）。因此，对应的文字说明为：关于2015～2019年的总体经济发展的说明。从2015年第一季度的总体经济发展来看，经济增长稳定。经济增长的动力是私人家庭消费支出的增加，家庭消费的增加来源于个人收入的增加与就业的增长以及油价的下降。同时投资活动的扩大也对经济增长做出了贡献。建筑与设备投资的增加有低利息率的推动。但是外贸的趋势与国内经济相反。出口增长很小，进口增长大于出口。宏观经济的有利因素，例如企业界的销售预期，低利息与持续下降的能源价格都将继续存在，因此可以对总体经济发展做出乐观的估计，国内生产总值的增长率定为1.8%（之前是1.5%）。

私人消费增长这一重要因素预期是增长的趋势，2015年比2014年增加了2%（已扣除价格因素）。工资将是提高的趋势，每个就业人员毛收入，2015年将比上年增加3.1%，2016年将增加2.7%。退休金的提高将有利于提高私人家庭消费。投资活动预期也将有进一步的增加。2015年实际增长了2.2%。由于2014年的投资实际增长的资金主要来源于投资企业的自有资金，（出于好的销售预期）。低的利息率有可能促进进一步的投资，2015年企业投资将增加2.8%，2016年将增加4.3%。

德国的财政计划是以预测的数据作为基础的，数据又必须是有事实作为道理来说明的，也必须是普通公民能够相信的，就是说，需要过自圆其说这一关的，是要有说服力的。不能够理解为计划纸头上画画，墙头上挂挂的形式主义的东西。

四、财政计划委员会

财政计划委员会的性质是财政政策咨询和财政计划协调机构。由于德国联邦制的性质，州和市镇在财政预算上各自是独立和自主的，他们各自形成本级财政年度预算和五年滚动财政计划。但是，人们认为，为了实现多年的财政目标，对联邦、州和市镇各自的财政计划进行协调是必要的。1969年成立的财政计划委员会就是承担这项任务的机构。财政计划委员会的主要任务为：为市镇级制定一个使各地财政计划有可能充分比较和统计的统一的体制，确定适应国民经济、财政经济要求的预算和财政计划的基本设想，为市镇制定财政计划创造条件，投票通过各地方政府符合景气政策需要的预算，为各项公共任务作中期需求估计，并确定实现符合整个经济需要的公共任务的内容和时间重点，讨论与联邦、州和市镇有关的财政经济问题。

财政计划委员会由联邦财政部长，联邦经济和劳动部长，州财政部长，4名市镇和市镇联合会的代表组成。① 由联邦财政部长任主席。联邦银行有参加咨询的权利。

从2009年6月开始生效的联邦州财政关系现代化改革法开始以后，原来的财政计划委员会改名为稳定委员会，其任务为了避免将来可能发生的财政危机，是作为监督联邦、州、市镇财政预算执行的共同机构。②

第二节 联邦年度预算编制的内容

一、联邦总预算支出项目

联邦财政预算的直接法律基础是联邦预算规章，1970年1月开始生效的，2001年，2009年有过修改。联邦预算规章对年度预算法与五年财政计划都有规定。对于编制预算的技术性工作来说，主要依据是联邦财政部发布的预算技术指南与相关的行政管理规定。

德国联邦政府的年度预算，由总预算和单项预算组成。联邦总预算中的总支出，是单项预算支出的汇总；预算总收入包括税收和其他收入。年度预算共有3份总表：预算总表、单项预算支出汇总表和资金来源总表。表4-7至表4-8表明了财政预算总表与单项表之间的联系。年度预算的文字说明部分分成两类：一是对预算收支

---

① 需要特别强调的是，德国财政计划委员会的任务就是协调联邦政府与州、市镇地方政府财政计划之间的关系。（笔者注）

② Bundesfinanzministerium, 2015, Das System der Oeffentlichen Haushalt 2015, http：//www.bundesfinanzministerium.de/Content/DE/Standardartikel/Themen/Oeffentliche_Finanzen/Bundeshaushalt/Haushaltsrecht_und_Haushaltssystematik/das-system-der-oeffentlichen-haushalte-anl.pdf?_blob=publicationFile&v=4.

变动和安排作解释；二是为税收和支出项目的变动列出法律依据，以及政策变动对各个项目的财政收入和支出的具体影响的数据。

表4-7　　　　　联邦财政年度预算草案总表（2016年）

年　份	2015年计划数（亿欧元）	2016年草案数（亿欧元）	比上年增长（%）
1. 总支出	3 016	3 120	3.4
2. 总收入	3 016	3 120	1.2
其中：税收	2 789	2 900	2.5
净借款	—	—	

资料来源：Bundesfinanzministerium, Finanzbericht-2016, http：//www.bundesfinanzministerium.de/Content/DE/Standardartikel/Themen/Oeffentliche_Finanze.

表4-8　　根据单项预算汇总的财政预算支出总表（2016年）

代号	标　题	2015年计划（百万欧元）	2016年草案（百万欧元）	与上年相比增减（%）
01	总统与总统府	33.73	34.32	1.7
02	联邦议院	801.49	827.81	3.3
03	联邦参议院	23.81	25.00	5.0
04	总理与总理府	2 234.80	2 250.36	0.7
05	外交部	3 726.46	4 399.87	18.1
06	内政部	6 266.04	6 783.81	8.3
07	司法与消费者保护	695.45	763.23	5.9
08	财政部	5 580.62	5 750.35	3.0
09	经济与能源部	7 394.69	7 527.01	1.8
10	食品与农业部	5 350.72	5 491.53	2.6
11	劳动与社会部	125 625.92	127 286.69	1.3
12	交通与数字化基础设施	23 281.43	24 403.99	4.8
13	国防部	32 974.18	34 366.29	4.2
15	卫生部	12 066.92	14 574.18	20.8
16	环保部	3 865.20	9 182.79	5.3
17	家庭、老年、妇女和青少年部	8 535.56	9 182.97	7.6

续表

代号	标题	2015 年计划（百万欧元）	2016 年草案（百万欧元）	与上年相比增减（％）
19	联邦宪法法院	33.32	29.19	-12.4
20	联邦审计院	141.18	148.61	5.0
21	联邦数据与信息保护与自由局		13.25	
23	经济合作与发展部	6 543.46	7 423.71	13.5
30	教育与研究部	15 274.96	16 383.60	7.3
32	联邦债务	24 337.05	24 961.36	-2.6
60	一般财政管理	16 778.71	15 330.16	-8.6
	合计	310 600	312 000	

资料来源：Bundesfinanzministerium, Finanzbericht – 2016, http：//www.bundesfinanzministerium.de/Content/DE/Standardartikel/Themen/Oeffentliche_Finanze.

二、部门预算

接着上面的总表之后就是对各支出项目按编号的文字说明，实际上就是部门预算。

部门总预算支出的文字说明如下。

部门预算也称为功能预算。联邦各个部作为独立预算编制单位，提供各自的预算。在年度预算报告中的数据，只是联邦财政部将各部的单项加总形成联邦总预算支出表。独立预算编制单位，也有的不是一个部，而对某些特别项目则可以采取实际发生原则，但是这种情况正在改变。例如，在 2005 年之前，供给支出（退休福利支出）作为一个单项预算 33 号。后来将此支出都归到各个联邦部（人员支出中），这个项目就取消了。联邦部除了提供预算数据，还要对预算的主要项目进行文字说明。理论上按照预算法规定，仅当预算支出数额与上年比较有变化的项目才需要说明。而从实践的过程来看，各联邦部的支出项目的变化还是比较多的，因此预算说明就逐步成为一个必要的内容。例如，在上面的支出总表中的每个部门都需要对表格中的数据做说明。所有的固定项目（例如总统府）不需要说明文字。以下仅举几个部门说明文字的例子：

总理府 04 号单项计划，2016 年草案支出大约 23 亿欧元。其中，12.9 亿欧元用于文化与媒体方面。对文化方面的支出完全是用于文化方面的设施与项目补助，以及联邦档案，联邦在东欧的德国文化与历史研究所，以及过去民主德国时期的国家安全部的秘密档案保管局。直接用于德国国内的文化项目支出将由表格给出具体的说明。

外交部 05 号单项计划，2016 年草案支出为 44 亿欧元，2016 年比 2015 年增加了 6.73 亿欧元。主要是参与联合国维护和平措施的付款以及汇率调整增加的支出。为安全和平措施方面新的援助，包括叙利亚、阿富汗等，人员支出明显增加。

内政部 06 号单项计划，2016 年草案支出为 68 亿欧元，比 2015 年增加了 5.17 亿欧元。主要是用于加强 3 个联邦安全保护机构：联邦警察局、联邦打击犯罪局、联邦法律保护局。同时增加了联邦移民与难民局的支出用于应对来自叙利亚的难民申请事务。2016 年联邦警察局的支出为 27 亿欧元。用于联邦打击犯罪局的支出将为 4.457 亿欧元，联邦信息安全局的 0.88 亿欧元，人民保护与自然灾害救助 0.983 亿欧元，联邦技术援助局计划 1.887 亿欧元。对于德国高端体育项目内政部将资助 1.6 亿欧元。

卫生部 15 号单项计划，比上年增加的支出比例最高为 20%。2016 年将比 2015 年多支出 25 亿欧元。主要是由于联邦提高了对医疗保险支付系统的净补助，是为共同社会任务的支出。

对于以上这些部的预算说明比较简单，就涉及增加的经费，增加的理由。对有些部的支出说明就比较详细，涉及的内容比较多。

例如食品与农业部 10 号单项计划，这个部的总预算为大概为 55 个亿欧元，与使用资源 100 亿欧元以上的部相比较是个小的部，但是说明的文字比较长。说明文如下：总支出中主要用于国家农业政策中联邦对于农村社会政策的方面。为促进农村结构转变对农业社会保险系统的支付为 37 亿欧元，占农业部整个预算支出的大概 70%。其中 22 亿欧元用于农民养老保险，14 亿欧元用于农民的医疗保险，此外，对农民事故保险的补贴为 0.1 亿欧元。1.5 亿欧元用于促进食品安全健康，其中 0.82 亿欧元用于联邦风险评估研究所，0.46 亿欧元用于联邦消费者保护与食品安全局。

一般财政管理 60 号单项计划，60 号是直属联邦财政部的一个支出项目的编号。用于铸币（硬币）的支出比 2015 年增加 26 百万欧元，2016 年将为总额 389 百万欧元。主要是因为满足欧盟内流通的需要和引入收藏硬币的原因。收藏硬币是以银为原料的，导致支出成本增加。对原德国邮政公务员及相关人员的退休金及福利在 2016 年的草案支出为 77 亿欧元，比 2015 年多 1.83 亿欧元左右。原东部地区州退休金调整需要支出 22.91 亿欧元。与 2015 年相比，联邦不动产管理需要支出比 2015 年减少 1.32 亿欧元，总额为 25.8 亿欧元。考虑到的因素为联邦不动产管理局将保留土地中 1 亿欧元总价的土地以 4 年的租期（不需要租金）给州与市镇地方作为难民用地，由此节省了联邦的相关费用。

在对各个编号部门计划的文字说明之后，还有一个部分是对上述各单项预算的主要支出项目的简单表（见表 4-9、表 4-10），例如，前面提到的卫生部。

表4-9　　　　　　　　单项计划13-联邦卫生部

项 目	百万欧元
为共同社会任务的医疗保险支付系统的净补助	14 000.0
联邦对自愿私人护理的资助	39.0
对州为WGL成员设备的拨款	40.1
对国际卫生组织的支出,包括对世界卫生组织的缴款	35.0
大众健康宣传	16.8
防治艾滋病愈与其他传染性性病	13.5
防治毒品与瘾品的措施	13.7

注：WGL为"莱布尼茨科学联合会"。

资料来源：Bundesfinanzministerium, Finanzbericht-2016, http://www.bundesfinanzministerium.de/Content/DE/Standardartikel/Themen/Oeffentliche_Finanze.

表4-10　　　　　　　　单项计划60 一般财政管理

项 目	百万欧元
依据联邦选举法与欧盟选举法与党派法的支付	143.8
铸币	398.0
德国邮政公务员供给支付项目补贴	7 644.9
支付赔偿基金	200.0
社会保障承办单位由于特别供给制度的转换报销支出	1 940.9
根据基本法31条对原职业军人供给	216.8
根据基本法31条对其他有资格人员的供给	132.1
对刑事犯平反的支付（国家赔偿）	129.0

资料来源：Bundesfinanzministerium, Finanzbericht-2016, http://www.bundesfinanzministerium.de/Content/DE/Standardartikel/Themen/Oeffentliche_Finanze.

通过单项预算汇总表（见表4-11），单项预算的文字说明，单项预算的主要支出项目的列表这三个步骤，预算的支出项目这块才完成。

按照新的预算法要求，在单项预算汇总表之后是根据单项预算汇总的义务授权支出总表。这个表的年份时间比较长，从2019年后有后续年份，还有未来年份。这些都是指各个部按计划承诺的将来要支付的支出项目。这种表，在之前（2010年）的预算里是没有的。这是与债务控制有关系的，现任政府需要知道，将来还有那些支出是必需要支出的，需要提前做好安排。

表4-11　　根据单项预算汇总的义务授权支出总表　　单位：百万欧元

	单项计划	2016年	2017年	2018年	2019年	后续年	未来年
	1	2	3	4	5	6	7
02	联邦议院	19.5	7.3	—	—	-	8.3
04	总理与总理府	352.8	71.4	—	—	—	-
05	外交部	1 232.2	565.8	—	—	—	-
06	内政部	810.8	241.8	—	—	—	-
07	司法与消费者保护部	14.1	9.0	—	—	—	-
08	财政部	2 155.8	76.9	—	—	—	1 379
09	经济与能源部	3 422.9	1 155.4	—	—	—	-
10	食品与农业部	1 230.0	299.2	—	—	—	-
11	劳动与社会部	2 475.9	1 506.1	—	—	—	-
12	交通与数字化基础设施	20 070.9	3 057.1	—	—	—	10 688
13	国防部	16 591.7	2 935.5	—	—	—	-
15	卫生部	69.9	31.1	—	—	—	-
16	环保部	1 777.7	606.2	—	—	—	-
17	家庭，老年，妇女和青少年部	613.2	370.0	—	—	—	-
19	联邦宪法法院	0.4	0.1	—	—	—	-
20	联邦审计院	0.4	0.2	—	-	-	-
21	联邦数据信息保护与自由局	0.1	0.0	—	—	—	-
23	经济合作与发展部	7 400.0	889.9	—	—	—	4 908.9
30	教育与研究部	7 932.0	1 898.1	—	—	—	-
60	一般财政管理	3 553.1	1 678.5	—	—	—	140.0
	合计	69 723.2	15 399.7	12 274.9	9 112.6	15 811.9	17 124.1

注：从第二栏后面的数据可以省去（原注释）义务授权支出的意思是承诺支出。"—"为原表格中有数据，被笔者省略。"-"为原文，表示没有数据。在义务授权支出总表后面没有任何文字说明。

资料来源：Bundesfinanzministerium，Finanzbericht-2016，http：//www.bundesfinanzministerium.de/Content/DE/Standardartikel/Themen/Oeffentliche_Finanze.

接着义务授权支出总表后面的是 2016 联邦预算草案收入总表，在收入总表后面是人员计划总表（见表 4-12）。

表 4-12　　　　　2016 年联邦预算草案人员计划总表　　　　单位：人

项目	人数
公务员	141 957
法官	581
高校教师	535
职员	105 449

资料来源：Bundesfinanzministerium, Finanzbericht – 2016, http: // www. bundesfinanzministerium. de/Content/DE/Standardartikel/Themen/Oeffentliche_Finanze.

人员计划总表后有说明，说明文字为：计划总人数为 248 572 人，其中有 303 个是代职，如果去掉代职位，2016 年在民用领域总人数为 248 296 人，低于上年计划数 248 500 人。与 1992 年总人数 380 900 人减少了 132 600 人，为 34.8%。目标就是达到行政管理的经济性。在联邦部队的人员计划，根据新改革的目标，全职职业军人与临时职业军人的人数将进一步减少，2016 计划为 180 839 人。联邦军人员改革的目标是进一步减少义务军的人数。

三、联邦总预算草案收入项目

2016 年预算草案收入。首先是预算草案收入总表（见表 4-13）。

表 4-13　　　　　2016 年联邦预算草案收入总表　　　　单位：亿欧元

项　目	2016 年
总税收收入	2 983
其他收入	25
其中：联邦银行、欧洲中央银行盈利	25
企业与参股企业盈利	4
联邦不动产管理局上交	26
铸币收入	3
担保收入	11
欧盟收入	10
养老金体制转换补贴账户报销	18
养老金体制转换特别账户报销	9

第四章 联邦政府财政预算计划与年度预算

续表

项 目	2016 年
长途货运汽车收费	46
放射性废物处理	2
社会住宅补贴退回	4
净信贷收入	

资料来源：Bundesfinanzministerium, Finanzbericht – 2016, http://www.bundesfinanzministerium.de/Content/DE/Standardartikel/Themen/Oeffentliche_Finanze.

需要指出的是，在这个收入总表后面没有任何的文字说明。在关于人员计划的总表以后，联邦财政年报就结束了整个第一部分 2016 预算草案的内容，进入第二个大部分单项预算。

四、单项预算

在联邦预算支出总表中汇总的是各部门的总数。各个部门要得到这个总数，还需要具体的单项预算。单项预算是德国财政预算的核心。每个联邦级的行政单位（部级单位）、总统府和总理府、联邦议院、联邦参议院、各个联邦部、联邦审计院、联邦法院等，都要编制各自的单项预算。

单项预算是对收入和支出的逐项概算。单项预算的表式也有改变。在 2013 年之前实用的单项预算的要求如下：单项预算分为三章：部门、目的、重要领域和所属机构。单项预算表的表头为总表中的项目编号和部门编号。表 4 – 14 中的 08 表示财政部（见表 4 – 11 中 01 表示总统府编号，05 表示外交部编号），01 表示联邦部。如果是其他重要领域或者机构的编号就是 03。单项预算表的细目标题代号由 5 位数构成，前 3 位数为类别编号（511），后两位数为数字编号（55），另外 3 位数为功能编号（011）。表 4 – 14 细目内容包括目的、财政年度的预算总额、义务权限和注释（相关说明）。样式见表 4 – 14。

表 4 – 14　　　　　　联邦单项预算表式 之一

细目 功能	目 的	计划年 1998 （千马克）	计划年 1997 （千马克）	实际 1996 （千马克）
细目类别：55	信息技术支出 注释：收入可以弥补的支出 说明：其中在信息技术方面的安全支出为 1609 千马克	11 487	12 000	10 257

0801 联邦部

续表

细目 功能	目　　的	计划年 1998 （千马克）	计划年 1997 （千马克）	实际 1996 （千马克）
511 55—011	业务开支	407	280	173
513 55—011	数据远程输送	583	500	462
515 55—011	设备、设备安装，软件和修理……	2 312	2 520	1 814
—	—			
525 55—011	进修与改行的培训 1.…… 说明：根据预算法第63条第3款，教学材料免费发给参加者。	—	—	—
—	—	—	—	—

资料来源：Bundesministerium der Finanzen，1990，Der Bundeshaushalt，Boon。细目编号说明来源为：Bundesfinanzministerium，1997，Das System der Oeffentlichen Haushalt 1997。

联邦预算2013年开始进行了改革，采用新模表。到2016年联邦预算要求全部实现新的对单项预算的表格要求。

A. 行政管理领域模板

改革后的单项预算具体要求为：

章：在章中要包括管理部门或管理领域的所有收入，支出与义务支出。在一个单项计划中，1~9章作为专业章，用于专业与项目的标题。在第10章（K.10）作为其他。K11作为中心预计的总收入与总支出。K12是为各联邦部或局。K13开始是部以下的局的有关领域的支出的估计数。由此得出以下章的目录的模式（见表4-15至表4-18）。

表4-15　　　　　　　　　　行政模版

章K	内　　容
01~09	根据需要专业章
10	其他批准项目
11	中心估计的行政管理收支
12	联邦部或高级局
13ff	各个局的章

标题：有4项：目标确定，预算数额，义务授权支出，预算说明。

标题由5个数字组成，前3位是组号，后两位是数字号。

表4-16　行政模板

标题功能	目标确定	2016年计划数（千欧元）	2015年计划2015年余额（千欧元）	2014年实际（千欧元）
F 422 01 - 061	公务员工资与福利	1 438 512	1 324 621	1 300 305
F 422 02 - 061	公务员助理工资与福利	18 800	21 100	8 361
F 422 03 - 061	律师工资及暂时位置的公务员工资	34 000	25 819	24 407
F 427 09 - 061	合同工职员与其他就业人员的报酬	6 000	6 000	5 482
F 428 01 - 061	职员报酬	200 000	267 139	192 707

资料来源：Bundesfinanzministerium, 2015, Das System der Oeffentlichen Haushalt 2015, http://www.bundesfinanzministerium.de/Content/DE/Standardartikel/Themen/Oeffentliche_Finanzen/Bundeshaushalt/Haushaltsrecht_und_Haushaltssystematik/das-system-der-oeffentlichen-haushalte-anl.pdf?_blob=publicationFile&v=4.

表4-17　行政模板

标题功能	目标确定	2016年计划数（千欧元）	2015年计划2015年余额（千欧元）	2014年实际（千欧元）
F 525 01 - 061	职业与继续培训	709	942	511
	预算说明： 1. 更多收入许可更多支出在以下标题119 99 2. 根据预算法第63条第3款，教学材料免费发给参加者。			
F 527 01 - 061	出差 更多收入许可更多支出的在以下标题119 99中列出	625	625	609
F 532 01 - 061	信息技术方面合同与劳务支出 预算说明 1. 支出在每天600欧元以上的在以下标题互相平衡，Kap. 0816 tit. 532 01 2. 更多收入许可更多支出的在以下标题119 99中列出	6 936	6 895	11 766

续表

标题功能	目标确定	2016年计划数（千欧元）	2015年计划2015年余额（千欧元）	2014年实际（千欧元）
F 539 99 – 061	各种行政管理支出 预算说明 更多收入许可更多支出的在以下标题11999中列出。 单　位　　　　　　　　　　　　1 000 欧元 1. 战争伤残退休金　　　　　　　250 2. 测量成本与交通评语支出　　　100 3. 内部搬家与文件夹运输　　　　55 4. 车辆维护　　　　　　　　　　45 5. 其他　　　　　　　　　　　 115 总计　　　　　　　　　　　　 565	565	458	664

资料来源：Bundesfinanzministerium，2015，Das System der Oeffentlichen Haushalt 2015，http：//www.bundesfinanzministerium.de/Content/DE/Standardartikel/Themen/Oeffentliche_Finanzen/Bundeshaushalt/Haushaltsrecht_und_Haushaltssystematik/das-system-der-oeffentlichen-haushalte-anl.pdf?_blob=publicationFile&v=4.

B. 项目领域模板（见表4–18）。

表4–18　　　　　　　　　　　项目模板

标题功能	目标确定	2016年计划数（千欧元）	2015年计划2015年余额（千欧元）	2014年实际（千欧元）
	支出			
	补助与补贴（不包括投资）			
686 05 – 423	ESF联邦项目国家共同筹资 社会城市，教育，经济，工作 季度 – BIWAQ 预算说明： 1. 说明中支出编号1~3可以转记。 2. 说明中支出编号2~4可以通过节省达到更多的支出在 K. 1106 t. 68612 中列出。 3. 说明中支出编号2~4可以在一定限额内通过目标相关的收入实现的更多的支出，在以下标题 K1106 t. 272 02 中列出 此规定同样适用于按照现规定取得的期待收入。如果可以通过期待收入以实现增加支出，此数额不能计入当年预算，可以计入下年预算。不可以再作为支出使用。 4. 资助对项目执行方是收入，支付给合同执行方作为项目支出。	9 100	8 901 9 276	23 809

说明。（见表4-19）

表4-19　　　　　　　　　项目模板

跨年项目 其中新项目用黑体	联邦 总支出 （千欧元）	2014年 前期已支出 （千欧元）	2015年 批准的支出 （千欧元）	2015年之 后转记的 余额 （千欧元）	2016年 预计支出 （千欧元）	2017年 保留支出FF （千欧元）
I. ESF资助期2013~2017年						
1. 联邦共同筹资部分	60 000	51 238	2 740	6 022	—	
2. EU筹资部分	73 302	72 046	—	1 238	—	
合计	133 302	123 302	2 740	7 260	—	
II. ESF资助期2014~2020年						
1. 联邦共同筹资部分	64 460	84	6 161	2 016	9 100	47 099
2. EU筹资部分	—	—	—	—	—	—
合计	64 460	84	6 161	2 016	9 100	47 099
总计	197 762	123 386	8 901	9 276	9 100	47 099

注：资助对象为欧洲社会基金—联邦行动计划框架下，在社会城市的项目地区的劳动市场相关的措施。

资料来源：Bundesfinanzministerium, 2015, Das System der Oeffentlichen Haushalt 2015, http://www.bundesfinanzministerium.de/Content/DE/Standardartikel/Themen/Oeffentliche_Finanzen/Bundeshaushalt/Haushaltsrecht_und_Haushaltssystematik/das-system-der-oeffentlichen-haushalte-anl.pdf?_blob=publicationFile&v=4.

通过1997年联邦预算制度中的模板与2015年公共财政预算制度中的模板比较，可以发现，新的模板中增加了大量的预算说明文字，而且出现表格中套表格的说明。说明部门单项预算做得比过去更细了，对每个总数必须有交代。

第三节　联邦预算编制程序

一、预算编制总流程

预算流程是指从预算开始编制到最后通过议会审批的全过程。整个时间大概要3年半。在此期间决策者之间互相交换意见：政府提出预算草案，两院对政府提出草案提建议、咨询，最后做出决议。

以 2013 年预算为例，流程见表 4-20。

表 4-20　　　　　　　　2013 年预算编制流程

时　间	事　项
2011 年 12 月	联邦财政部通知所有部，起草 2013 年度预算与 2012~2016 年的财政计划
2012 年 1 月	联邦政府经济年报
2012 年 2~3 月	财政部通过由上往下程序，确定角值数据最终发展
2012 年 3 月	内阁会议审阅角值数据
2012 年 4 月	各预算单位将人员预算计划与实物预算计划提交财政部登记 对总体经济发展的中期预计
2012 年 5 月	中期的税收估计
2012 年 5~6 月	财政部与各部部长预算会谈
2012 年 6 月底	内阁对预算草案与计划作出决定
2012 年 8 月	预算草案提交联邦议院与联邦参议院以供咨询 预算计划提交联邦议院与联邦参议院以供查询
2012 年 9 月	联邦议院一读 联邦参议院第一轮咨询 在联邦议院预算委员会开始预算报告会谈与咨询
2012 年 10 月	联邦议院预算委员会咨询
2012 年 11 月	经济发展的中期预测与税收中期估计 联邦议院预算委员会举行结论咨询 （精确数据会议（去除不实数据）） 联邦议院二读、三读
2012 年 12 月	联邦参议院第二轮咨询 联邦财政部通知所有预算单位 2013 年预算实施
2013 年 1 月	预算执行开始
2013 年 9 月	联邦财政部通知所有预算单位， 要求提供 2013 年预算会计数据
2014 年 1 月到 5 月	提交预算与资产会计账目数据
2014 年 6 月	联邦财政部将预算与资产账目数据提交 联邦议院、联邦参议院与联邦审计院

第四章 联邦政府财政预算计划与年度预算

续表

时间	事项
2014 年 12 月	联邦审计院年报中确定 2013 预算财年的联邦预算与资产的账目数据
2014 年 6 月	联邦参议院确认联邦政府 2013 年预算执行结束＊文件可以进档案
2015 年 9 月	联邦议院确定联邦政府 2013 年预算执行结束 ＊文件可以进档案

注：角值数据，可以理解为关键数据。

资料来源：Bundesfinanzministerium，2015，Das System der Oeffentlichen Haushalt 2015，http：//www. bundesfinanzministerium. de/Content/DE/Standardartikel/Themen/Oeffentliche _ Finanzen/Bundeshaushalt/Haushaltsrecht_und_Haushaltssystematik/das-system-der-oeffentlichen-haushalte-anl. pdf？_blob = publicationFile&v = 4.

二、预算编制与预算谈判

（一）联邦预算草案的形成

联邦预算草案的形成要经过以下 3 个步骤：

1. 发布编制预算草案的通知。联邦财政部必须提前一年编制预算草案。在上一年的 12 月底或者本年度的 1 月初，联邦财政部开始对各个部门（部级预算单位）发出编制预算的通知。通知的内容包括：总体财政政策状况；各个部门完成预算概算的时间（一般在 3 月初）；对概算收入和支出的说明。概算说明具体到人员支出计算的基本依据，公用车辆购买和维护支出等数据的计算依据。

2. 提出部门预算。各个部门将联邦的预算编制要求逐级转达给下属部门。下级部门将他们的支出需求提交给各相关单位。各部门对下属各个单位的支出需求经过内部协调以后，形成各个单位单个财政支出计划。

3. 单个财政计划的适用性评价。在各个部门将他们所属部门的预算草案提交财政部之前，财政部内部要对原先编制的本年度财政计划的收支，进行重新评价，以此为财政部下年财政预算草案的基本数据。

（二）预算草案的审核

各个部门的预算草案上交以后，联邦财政部要对它们进行审核，从而确定概算的总收支是否相符。重点是预期的税收收入方面。凡是涉及预计税收收入方面的数据，财政部要将估计的结果提交独立的工作小组即税收概算小组审核，同时也要提交给经济部、各州财政部、市镇最高联合会、联邦银行、联邦统计局和联邦经济顾问委员会，由他们做出评价。此外，财政部还要听取财政计划委员会的意见。

（三）预算谈判

财政部没有义务接受联邦各部门提出的财政支出计划。它可以根据情况改变这些计划。这种改变的过程，就是联邦财政部与各个有关部门，以及在有关部门内部各个层次之间的谈判。预算谈判也是预算法规定的预算环节。各个部门的支出需要，都是反映了该部门的实际需要，直接关系到具体政府任务的完成，有相当的政治责任。所以，财政部不能够直接对各部的需求按比例削减，不能够简单理解为各个部门为要蛋糕的讨价还价过程，而是要确实听取各部门的意见，分清轻重缓急，总预算的盘子才能够最后敲定。

三、联邦财政部在预算编制中的作用

联邦财政部是联邦预算形成的责任单位。联邦财政部长是直接的责任人，在联邦预算报告上面签名。每个单项预算的编制人理论上是各部部长或者他的直接委托人，在他们提交的单项预算草案上签名。联邦财政部长代表财政部向议院作报告，并且要回答议院议员的问题，最后要保证预算能够顺利通过。[①] 因此，预算谈判过程当然是由财政部牵头的。预算谈判其实也就是协调，这种谈判需要的时间比较多。因为虽然各个部门最了解本部门的支出需要，但是总的支出预算必须是收支平衡的，财政部负责总盘的平衡，对有些部门的支出项目必定不能够满足，需要财政部出面组织谈判。

如果需要在联邦部长之间排个名次的话，在德国联邦财政部部长必然是排在所有部长之前的，一般来说，德国联邦财政部部长也是联邦总理竞选时的直接搭档，他的财政理念基本是与总理相同的。因为德国总理竞选时不需要选择副总理作为搭档。同时，由于德国政治制度上规定德国的总统没有行政权力。从某种意义上可以说，德国的财政部部长就是总理下面最重要的部长，是第二位的权力人物。财政部部长在一年一度的联邦议院大会作预算报告，也是媒体关注程度高的人物。需要注意的是，联邦财政部部长仍然是部长，不是副总理，他不可能对其他部长行指令，只能够协商谈判，不能够因为与某部部长个人关系不太融洽，就给这个部的财政盘子砍一砍，因为他没有这个权力。然而，联邦财政部的权力仅仅在确定各个部的部门预算阶段。联邦预算通过以后，经费就属于各个联邦部的支配权。虽然需要联邦配资的地方财政支出项目，是由联邦财政部作最后的决定，但是项目往往由相关部负责管理。项目是按功能分工的，属于内政部的支出范围就不可能属于教育研究部。教育研究经费必须通过教育研究部，环境保护经费必须通过环境保护部，从制度上不可能有任何其他的第二权力机构对联邦的财政经费具有决定性权力。联邦财政部直接审批的项目是很少，几乎是没有的。因此，无论是通过各个联邦部在预算编制

[①] 德国是部门首长负责制，联邦财政部长必须在联邦预算报告上签名，不可用公章代替的。以此表示，部长本人必须是阅读过整个预算报告的。而且也不可以用财政部这样的名称以回避部长的责任。

阶段争取项目经费，还是在预算执行阶段审批经费，联邦部都是直接的权力单位。[①]因为预算法规定预算原则的第一条就是完整性和统一性，不允许任何预算以外的支出不进预算，因此，逻辑上也就不可能不由财政部或联邦主管部作最后决定。除了财政部对经费使用有总观全局的视野外，其他的部只能够负责自己主管的部门。当然，所有的部长同时也是议员，他们可以在议院通过的时候对其他领域的资金安排提出批评建议，但是他们没有对其他领域的具体决策权。

四、预算收支测算方法与支出标准的制定

德国财政收入预算中税收部分的概算，由专门的"税收估计小组"提供，其依据是上年的税收收入和本年经济发展、新的税收政策对各种税收的可能影响等。税收估计小组的成员为联邦、州和市镇的主管人员，联邦统计局和联邦经济研究所的专业人员。税收外的其他收入，则由取得收入的有关部门（经营单位）提供，例如联邦财产管理局、联邦银行等。

对预算中的支出部分，财政部按照不同支出的性质进行测算。就人员经费来说，工资标准（包括补贴和各种社会保险）由经过公务员总工会和政府谈判协议的标准所决定，在计划年度不会改变。对于新增加的人员，首先要有人员指标。人员指标的批准层次比较高，只有联邦和州有批准人员指标的权利。主管单位可以提出增加人员的要求，但是没有批准指标的权限。而财政支出中的人员经费预算，只考虑总人员指标。人员经费是刚性的。对于行政管理经费和正常的办公费，则根据单位的级别确定固定的标准，例如电话费和旅差费等。对于新增加的费用，例如，设备更新、购买新计算机等，由各个主管部门根据工作需要，提出资金需求计划。

支出需要的概算数将根据收入概算来协调，即如果概算的收入比较高的话，行政费用中的新增加开支的需要被纳入最终的开支预算的部分就多；反之，就少。也就是说大量新的开支要求被约束在预算支出的概算阶段。

第四节 联邦政府预算草案审批

一、联邦参议院审批

财政部最后完成的联邦财政预算草案提交联邦总理府，由内阁讨论，联邦总理同意以后，首先提交联邦参议院审批。提交时间最迟为 9 月 1 日。同时提交的还有关于五年财政计划收支规模、对财政状况的估计和两年的财政补贴数据。各个州通过自己在联邦参议院的代表，对联邦预算形成影响。联邦参议院收到提交的预算草

[①] 财政部是总理的财务总管，要对议院负责。

案以后，在 6 个周之内，必须对预算草案提出意见。参议院预算委员会要为参议院全会对草案的决议作准备。联邦参议院的下级单位，州预算委员会要配合联邦预算委员会的工作。最后，联邦参议院主席将参议院对预算草案的意见转达给联邦总理，后者再转达给总理府和财政部。

对于参议院的意见，财政部有义务答复。财政部的答复意见先交由内阁讨论，然后作为联邦政府的答复交给参议院。参议院的意见和联邦政府对参议院的答复将立即提交给联邦议院主席。联邦参议院对联邦政府预算草案的审批过程的本质是州地方政府对联邦政府预算的认可过程。州在联邦参议院的代表不能够代表党派利益，必须代表本州的利益。

二、联邦议院审批

联邦预算草案通过参议院的审批以后，提交联邦议院。联邦议院一般对预算草案进行三读通过。初读一般在 9 月初，由财政部作关于政府财政政策的报告。代表各个党派的议会党团[①]对草案提出基本看法。初读以后，联邦议院预算委员会做出具体的书面结论，并且传达到专业委员会和联邦参议院。根据初读的结论，财政部作相关的调整以后，提交二读。二读是由议院预算委员会将他们对预算草案的决议提交议院全会，开始对各项预算计划进行审查，并逐个做出决议。三读是由全会对所有的关于预算草案决议进行表决通过。

联邦议院决议由议院主席立即转达给联邦参议院，由联邦参议院进行第二轮审议。如果联邦参议院对预算有异议，必须在三周之内向两院协调委员会提出。对于协调委员会提出的修改建议，议会必须重新决议。如果参议院不同意议院决议的话，它可以在两周内提出。议院将根据通过的票数决定驳回参议院的否决，或是重新修改财政预算。联邦议院和参议院通过以后，预算草案即产生法律效力。

三、联邦政府预算透明化的制度保证

（一）执政党的竞选承诺

从整个联邦政府的预算流程来看，财政部负责预算草案的组织工作，具体的是联邦各部门在做具体的工作，然后再返回财政部加工汇总。在整个过程中，财政部虽然是直接负责人，但是各个部的财政资源在国家财政中最后的蛋糕是多大，其实是 3 个单位起决定作用：第一是总理府，总理府在做决定的时候当然要与财政部部长讨论协商。在大部分场合会有些小矛盾，大矛盾不会有。因为财政部长是总理在选举之前就明确好的搭档，竞选纲领的核心内容就是财政政策，那个纲领内容基本

---

① 联邦议院的主要议事程序是由党团的代表进行发言，代表 1 个党的意见，然后在现场议员可以随时就党团代表的发言提出问题。

第四章 联邦政府财政预算计划与年度预算

就可能是财政部部长自己写的。在德国竞选的搭档不是外交部长人选，而是财政部部长人选。由于在选举之前，财政政策方面的内容就是竞选纲领的重要部分，就公开讨论过，所以，执政以后，政府预算首先就要面临反对党的拷问。这是一个预算透明的制度基础。

（二）联邦议院的审批程序

根据预算程序，预算草案必须要议院通过，这个过程虽然表面上也是大会表决，时间比较短，但是在议院表决之前是首先由联邦议院的常务委员会预算委员会审查的。联邦议院的预算委员会不是属于财政部长领导的，虽然他们与联邦总理也可能是同党，他们与联邦总理任命的官员的地位是不同的，他们是联邦议会选举出来的，不像财政部部长，是总理任命的。议院的预算委员会都是由专家组成的，他们对每个单项计划都很清楚的，今年增加了哪些支出，减少了哪些支出，这些都是透明的。他们是负有责任的，每项重要支出在预算说明里都有所依据的法律文件的名称。如前所述，联邦议院还设有其他的常务委员会，其设置基本与联邦政府的部是对应的。专业委员会[①]对于联邦政府各项财政支出的任务领域都是很熟悉的。在这个过程中，预算的支出项目的透明有技术保证。比如，有些重大投资项目也有项目本身立项的可行性问题，其中有相当程度的技术问题。一个 50 万欧元可以搞定的项目，预算上报出 500 万欧元或者 5 亿欧元来，外行是不能够判断的，因此，联邦议院的专业委员会都是专家，是要对单项预算的经济性负责的，对于技术可行性，大的投资项目进入预算之前是需要专家的可行性报告作为必备的基础资料的。联邦议院预算委员会对联邦预算审查就是一个透明的过程。联邦预算草案在议院提出时，要经过一个议会党团的公开辩论过程，对媒体是开放的。对重要预算项目的增加或者减少，就是有在野党要对联邦政府预算提出批评与建议。这就是一个更大范围的透明的过程。

（三）联邦参议院审批程序

在前面的流程中可以看到，联邦财政部预算报告草案完成后，实际上是先送联邦参议院，参议院通过以后再送联邦议院的。联邦政府的财政预算实际上是在公共财政资源配置中，联邦政府先拿去一部分，余下的才是地方政府的。因此，联邦政府拿的这一部分是否适当是要作为地方利益的代表——联邦参议院认可的。联邦参议院的议员虽然人数比较少，联邦参议院也设有预算委员会，他们从任务分工上，不负责太多的预算细节的审查问题，但是他们关心的联邦与地方的关系。联邦承担的任务，需要完成的经费是不是太多了，是不是需要做调整。例如，前面预算报告中的社会保障，老人与低就业的医疗保障的补贴，是属于社会救济的，原来经济不景气的阶段，这块负担很重，导致了对地方财政危机的加剧。那么现在经济景气了，联邦财政有结余，是不是应该分摊负责这部分。所以，这个过程也是透明化的制度

[①] 德国的议员席位不全都是由选民直选的，有一部分名额是根据胜选以后按政党分配的席位，这些席位是由各党派推荐的。在这个过程中，会有些专家成为议员。

保证之一。利益是需要有人来代表的,权力是需要限制或制衡的。地方政府的首长本身并没有义务向联邦政府去为本地争取地方利益,更谈不上地方政府联合起来跟联邦政府争取利益。联邦参议院作为地方利益的总代表,在每年的联邦预算中起把关作用,可以使国家基层地方财政问题及时在国家决策中得到反映,防止形成问题的被掩盖与累积,而最后导致国家财政系统崩溃。根据财政学理论,地方政府是最了解地方人民的需求,所以地方政府使用财政经费的经济效益比联邦政府高。就是涉及外交或准备战争这样的重要决策,地方政府也是可以有参与权的,因为他们最了解国家真实的可以调动资源的情况。

(四) 联邦审计院的独立监督

在前述预算流程中,多次提到联邦审计院的作用。没有联邦审计院的签名,预算报告是不能够提交到联邦两院的。这个过程事实上也是一个对外的透明化过程,不是在事后审计预算部门执行预算的结果,而是在预算提交之前就要通过审计院的。从制度上来说,重要的是,在德国联邦审计院既不属于联邦政府领导也不属于联邦议院领导,相当于一个独立的第三方,因此,是一个透明的重要管道。

(五) 多元化的利益相关者组织

除了上面三个重要的机构,联邦两院与联邦审计院对预算的细节信息的掌握,然后再通过与这些机构有关系的人员,例如联邦议员与其选区的公民的联系,联邦参议员与所代表的地方政府的联系,理论上已经有大量的人对预算的细节知情之外,还有大量的利益相关者组织。例如社会保障是联邦政府的最大的支出项目。养老保险就是企业与个人都参与投入的,经济界看到近两年失业率下降,养老金账户有结余了,企业界的组织,德国工商联合会就会要求调低缴费比率。养老保险也涉及大量的退休者协会等组织,大家也看到这两年养老金账户有结余了,数据是多少,也是知道的,就要求提高养老金支付。当然,财政支出项目就是用纳税人的钱,联邦纳税者联盟也是一个对预算透明化有直接作用的组织。这些都是直接的利益相关的组织,他们关心自己的利益,有积极性去了解细节,在德国保证公民组织的制度框架下,保证了这些利益相关组织的活动,这些多样化的利益相关组织,通过各种媒体在起作用,为了自身的利益,促进了预算的透明化。

从制度设计的技术层面来说,保证联邦政府财政预算透明度的机制与地方政府是不完全相同的。因为地方财政是直接面对公众,而且直接关系到民众的利益,制度上比较容易透明化,尤其是在当前的网络技术条件下。而对于联邦政府的预算项目,与民众还是隔了一层。因此,在德国作为代表地方整体利益的参议院对联邦预算的审查是很关键的。

第五章

联邦政府预算执行监督与绩效

■ 本章导读

　　年度预算法经过议院通过以后，立即生效，联邦财政部在预算执行中的首要作用是启动预算执行程序。为确保对预算执行过程的有效监督，德国政府为财政工作建立了一套自动的记账系统，并给予监督机构非常高的独立性。本章基本内容主要包括：预算执行的组织安排、联邦决算、联邦总决算报告的内容构成与预算执行监督的组织安排、预算执行的经济性与绩效性以及预算执行透明度的制度保证。

第一节 预算执行的组织安排

一、联邦部门

正常情况下，以联邦财政部为主导的预算草案会按正常时间完成，议会会在正常的时间内通过，通过以后立即生效，各联邦部作为预算的执行单位开始执行预算。但是，在这个假设的完全顺畅的总流程中，在有些重要节点，随时都有可能被卡住。如前所述，在预算草案提交正式的议会大会通过之前，是有好几个讨论谈判的环节。其中，联邦议院的预算委员会是个重要的机构，如果它不同意，那么草案就得继续修改。然后，联邦参议院也是一个重要的机构，是代表地方力量的，对预算草案是否能够通过也有重要作用。联邦议院是不是能够在第一次正常通过预算草案，也是没有把握、无法事先控制的事情。虽然按照德国的政治制度，执政党（往往是两个党的联盟）必然占联邦议院席位的多数，理论上可以要求它的议员同意政府的预算草案，实际上不是绝对服从的。当执政党联盟席位本身处于微弱多数的情况下，联邦政府预算草案不能顺利通过的可能性就很大了。因此，当德国经济面临困难的时候，往往会形成胖胖联盟，两个大党的联盟。作为得票多的大党，在选举之前基本都是对立的竞争对手。但是选举之后，他们有可能联盟，这是选民最不愿意看到的，这在德国历史上不是多见的。在这种情况下，联邦政府的预算草案就非常容易通过了。所以，在一般情况下，在德国，年度预算法不能按时通过是个概率比较高的事件。如果预算不能够在正常的时间通过，比如在年度开始的1月1号之前还没有年度预算法可以执行，那么根据德国预算基本法规定，联邦政府有权使用临时预算，进行能够完成政府行政管理正常运转的必要的支出。使用临时预算期间，各联邦部支出依据的数据是上年预算的数额。由于使用临时预算是政府行政正常运转必要的支出，所以大量的其他支出项目也是停止支出的。图5-1为在2000~2015年使用临时预算的年份与月份。

图5-1显示，从2000~2015年15年间，就有6年年度预算法没有能够及时通过。而且在2006年与2014年这两年，临时预算使用的时间还相当长，有半年的时间。其中重要的原因是政治选举，每次新选举的政府上任往往会遇到这种情况，财政部预算草案要等新的内阁重新讨论，而且由于议员的成员不同，对预算的通过也有影响。如此多的年份年度预算不能在计划预定的时间内完成，说明德国在此期间的财政政策也是面临了相当多的困难。例如2003年德国经济就面临了1993年以来的最困难的状态，主要是因为在引入欧元之后，人们对经济发展的信心下降，由此导致经济下降，失业率提高。2002年经济恢复的目标就没有实现，被称为10年以来首次下降。同时，又遇到能源结构调整问题，德国的能源结构调整政策作为政策动议提出，开始其实早于日本核电站事故之前。最早是由于绿党反对核垃圾处理，

第五章 联邦政府预算执行监督与绩效

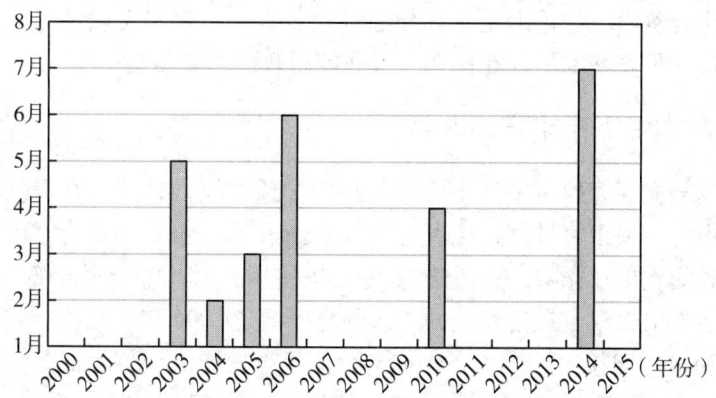

图 5-1 联邦政府预算使用临时预算的年份

资料来源：Bundesfinanzministerium, 2015, Das System der Oeffentlichen Haushalt 2015, http://www.bundesfinanzministerium.de/Content/DE/Standardartikel/Themen/Oeffentliche_Finanzen/Bundeshaushalt/Haushaltsrecht _ und _ Haushaltssystematik/das-system-der-oeffentlichen-haushalte-anl.pdf? _ blob = publicationFile&v = 4.

因为从技术上说，到目前为止，人类还完全没有能够实现核垃圾的无害处理，所有的技术都是目前的安全处理。所以，他们既不同意留在本土，又不同意运到外国去。他们认为，运到外国去是坑害外国人，而且外国的管制更差，更容易发生事故。因此绿党成员经常拦截运载核垃圾的列车。后来，主要采取更多的进口能源来逐步实现能源供给的去核化。能源进口逐步形成对俄罗斯能源进口的高度依赖，而俄罗斯政治局势变化又给德国人带来普遍的不安全感。从联邦部职能的调整也可以看出，例如，原来的经济与劳动部改为经济与能源部，就可以看到能源结构调整在这一阶段德国经济政策中的地位。

执行临时预算或者正常预算都需要联邦财政部发通知给联邦财政局，宣布预算开始执行。这个文件的名称为"预算执行通知"。得到联邦财政部的预算执行通知之后，各个联邦部——也称为资源单位，开始执行预算。根据基本法，每个资源单位都必须按照合规性与经济性原则独自负责所有的财政措施的执行，使用资源，也称为经营。意思是各部也要按照经济方法使用钱，联邦财政部不再干预，仅当有些项目在预算法里已经规定有财政部参与，财政部才能够干预。各部的预算执行按照联邦的自动结算程序，HKR—程序进行，自动生成国家决算。①

二、联邦财政部在预算执行中的作用

如上所述，联邦财政部在预算执行中的首要作用是启动预算执行程序。虽然年度预算法经过议院通过以后，立即生效。但是，需要联邦部的正式通知，方可启动。

---

① Bundesfinanzministerium, 2015, Das System der Oeffentlichen Haushalt 2015, http://www.bundesfinanzministerium.de/Content/DE/Standardartikel/Themen/Oeffentliche_Finanzen/Bundeshaushalt/Haushaltsrecht_und_Haushaltssystematik/das-system-der-oeffentlichen-haushalte-anl.pdf?_blob=publicationFile&v=4.

在预算执行阶段，理论上是各联邦部自我负责，财政部无须参与，或者说无权参与。但是根据预算基本法，在有些场合联邦财政部需要参与。

（一）预算冻结（中止预算执行）

联邦财政部在预算执行中的主要作用是监督预算执行过程，在紧急状态下，有权冻结预算中的一项预算计划，或者总（联邦所有部）预算的执行。由于预算冻结过程中而节省的支出权限在下一个年度也无法使用。因此如果某个部被冻结预算，必定要损失些支出权限。最近发生的一次预算冻结是 2004 年，是冻结整个预算的执行。根据《稳定—增长法》第六条，如果总体经济发展出现警示征兆，联邦财政部有权通过内阁会议发布，紧急状态下国家支出超过国民经济承受能力报告，中止支出与义务授权支出，以避免国家财政全面崩溃。国家应该减少支出需求以恢复国民经济的平衡。由冻结预算执行而节省的财政资源可以用于偿还债务或者用于结构平衡的调整提留。

预算冻结的其他几种情况：

简单的或者正式的预算冻结。由于特别的原因，预算计划中就有项目可能被标注有：可能冻结预算的提示。如果某个部被冻结预算，只有当被标注的原因不再存在的条件下，支出权限才可以解禁。一项真正的预算冻结需要由财政部提出，议院的预算委员会通过。

支出项目或者义务授权支出涉及建筑措施，大额购置或者开发项目，只有当预算要求的所有资料完全提供，并且被接受的条件下，才可以进行支出估计。如果达不到这些要求，财政部将对此采取预算冻结，当这些资料备齐全以后，向财政部提出申请，预算冻结方可以解除。

也有些被冻结的预算，解除不一定需要财政部，而是由财政部指定的机构完成。

（二）支出结余的处理

根据联邦预算法规定的年度有效性原则，预算的支出数额理论上在预算年度年底必须支出，经费必须用完。1998 年新的预算基本法生效以后，支出权限结余可以有条件地转到下年使用。有三种情况下可以转为下年支出（仍然保有支出权限）：（1）当支出是用于投资项目；（2）来自有目标限制的收入用于的投资；（3）在预算计划中加了注释说明可以转账的。未使用完的支出权限在年终将注明为可以转账的支出。

在得到批准的情况下，上年支出的剩余可以在后续的两个预算年度继续使用。对于建筑项目有特别规定。支出剩余形成的资源单位自己负责对其的管理。联邦财政部对于支出剩余的参与仅限于可支配时间的延长。支出剩余的使用也需要财政部批准。根据联邦《预算法》第 3 章第 45 条规定，联邦财政部批准的前提是在其他的部门有支出的减少，所谓的现金节省。通过这种覆盖要求，就是为了保证上个预算年度的节省不要导致预算年份当年的总支出超过预算。如果联邦财政部批准某一个部门可以动用上年的支出剩余，需要发一个预算执行通知，说明有支出节省的具体部门。在其他情况下，需要财政部的特别批准。从技术上来说，支出剩余转下年可能导致下年总预算超出原预算支出规模。通过总覆盖方法，可以避免这个问题。

支出结余发生在灵活领域的情况下，根据一般附加规则，采取其他方法处理。

（三）超预算——计划外支出

超过预算是指预算支出，预算剩余以及一切可使用的覆盖手段都不能够满足预算表中支出标题所需要的支出。在发生预算超支和预算外支出的情况下，主管部门必须向财政部提出特别申请，联邦财政部有权对因上述两种情况而发生的追加支出做出决定。

财政部批准超计划与计划外支出的权限被限制在一定条件之内。财政部必须对基本情况做评价，是否是一项事前无法预料的支出需要，时间上与事实上是不可预料的。

支出需要：说明理由与具体需要的数额，不可能通过其他方法筹集资金。

不可以预料事件：每项支出需要事实上出于何种原因，对联邦财政部或者联邦政府，或者议院的咨询方面来说，在预算制定的过程中是不可以预料的，或者实际情况发生了变化，即支出需要不可预测假设。

事实的不可推脱性：更多的支出，出于从法律义务的理由，或者不支出就可能发生政策的、经济的或者社会的国家利益将受到损害。

时间上是不可以推后的：紧急需要的更多的支出，该项支出是不可能推到下个预算年度作为正常预算支出进行计划的或者也不可能作为追加预算的。

对于预算外与超预算支出，在满足法律义务条件或者在不超过500万欧元的情况下，不需要作为追加预算处理。

（四）追加预算

对于满足法律义务条件的，500万及500万欧元以上的预算外与超预算支出需要通过咨询程序，需要联邦议院预算委员会的参与。具体做法是联邦财政部需要详细告知联邦议院预算委员会，预算委员会将对情况做具体判断，以确定是否要及时进入追加预算程序。

（五）预算机动性工具

在1998年预算基本法之前，按预算标题项目估计的年度预算的支出只有在例外的情况下，还需要大费周折才能够转到下年，调整为新的资金需要。因此，预算应该支出的经费必须在12月底支出，形成年终集中支出经费的12月热。因为，当年的支出权限不使用就无效了。为了提高财政资金使用的经济性，1998年开始实施的的预算基本法——《持续发展法》，在符合法律精神的条件下，创造了一个灵活性工具。新的规定为：可以促进经济性提高与节省的财政支出可以转账。在预算中，如果符合管理规范或者在事务上有相互关系，或者有利于提高资金使用的经济性或者有利于节省资金，预算支出与义务授权支出可以说明为相互或者单方面有覆盖能力。简单可以理解为节省的支出可以用于其他支出项目。（在此法之前这种做法是作为挪用处理的,是违法的。)

灵活性工具具体内容为:(1)在支出领域之内完全可以互相有覆盖能力,在跨支出领域有20%的互相覆盖能力。简单说,在同一支出领域,A项目节省的钱完全可以用于B项目。如果节省的钱用于另外的支出领域,只有20%的可以使用。(2)多年未使用的在预算资金。一般性同意,在使用支出剩余的情况下,不需要在单项计划中列出节省,时间性支配权限制作为一般性例外。①

第二节 联邦决算

一、联邦预算执行自动系统

德国政府为财政工作建立了一套自动的记账系统,即联邦预算、结算和记账自动系统(HKR)。② 在预算的执行过程中,预算计划中所有的收入,支出与义务授权支出都直接从财政部的预算数据库,按照一定的处理程序进入了 HKR 系统。然后,联邦支付与记账的权限中心将资源分配到系统中的所有参与资源分配单位以供使用。③ 高级财政局权限中心设置与通过的预算计划中预算单位的主标题账号一致。进一步,高级财政局负责将资金按预算计划中的各个领域的多个层次,最后到预算专员(预算报告起草人与执行预算主要人)的位置。在此分配资金过程中,可能包括州与市镇预算专员的位置。

每个标题账号的分配路径都是确定的,预算资金从最高联邦局到标题管理层,是一个自动的程序。每个位置在已经分配过程中都是独立的,负责满足需要的进一步的资金分配。为了识别每个资金使用位置,每个资金使用位置都得到一个经营号,这个号也同时显示其在总预算中的功能。

在固定资金分配的路径上,每天实际支出的资金从各个层次从反方向从各个分配层级返回到最高层的主标题账号。通过这种方法,在总预算中的所有层次的资金使用可以随时调出数据。经费使用单位可以得到所有的相关信息:上个管理层的预算资金,向其他使用单位转移的预算资金,有支付义务约束的资金(有合同的),收入与支出的数据,已经支出的数额与还有剩余的可支配的预算资金。

对于所有的使用资金的措施在 HKR – 程序中都有一个使用权审查。如果一项支出行为,会导致使用资金的位置超过预算,程序将自动显示登记失败,并且拒

---

① Bundesfinanzministerium, 2015, Das System der Oeffentlichen Haushalt 2015, http://www.bundesfinanzministerium.de/Content/DE/Standardartikel/Themen/Oeffentliche_Finanzen/Bundeshaushalt/Haushaltsrecht_und_Haushaltssystematik/das-system-der-oeffentlichen-haushalte-anl.pdf?_blob=publicationFile&v=4.

② 联邦预算、结算和记账自动系统,http://www.kkr.bund.de/nn_186946/DE/Dienststelle/Verfahren。

③ 联邦支付与记账的权限中心,Das Kompetenzzentrum für das Kassen-und Rechnungswesen des Bundes, http://www.kkr.bund.de/nn_29700/DE/Dienststelle/dienststelle.html。

绝主管人的要求。如果主管人支配的资金是法律必须的,例如儿童补助项目,这类项目计划数与实际数是相同的,这类项目如果总支付超过预算计划,通过 HKR 程序可以提供账单,如果发现超过预算的数额比较大,主管人可以及时申请超计划资金。

技术上将标题账号进一步的分类。单项的支出数,相关的预算计划中的说明等。因此将标题账号又分为项目账号,这样可以看出每个标题账号项目的支出结构。在一些部门,使用标题账号—项目账号的结构。

HKR 程序及它的辅助程序由联邦财政部的信息加工与技术中心运作。在该中心将联邦金库与资金使用输入的数据进行再加工、记账,提供支出数据。通过在权限中心的中央金库,与支付有关的重要数据将传送到相关银行(邮政银行与联邦银行),以便银行完成支付。

联邦金库负责总的支付与记账的实施与监督。联邦金库审查并拥有完成此项职责所必需的数据,并且将数据电子返回到信息加工与技术中心。

联邦金库数据加工的结果,账单、评价、缺少的记录等都将返回给资金使用者,加工的结果不能够直接在系统的对话中看见,是通过过滤传送到资金使用的外部自动程序。

HKR 的辅助程序是人头账号。对于收入资金,权限中心使用人头账号。虽然收入程序具体各有特点,但是技术上大致相同。首先将要收取的数额与生效时间在人头账号上计入计划数与支付单位。收入的数额基本大部分通过自动记账方法,由机器控制。所收的数额自动记为账号收入。如果应该到账的款项还未到账,自动程序会提出警告以及罚款与利息。

对于联邦政府来说有以下收入:

1. 贷款收入。这个项目管理有 140 万贷款账号,大概有 50 种贷款类型。例如,大学生助学金贷款,家庭住宅贷款等。通过中央金库大厅完成。

2. 其他行政管理收入。其他管理收入是通过支付监督程序处理,有大概 300 万账号,所有的联邦金库都可以使用。

3. 卡车税。卡车税也是通过支付监督程序完成的。因此,支付监督程序成为联邦最大的收账会计程序。现在有大约 7750 万账号,大约 300 百万次支付。程序是通过与各自动的切入点与关税管理局的没收程序链接。

4. 关税。在关税征收领域有大概 40 万个账号用于监督进口税。输入的数据进一步通过自动切点导入关税管理局的自动程序。中心管理部门是位于特里尔市的联邦金库。①

---

① 关于进入支付监督程序的路径的具体内容比较多,由于篇幅限制,本章只能简单提及。Bundesfinanzministerium,2015,Das System der Oeffentlichen Haushalt 2015,http://www.bundesfinanzministerium.de/Content/DE/Standardartikel/Themen/Oeffentliche_Finanzen/Bundeshaushalt/Haushaltsrecht_und_Haushaltssystematik/das-system-der-oeffentlichen-haushalte-anl. pdf?_blob = publicationFile&v = 4。

二、会计程序

（一）会计

根据预算基本法的要求，联邦两院有义务对财政部的所有的收入，支出以及财产与债务在下个运行年度前为联邦政府销账。按照联邦《预算法》第 80~86 条规定，每个预算年度都需要提供预算账与财产账。自从 2009 年以来。联邦财政部提供的预算账目与财产账目不再以一个总的形式，而是以分开的形式。会计程序由联邦财政部的通知开始启动。最高财政局负责提供预算账目与财产账目。在此过程中，预算执行专员负责预算账目与财产账目在形式上与时间上符合要求。

基本上来说，会计程序包括各个分账与总账。在单个分账的框架内，每个具有联邦授权的记载收入与支出，财产与债务的会计账，在一个封闭（结束）的账本的基础上做一个会计证明。为了总账的目的，最高财政局在各个会计证明的基础上做出总账。在总账的基础上，做出主账。联邦财政部对主账进行进一步补充说明，最后形成联邦的预算会计账与财产会计账。

（二）预算会计账

预算会计账是预算计划的反映。在预算年度的最后 1 个记账日，每个有会计账的位置都需要提供关于入账的收入与支出的会计证明。主管的高级财政局在此基础上为每个单项计划提供总账。信息加工与技术中心的程序为会计程序提供技术支持。对话程序自动将会计账目的重要数据与预算计划与总预算对接。在单个计划的会计账的基础上，支付与记账权限中心在联邦财政部的专业监督之下为联邦金库与账务提供联邦预算账目。

预算账的核心点是总账（主账）与分账。在单项计划账中将在预算年度入账的收入与支出的数额考虑到支出剩余的账务处理。使预算账能够清楚地显示，预算的资金数额是否被遵守，那种资金被转记了。预算账目同时包括联邦预算账目结账报告。

（三）财产会计账

财产会计账是预算年年初财产与债务存量，预算年终财产与债务存量的证明。具体的做法按 2013 年发布的规范要求。

在最后一个记账日之后，财产账号关闭。在关闭的账号的基础上，由各个记账位置，在分账会计框架下提出财产会计证明。为总会计账的目的，财产会计证明分为财产高级账目，财产中心账与财产主账。

主管的高级财政局为每个单项计划提供一个财产中心账目。这个中心账包括财产高级账目的会计结果，联邦部直属局以及财政部的财产分账。

联邦财政部将收到的财产中心账汇总为财产主账。在财产主账以及进一步的说明的基础上，联邦财政部完成联邦财产会计账。在财产账中也需要包括财产存量的变化。通过流进与流出的实际记录（无须预算计划数额）。

三、年终数据处理

年终，HKR 自动系统根据系统所储存的数据，提出年度收支总账目，作为财政部的年终决算数据，同时根据审计的要求提交联邦审计院。此外，联邦统计局每个季度根据 HKR 提供的数据，公布实际发生的财政收支数据。联邦统计局的刊物，《财政和税收统计》作为公开的出版物，使每个公民都可以了解预算执行的情况。

第三节 联邦总决算报告

按照预算基本法要求，在联邦预算年报中必须有已经完成年度的预算执行情况的报告。因此，在 2016 年财政年报中第一个大部分是 2016 年预算草案，第二个大部分为联邦预算 2015 年计划（执行报告）。

一、预算计划总表

2015 年预算法是 2014 年 11 月 28 日由联邦议院通过，2015 年 12 月 31 日在联邦法律公告中公开的。表 5–1 为总表。

表 5–1　　　　　　　　2015 年年度预算计划总表　　　　　　　　单位：亿欧元

项　　目	2015 计划数	2014 实际数	比上年增长	比上年增长（%）
1. 总支出	2 991.00	2 954.86	36.14	1.2
2. 总收入	2 988.20	2 951.47	36.73	1.2
税收	2 774.79	2 070.74	67.05	2.5
其他收入	213.41	243.73	-30.32	-12.4
收支差额	-280	-297	17	-5.7
差额覆盖				
净借款	0	0	0	0.0
铸币收入	280	297	-17	-5.7

资料来源：Bundesfinanzministerium, Finanzbericht – 2016, http：//www.bundesfinanzministerium.de/Content/DE/Standardartikel/Themen/Oeffentliche_Finanze.

与这个表相关的说明文字比较长，具体内容为：

开年经济形势总览。2014 年德国经济在困难的世界经济环境中表现超预期，国内生产总值增长 1.6%（比上年）。国内消费是 BIP 增长的本质动力。扣除价格因素后的私人消费增长，得益于就业的增长及个人所得水平的改善。经济形势总览是预算法规定的必要内容。逻辑上也容易理解，因为预算报告中的大量数据是以国内生产总值为基础的。

联邦 2015 预算年度的计划总支出数为 2 991 亿欧元，高于 2014 年的实际数 36 亿欧元。行政管理与税收收入为 2 998 亿欧元，比 2014 年的实际数增加了 37 亿欧元。收入的增长是由于预期的税收收入增加，估计数为 2 775 亿欧元，比上年将增加 67 亿欧元。相反行政管理收费收入比上年减少 30 亿欧元。

这段文字的数据基本与表格内容是一致的，但是不完全是数据的重复说明。特别明显的就是将税收收入明确说明为预估收入，将其他收入明确为行政管理收费收入（其他收入的具体项目见表 5-1）。既然联邦年报是 2016 年，报告的数据是 2015 年应该是实际数，为什么还是说是计划数。就是因为 2015 年的支出数据基本已经是完成数，所有联邦财政部必须将这个数据公开。而 2015 年预算的收入数据还不完全是实际数据，因为德国的个人所得税是预提所得税，就工资税来说，由雇主按个人选择的交税等级每个月代缴的，这个税收已经进国库了。对于自由职业者所得税不是预缴的，是要在个人所得税申报以后再缴的。德国个人所得税的申报是 2015 年的所得在 2016 年 5 月底必须完成，有个别可以申请延长到 2016 年 9 月底。在个人所得税申报经财政局审查以后，有退税的，有补缴的。退税是指雇主代缴的个人所得税缴多了，需要退回给个人的。这里涉及具体的所得税税法方面的内容。总数据上也不一定完全平衡，比如说补缴的总数可能等于退税的数据，这些都是未知的。因此，文字表达上仍然是 2015 年计划数。这是在德国税收制度下的自圆其说。因为整个税收申报程序还没有开始，政府是不可能有完整的税收收入数据的。

二、筹资赤字（finanzierungsdefizit）

2015 年的收入与支出的差额有 2.8 亿欧元赤字。赤字的原因完全是由于流通中的钢币收入。2015 年的净借款收入为 0。这是联邦财政计划首次没有贷款收入。因为在经济不景气的时期，税收收入下降的同时转移支付支出（社会保险）增加，公共预算自动对经济过程产生稳定作用。反之，经济景气时期税收收入增加而支出下降。笔者以为，这一段文字其实是用财政理论中社会保障的自动稳定功能来说明，现在经济景气阶段，没有或者不应该有年度赤字的理由，使公众相信，这在理论上是可能的。[①]

[①] 在债务章 2015 年有债务数，这是举新债还旧债。表 5-2 是说明 2010 年财政收支平衡，没有举新债。

三、基本财政经济政策关键数据

2015年联邦预算的重要数据显示，联邦维持预算计划的继续稳定调整政策。

1. 支出比例：联邦政府支出占国内生产总值的比例为9.9%，比2014年的实际数下降0.3%，2014年实际数为10.2%。

2. 利息支出：利息比例是利息支出占联邦财政支出的比例，2015年为8.6%，比2014年实际数下降0.2%，2014年实数为8.8%。

3. 利息税收比：税收收入中用于支付利息的比例，2015年为9.2%，比2014年实际9.6%下降了0.4%。

4. 税收支出比：税收占联邦财政支出的比例，2015年为92.8%，比2014年的91.6%提高了1.2%。

5. 基本收支差额（基本财政赤字）：不包括债务的公共财政收入与公共支出的差额（不包括债务利息支出），显示不考虑过去年份负担的当年公共财政状况。2015年有余额25.3亿欧元，2014年为25.6亿欧元。

按照预算法要求，预算报告必须对债务状况加以说明。上述文字说明的关键是要证明，在不考虑过去债务负担的情况下，2015预算年度公共财政是有结余的。

四、对新债务刹规则的遵守

计算2015年赤字限制线的依据是结构容许的净贷款数扣除财政转移性支出。用经济结构要素对联邦财政支出进行结构扣除。以保证财政政策让自动稳定器完全发挥作用。

预算弹性是收入与支出对总经济活动的反映，联邦预算对经济波动的影响。

2015年经济结构要素名义上为−244亿欧元，生产空隙乘数为0.205，得到经济结构要素大概为−50亿欧元（−244×0.205）。表5−2第7栏的数据222亿欧元是根据新债务刹规定计算的最大可放心净借贷数，这个数据对于2015年不再有政策意义，而是一个最大上限，并没有用完的。联邦预算与建设援助基金与能源气候基金正好平衡，所以表5−2中8.1，8.2栏目里的数据为0。最后结构性净借贷为−36亿欧元，显示是财政结余36亿欧元。因此，在2015预算年度，联邦财政完全满足了债务控制的最低债务要求。

表5−2也是预算基本法规定，根据新债务刹规则要求必须做的固定项目。上述说明交代了表5−2第8栏数据的含义，一项为联邦预算的净借贷，另一项为联邦特别财产（两个基金）都不需要净借贷。

表 5 – 2　　　　　　2015 预算年度可靠净借贷数

1	最大结构性净贷款额，作为国内生产总值的百分比（%）	0.66
2	上年度预算的名义国内生产总值（亿欧元）	28 095
3	最大可放心结构净借贷（亿欧元）	186（第 1 栏乘第二栏）
4	财政交易差额（亿欧元）	1 040
5	结构要素（亿欧元）	– 50
6	控制账户去除	—
7	根据债务规定最大可放心净借贷数（亿欧元）	222
8	净借贷	0
8.1	联邦净借贷	0
8.2	特别财产差额	0
9	结构性净借贷（亿欧元）	– 36
	国内生产总值的百分比（%）	– 0.13

资料来源：Bundesfinanzministerium, Finanzbericht – 2016, http：//www.bundesfinanzministerium.de/Content/DE/Standardartikel/Themen/Oeffentliche_Finanze.

五、重要政策决定对 2015 预算的影响说明

除了数据以外，对于重要数据都必须有说明，以下是联邦预算报告对相关数据的说明：

1. 社会政策。联邦社会局的财务状况一如以往是稳定的。在经济景气与就业回升的基本面上，2014 年是有结余的。2013 年年底有结余 24 亿欧元，2014 年有结余 34 亿欧元。就业保险投保比率 3% 没有改变。社会保障方面在最近年份收入的发展也是正面的。虽然在 2012 年与 2013 年采取了降低投保比率，提高养老金待遇的措施，2014 年养老金持续向好的发展，有结余 350 亿欧元，这是历史上从未有过的。由于根据预计 2015 年结余可以达到付 1.5 个月的养老金，因此在 2015 年 1 月开始，养老金保费比率下调 0.2%，为 18.7%。因此就业人员可以减轻总负担大约 10 亿欧元。

法定医疗保险方面的情况也是正面的，因此从 2015 年开始医疗保险保费比率从 15.5% 下降为 14.6%。到目前为止，由投保人单方投入的特别投保项目下降了 0.9%。替代的方案是保险公司可以根据收入收取一定的附加保险。保险公司要求保险附加尽量低，并且提高经济效益改善服务质量。根据估计，总的保险附加在 2015 年稳定为 0.9%。在 2016 年开始的财务框架内，要求医疗保险机构在确定保费比率时应该考虑到总的保留基金。

2. 减轻地方财政负担。联邦在大量方面减轻了地方财政负担。特别是2014年，联邦完全承担了老年与低就业人员医疗保险净支出的负担。2013年开始联邦参与分担75%，2012年参与分担45%，2011年参与分担15%。2014年开始联邦承担其100%。2014年总支出是54.66亿欧元，2015年联邦预算为59.39亿欧元。这些措施的结果使市镇与县政府财政负担减轻，总体上使市镇与县也实现了财政结余。①

上述这些预算的说明文字是联邦预算的法律规定要求的部分，是需要有针对性、清楚而不是含糊地回答公众所关心的问题。有些问题，是不能够含糊其辞的，那样会给财政部部长在议院的预算报告大会上给自己带来麻烦，因为越是他想含糊的地方，对方一定是要追问的。所以，预算报告的文字说明，必须是简单明了有针对性，不能够回避问题。

第四节 预算执行监督的组织安排

一、预算执行专员

联邦的各个部和联邦级的管理机构是联邦预算的具体执行者。他们对自己所属部门的开支负责。在每个下属机构都有一名由部委托的预算执行专员，具体负责预算的执行。预算执行专员的总管，同时对联邦最高机构本身的预算执行负责。预算专员的总管由部长任命，有时也可以由部长的个人代表来承担这项任务。这些预算执行专员既是各个单项财政计划的资料准备人和作者，又是预算的执行者。他要直接参加具有重要财政意义措施的实施。他负责与联邦财政部和联邦审计院联系，磋商关于预算执行方面的事务。由于支出与收入的现金流都是直接由联邦的自动结账程序与银行链接完成，因此在联邦部没有会计与现金出纳。预算执行官员监督预算执行的过程。

在预算执行的过程中，每个具体执行者，有义务随时提供他们的开支状况。在各个部执行单项预算的同时，联邦财政部对总计划全权负责。

预算会计账目程序完成以后，进入审计阶段。

二、联邦审计院的组织结构②

联邦审计院属于德国财政体制的一个重要部分。但是正像联邦银行既不属于经济部，又不属于财政部直接领导一样，联邦审计院并不是财政部的直属机构，也不

---

① 这里是指当年财政预算平衡，而不包括以往的债务负担。实际上，德国地方市镇财政债务负担很重，具体见债务章。根据新债务刹规定，在经济正常运行的条件下，地方政府不可以举新债（过渡期到2015年）。

② 联邦审计院的组织结构，https://www.bundesrechnungshof.de/de/bundesrechnungshof/organisation。

属于内阁置于联邦总理的直接领导下。它是一个既独立于联邦政府又独立于联邦议院的国家最高财政监督机构。地位等同于联邦宪法法院。虽然德国独立的财政审计制度具有 200 多年的历史，但是现行审计制度的主要法律依据是 1985 年的联邦审计院法。① 联邦审计院的正、副院长人选由联邦政府提出，联邦议院和参议院决定，联邦总统任命，任期为 12 年，不得连任。联邦审计院人员由与执法机构和立法机构没有政治、个人关系的专业人员组成。联邦审计院的财政预算和联邦宪法机构的财政预算一样，得到专门的法律保障，联邦财政部无权改变。在联邦预算的单项预算中，联邦审计院与联邦宪法法院一样，享有独立的财政资源，其单项预算的编号为 20。同时，联邦审计院也独立于议院和参议院。议院和参议院无权向审计院提出审计任务。它的审计工作是独立的。它独立决定审计的时间、地点、内容和方式。联邦审计院的院长人选不受政府换届的影响，联邦审计院的经费预算不受财政部的影响，联邦审计院的工作内容不受政府和两院的影响，因此，联邦审计院在法律上的独立地位，通过人事、分经费和工作内容三个方面独立的这种具体制度安排而得到切实的保障。

联邦审计院②设在波恩，另有一个分部设在波茨坦。联邦审计院现设有 9 个处（司），49 个科（领域），另外有 1 个审计长处，负责行政管理任务。联邦审计院现有大约 720 名工作人员，其中约 60 名是联邦审计院成员，约 430 名为审计师。联邦审计院的正、副院长和联邦审计院成员的 1/3 以上必须具有律师资格。联邦审计院从各个部门招募人员，使其成员和审计师具有足够的工作经验。从 1998 年开始，联邦审计院开始组织结构改革，取消了原先设在各部门非直属的预审站，成立了直属联邦审计院的审计局。直属审计局分设在柏林、汉堡、法兰克福等 7 个城市。审计局现有 480 个工作人员。

三、联邦审计院监督

预算执行的监督由两个方面组成。一是联邦审计院的账目审查——行政监督；二是由联邦议院预算委员会下属的审计委员会的政策审查。

联邦审计院的工作由审计法规定。联邦审计院的主要任务为对联邦政府的财政预算执行情况进行监督。凡是涉及联邦政府预算财政经费使用的联邦行政管理机构，联邦特别财产项目，联邦参与股份的企业以及其他单位使用联邦政府的财政预算补贴的项目都属于联邦审计院监督范围。

（一）联邦审计院的审计决策程序③

联邦审计院实行成员集体决策制度，审计院的个别成员没有决议权。联邦审计

---

① 联邦审计院法（Gesetz über den Bundesrechnungshof），http：//www.gesetze-im-internet.de/brhg_1985/index.html。
② 联邦审计院，https：//www.bundesrechnungshof.de。
③ 审计决策程序，https：//www.bundesrechnungshof.de/de/bundesrechnungshof/pruefungsverfahren。

院决策的成员由正、副院长、处长和科长组成。联邦审计院的决议分为：两人决策、三人决策、小审议会和大审议会决策四等，对于不同的情况适用不同的决策等级。具体为：处长和科长两人决策；院长、副院长和一名其他成员三人决策；小审议会，对于十分重要的审计，由处长、本处的所有科长、一名其他处的科长和正副院长中的一位共同决策；大审议会的参加者为正副院长、所有的处长和至少3名科长。大审议会有16名成员。只有在特别重要的场合，如联邦审计院的年度评语和特别报告，才需要由大审议会决定。

（二）预算监督的对象

联邦审计院预算监督的对象为三类。第一类为检查所有联邦政府机构的账目，以及预算执行是否符合制度的规定和符合经济性原则。联邦政府的所有机构、联邦的特别财产项目、联邦所有的企业和联邦以私法形式直接和间接参与的企业。第二类为公法的联邦直接法人单位、部分执行联邦预算的单位（如联邦劳工局）、接受联邦补助的社会保险承办单位或者联邦义务保险的承办单位（如联邦职员保险局）、联邦行政单位以外的执行联邦预算的单位或者支出到联邦报销的单位、管理联邦财产的单位和从联邦得到资助的单位。第三类与联邦预算支出有关的私法法人单位。如果私法法人单位根据法律得到联邦的补贴，或者基本由联邦或者联邦聘用的人进行管理就必须接受联邦审计院的审查。

（三）预算监督的内容①

审计内容主要为3个方面，即行政单位的支出行为是否符合规定、符合法律和是否经济节约。审计的重点是经济性。具体为账目检查和与账目无关的检查。账目检查是对经常性项目和财产账目做检查。联邦审计院账目检查审计的重点在于结算和记账系统的安全性和可靠性。与账目无关的检查是对联邦财政措施影响的检查，尤其是组织审查，结果审查和人员需要的审查。

（四）审计工作程序②

审计工作的时间、地点和内容安排由联邦审计院独立决定，不受联邦部和议院的影响。对于联邦行政管理机构和公法的单位，一般根据联邦审计局安排的时间，向联邦审计局提交审计需要的材料。由联邦审计局的审计师对所提供的资料进行审查，对于有疑问的项目，审计师可以要求被审查单位提供补充材料和进行解释说明。在必要的情况下，审计师到被审查单位进行审查。根据审查的结果，由审计师提出审计报告。对于审计对象中的私法单位，一般要进行就地审计，由审计师对这些单位进行审计。审计师提出的审计报告根据不同要求，由不同的合议小组，集体决策单元（上述四种审计决策的一种），决定是否通过。审计师个人只能够提交审计报

---

① 审计任务，https：//www.bundesrechnungshof.de/de/bundesrechnungshof/aufgaben。
② 审计程序，https：//www.bundesrechnungshof.de/de/bundesrechnungshof/pruefungsverfahren。

告，不能够单独决定该单位的审计是否通过。如果审计报告被通过，意味着这个单位审计工作的完成。审计报告的结果要通知被审查的单位，使被审查单位了解可能存在的缺陷和明确该项法律程序的完成。在联邦审计院认为必要的情况下，可以将审计结果告知联邦议院的预算委员会或者议院的其他机构。只是在有重要财政意义的项目的情况下，联邦财政部可以得到一份副本。在联邦审计院认为需要赔偿的情况下，将立即通知被审计的单位。如果联邦审计院和被审计的单位意见不统一，可以将这件事在年终审计报告中加以备注。不能解决的问题最终将由议院决定。根据到目前为止的经验，在绝大部分情况下，联邦议院的决定基本与联邦审计院一致。

如前所述，联邦政府财政预算的执行过程是通过 HKR – 程序自动记账的，在执行过程中，系统有自动检查权限功能。因此，年终自动生成联邦预算执行的决算报告，就是联邦财政年报中的实绩栏的数据就出来了。当然对数据要形成年报，提交联邦审计院。对联邦审计院来说，最重要的任务是提交年终审计报告。联邦审计院的年终审计报告要提交议院的预算委员会和联邦政府，作为议院批准决算的基本文件。

（五）年终审计报告的基本结构

1. 对审计年度联邦预算会计账目与财产账目的确认，对联邦财政经济发展评价的确认。

2. 对审计结果的报告，包括单项预算计划以及更多的涉及领域。这里涉及的首先是重点项目审计与截面主题审计。

3. 联邦审计对照联邦预算中单项预算的次序，逐项对其确认。

评语部分按次序分为：（1）预算进展；（2）联邦审计院建议；（3）其他审计与咨询结果。

在 B 分类中包括对单项审计的结果，在这一部分通常审计院的结论与评价与被审计单位的意见往往是不一致的。在被审计单位不同意审计院的情况下，事项将进一步提交审计委员会进行咨询，并最终达成结论。在 C 类的其他审计结果中，一般包括有些单位的年终决算没有包括在需要议会通过的财政决算之内。对于这些单位，需要有联邦审计院对该单位的审计报告，决算才能够通过。

（六）联邦审计院国际审计

联邦审计院的国际审计具体为与欧洲审计机构共同进行的审计或者与欧盟相关的审计。要提交联邦审计院国际审计的结果综述。

在执行审计任务的同时，联邦审计院还要承担各项独立的咨询任务。这些咨询活动包括联邦议院，联邦政府或者各联邦部门：

在联邦预算起草的框架之内，联邦审计院得到各个单项计划的估计数据，联邦审计院有可能参加预算资源部门、高级联邦机构与联邦财政部之间的司长级官员的会议。同时，联邦审计院可以参加联邦议院预算委员会预算咨询。参加预算准备会议的新闻发布会。

与年度的审计评语无关，联邦审计院根据他们从审计工作中得到的经验为联邦议院、联邦参议院、联邦政府及各联邦部提供咨询意见。这些咨询意见均以报告形式提供。如果它为联邦议院或参议院提咨询意见，它需要同时告知联邦政府。

联邦审计院的年终审计报告作为议院的印刷品，每个公民都可以看到。同时，联邦审计院主席将举行新闻发布会，将年终审计报告的结果公布与众。

在年终审计报告中，要明确指出联邦政府预算执行过程中的缺陷。

此外，在联邦两院和政府需要特别信息的情况下，联邦审计院可以随时提出特别审计报告。联邦审计院审计报告中的总评语是其对审计工作的总结，对于联邦政府通过决算很重要。这个环节完成以后，联邦政府的预算才可能进入结账程序。

四、联邦两院的监督

（一）联邦政府结账①

联邦两院对于联邦政府预算执行的监督的重要环节是对年度预算账目结账申请的批准。

年初，在得到联邦审计院审计报告之后，联邦财政部将刚过去年份的联邦预算账目与联邦特别财产账目，提交联邦两院，并附提请两院通过上年结账的申请。之后，两院分别对联邦政府结账要求进行咨询。

联邦参议院将联邦财政部的预算账目与财产账目转给它的财政委员会，该委员会转给其下属的专门委员会，由其根据联邦审计院的报告，进行确认，并提出同意联邦政府结账申请的建议。该建议再返回到联邦参议院，由联邦参议院最后作出批准联邦政府结账的最后决议。

联邦议院的做法与联邦参议院基本是相同的，将联邦政府预算账目与财产账目及联邦政府要求结账的申请转到他的预算委员会。联邦议院的预算委员会再将账目与申请转给它下属专门的委员会——账目审计委员会。审计委员会以联邦审计院报告的评语为基础，对提供的账目材料进行审核，最后做出结论。议院审计委员会关于同意联邦政府结账的结论将由预算委员会提交给议院全会。联邦议院全会对此进行表决，形成决议。关于联邦政府预算结账的内容也包括联邦特别财产项目的账目。

根据联邦预算规章规定，联邦议院关于批准联邦政府预算结账的结论必须考虑到联邦参议院的意见。因此联邦议院必须等联邦参议院关于联邦政府年度预算结账的意见出来以后，联邦议院才能够举行关于批准联邦政府结账的全会，一般在几个月以后。

---

① 清负 entlastung。

联邦两院对于联邦政府预算结账的通过及评语是对联邦政府预算执行的政治评价。最后联邦财政部以通告的形式告知,年度预算结账程序完成。标志预算年度政府财政工作的结束。

虽然两院批准联邦政府预算结账的程序结束,但是联邦审计院对审计项目的审计工作并没有结束,还在继续进行。而且对联邦议院审计委员会在其结论中提到的需要查询或改进的事项需要进一步做相应的工作。例如,在联邦审计院审计中发现的问题需要跟联邦政府对话明确责任人,甚至发现违法的事件需要进行刑事处罚,或者发现违规事件需要相应的处理。同时,联邦议院审计委员会在它的批准决算的结论中涉及的具体事项,也会要求联邦政府汇报改进的进程。

(二)联邦政府结账流程

联邦政府结账流程见表5-3。

表5-3　　联邦政府预算会计结账与决算流程表(以2013预算年为例)

2013年秋	2014年1月开始	2014年春	2014年年底	2015年6月	2015年9月
联邦财政部	联邦财政部	联邦财政部	联邦审计院	联邦参议院	联邦议院
联邦财政发做2013预算年账务通知	做2013预算年度的预算账目与财产账目	向联邦议院,联邦参议院联邦审计院提交2013年预算账目与财产账目	作出联邦审计院2014关于联邦政府2013年预算与经济运行评价报告包括确认联邦政府2013年预算账目与财产账目	审查与同意结账的决议	审查与同意结账的决议
做账	审计与通过结账					

资料来源:Bundesfinanzministerium, 2015, Das System der Oeffentlichen Haushalt 2015, http://www.bundesfinanzministerium.de/Content/DE/Standardartikel/Themen/Oeffentliche_Finanzen/Bundeshaushalt/Haushaltsrecht_und_Haushaltssystematik/das-system-der-oeffentlichen-haushalte-anl.pdf?_blob=publicationFile&v=4,笔者加工。

五、联邦财政局监督(联邦税务中心)

在联邦两院,联邦审计院的外部独立地实施预算执行监督任务的同时,财政部直属的联邦财政局也承担相当部分的预算执行监督的任务。联邦财政局从2006年开始改组为联邦税务中心，[①] 作为地位最高的联邦局，隶属于联邦财政部，地址在波恩。2006 年有 827 个职员，2015 年有 1 406 个职员。联邦财政局（联邦税务中心）内部设有综合管理司，审计司 2 个，税收司 3 个，共计 6 个部门。综合管理司负责的为横向任务，[②] 负责法律、信息事务、人事、培训、内部财务、工作质量控制、法律后果评价、提交报告、风险管理、内部服务、图书馆、数据保护等、税收管理自动化、档案。

负责审计任务的 2 个司负责对外审计，具体为跨国公司，联邦企业大型企业审计。联邦企业审计 1 司：负责生产性企业，联邦企业审计。联邦企业审计 2 司：负责服务性企业。这两个司在全德国范围内大概有 400 名联邦企业审计师，负责大约 15 000 个大型或跨国企业审计。

税收 1 司是负责国际事务：增值税控制程序，发放增值税识别号码，接受增值税登记和储存数据，与其他欧盟成员国交换数据，发放增值税免税的许可。为国内、国外企业提供增值税方面的帮助。打击增值税骗税与追查。对外国企业的税收征收与没收罚款的决定的通知。

税收 2 司负责对州财政机构上报的增值税骗税的信息和事件进行收集和评价，确定需要检查的对象，协调州财政机构对跨州的增值税检查，通过计算机控制系统为州财政管理部门对电子交易的增值税征收。负责代表财政部负责处理联邦和州（包括市镇地方）之间在公司所得税，工资税所得税和老年辅助保险的报销和退税事务。包括税收服务中心，税收申诉的处理等。

税收 3 司是负责对国外事务：由于国际协议的报销或者免税事宜，代表财政部处理国际之间税收事宜，例如，个人所得税双重纳税的免税协议。对外国投资进行审查，对外国投资的利润审查，负责国外艺术家与运动员的税收征收，内设一个外国税收关系中心。

从现在联邦税务中心的组织结构可以看出，联邦企业的审计与对外投资的审查等都属于预算执行过程或者说是国家参与经济活动中的方方面面的各重要环节全部纳入了监督范围，而这些工作不是由联邦审计院来完成的，而是由财政部直接的下属机构来完成的，因此可以说财政部本身也分担了相当的审计监督的任务。

第五节　预算执行透明度的制度保证

一、联邦预算执行自动记账系统

德国预算执行透明度保证主要依靠联邦预算执行自动记账系统，这个系统是联

[①] 联邦税务中心 Bundeszentralamt fuer Steuern，http：//www.bzst.de/DE/Home/home_node.html。
[②] 横向任务（querschnittsaufgaben）。

邦财政部负责支付、记账与监督的主要工具。在由联邦支付与记账权限中心①负责管理的 HKR 自动支付记账系统中，预算草案的单项支出计划数据是自动切入数据的，并且自动生成记账结果，因此这个系统程序本身具有监督功能。从制度设计上来说，财政部在承担预算执行监督任务方面是处于第一位的，也就是说把好预算透明度的第一关是财政部的职能所在。从理论上来说，一个制度不可能在支付的第一关不把好，留下太多的漏洞，让后面的审查机构来审查，来找这些漏洞，就是本末倒置了。一方面，财政的资金已经流出去了，费九牛二虎之力找回来，也是十赔九不全，财政资金肯定要受损失。从制度设计上来说，成本也太高，一个政府机构本来自己可以严格管理好的事情，用两个机构来搞，给后面的审查机构任务太重，或者说社会寄予太多的希望，有太多的压力，动用大量的人力资源，这些反过来也是财政的负担，这些负责审计的人员也是要开工资的。另一方面，财政部第一关不把好，也是对国家人力资源的浪费。由于在制度层面有明显的空子可以钻，不少的政府官员就钻了这个空子，最后就成了犯罪分子。② 因此，在德国财政部的这个自动支付与记账系统中，资金流动过程与执行项目的官员是毫无关系的。因此从制度设计上来说，财政部的官员与联邦部的官员是不可能从财政的账目中拿到一分钱的。财政部虽然是政府的钱袋子，但是财政部官员对钱袋子里面的钱是一点边也沾不上的。虽然这个系统受到高级的安全保护，但是当联邦有关部门需要调查相关资料的条件下，肯定是随时可以得到的，任何人无法改变这些数据。因此，它是一个预算执行——经费如何用出去的透明的首要保证。

二、联邦审计院是联邦预算执行透明度的保证

联邦审计院是保证联邦预算执行透明度的具体组织设置。由于上年度的预算计划执行报告（比如 2015 年）是新年度（2016 年）的预算草案编制的基本组成之一。同时，联邦审计院的审计报告及评语也是联邦预算草案能够提交两院审查的前提资料。没有联邦审计院对联邦政府上年度的财政工作的总评报告，联邦财政部可以说是无法进行新年度的财政预算工作。

三、联邦审计院的独立性

如前所说，联邦审计院的地位在德国的制度中，相当于最高法院。其性质是独立于政府与议院的第三方机构。它的整个总预算是在联邦政府预算中的固定预算。它不会因为得罪了联邦政府总理或者财政部部长，经费被冻结，无法进行工作。

---

① 联邦支付与记账的权限中心，Das Kompetenzzentrum für das Kassen-und Rechnungswesen des Bundes，http://www.kkr.bund.de/nn_29700/DE/Dienststelle/dienststelle.html。

② 从制度设计来说，就是不能留大量的漏洞，留太多不透明的空间。公务员虽然有不明财产来源罪，但是当事人都会采取各种方法，使来源不明的财产隐藏起来。如果再去查这些资产，真可以说是一番工作三番做，制度成本极其高昂。

四、预算执行专员

财政预算的执行涉及各个部的采购与人员经费。采购由集中采购制度规定，有的公开招标，有的半公开招标，这个过程，是预算执行专员要管的，属于财政经费中的实物性支出，是否符合规则，是否有长期的经济性，不一定是最便宜的。然后，政府部门是国家机关，人员经费除了固定的工资福利以外，差旅费也是非常重要的部分。虽然出差费有联邦统一的报销标准与补贴标准，但具体的出差人是否符合要求就是需要控制的。官员当然比较容易，随从人员就有必要性与适当性的考虑了。一般当然是由主管官员的需要决定，当然如果官员带上他的家属就违规了。因此，预算执行官员负责整个资源单位预算的执行与监督，有明确的责任。由于预算执行官员不是行政主管，所以也就进一步保证了透明性，首先对部长个人来说，有另外一个知情人，就是预算执行专员。

五、年报制度

如何避免预算的计划与执行的脱节，计划是很公开的，通过议院的，而执行过程大打折扣，避免"计划计划，墙上挂挂"。从技术上来说，还需要制度来控制的，就是信息公开制度。不仅联邦财政部要按时间公开联邦财政年报、月报，各个部（资源单位）都必须有自己的年报，具体说明财政支出的项目及政策结果，而且也必须是公开的。因为德国的年度预算法是以法律形式而不是管理条例的形式，因此执行年度预算法是资源使用单位的义务。联邦参股的国有企业，也必须有年报，必须是对公众公开的。联邦财政部以及各预算执行部的年报是及时在网上公开的，任何人都随时可以通过在网上免费查到。

六、联邦统计局

联邦统计局每个季度根据 HKR 提供的数据，公布实际发生的财政收支数据。联邦统计局的刊物《财政和税收统计》作为公开的出版物，使每个公民都可以了解预算执行的情况。

七、纳税者联盟在预算监督中的作用

（一）纳税者联盟的组织结构

除了财政部自身，联邦审计院，联邦两院等官方正式机构在预算执行方面的监督之外，德国还有一个民间社团组织——纳税者联盟。这个组织在各个州都有，在联邦层次上的就是各个州的纳税者联盟的联盟。这个组织不是自动会员制，是需要个人申请加入的。这个组织的主要目的就是监督政府（包括联邦政府、州与市镇地方政府）的财税行为，主要通过大众宣传。出版有《纳税者》宣传册，定期每个月1本，也同时出版不定期的与税收相关的主题的宣传册，对其成员免费提供。除了出版物以外，纳税者联盟更多通过网络做宣传工作。比如，政府债务有多严重，普通人可能并不关心，而纳税者联盟就通过他们网页上大量的债务钟的形式宣传，告诉公众，每一分钟本州与市镇的公共债务增加多少，而各个地区每个公民因此分摊的债务是多少。虽然政府财税政策是竞选的重要议题，也是平时媒体所关心的议题，但是都不如纳税者联盟持久专注地以批评立场关注政府的财税政策。

（二）纳税者联盟的黑皮书

与政府的年度财政预算报告相对应，自从1972年以来，纳税者联盟每年也出版一个黑皮书，集中曝光政府的年度的浪费纳税人钱的实例。

纳税者联盟的利用具体的案例，揭露政府财政资金浪费的宣传工作有相当的说服力，会对直接负责项目的官员形成压力，形成在公众中的负面影响，进一步会直接影响到其本人或本届政府的选票，直接影响其相关人物的政治生涯。

第六节 德国政府预算绩效管理

一、政府预算中的经济性原则

（一）预算基本法中的经济性原则

德文经济性就是指财政资源使用效果的意思，相当于中文的绩效，成果或者成效。成果是具体的能够直接用货币计量的结果，成效或者效益是指不可以用货币直接计量的结果，比如满意的程度。

从《帝国预算法》开始，到后来的《稳定—增长法》，以及其后的对预算基本法的多次修改，经济性始终是最重要的基本原则之一。从政府层次来看，无论是联邦政府、州政府还是市镇地方政府，在预算编制与执行的过程中都强调经济性原则。

（二）经济性原则的具体要求

在联邦预算规章与州预算基本法中，都有对经济性原则有明确的说明。

在《莱法州预算基本法》中，关于第7条的解释，[①] 预算编制要按照经济性与

---

① Landeshaushaltsordnung（LHO）Rheinland-Pfalz, http：//efre.rlp.de/fileadmin/mwvlw/Dokumente/Foerderhandbuch/6._Foerdergrundlagen/VI_5_Landeshaushaltsordnung_RLP_LHO_.pdf.

节省要求,要做经济性研究,成本与效益核算。具体要求为:第一,在预算计划的编制与实施过程中要注意经济性与节省性基本原则;第二,对于财政措施要进行相应的经济性研究;第三,在适当领域应该进行成本—效益核算;第四,州财政部对具体的做法的要求由行政管理规定进行详细的规定。

对于那些领域作为适当领域,是需要进行成本—效益的项目,在实践中是由财政部具体规定的,在预算计划中就已经加了注释,那些项目是需要做成本效益核算的。

(三) 关于经济性的说明

1. 经济性是指所有的行政措施都必须按照经济性基本原则,最大可能、有效使用财政资源。从经济性原则出发,需要审查是:从一般的意义上来看,该措施是否有必要,如果是必要的,进一步需要审查的是,该措施是否需要通过国家之手进行(是否需要公共财政支出),即该措施是否最终作为财政措施。

2. 根据经济性原则,要在投入的资源与需要实现的目标之间寻求最有利的关系。节省原则的要求在既定目标(结果)以最少的投入。或者最大化原则是在一定的投入下取得最大可能的效果。在预算计划执行的过程中,任务、目标与结果基本都已经说明清楚,都是以经济性作为前提条件的。

3. 经济性原则直接影响或间接影响到所有的财政收支项目。有些支出项目是涉及单一的经济指标,比如本行政管理领域的就业,也可能关系到在本行政管理领域的组织结构的改变。有些支出项目是涉及总体经济指标,例如在交通领域的投资,财政补贴,经济与税收政策措施,包括法律改变的计划措施。

二、经济性研究[①]

(一) 经济性研究的具体要求

1. 经济性研究是经济性原则实施的工具。分为单项经济性研究与总体经济性研究。经济性研究贯穿于整个预算计划与实施阶段。在新措施的计划阶段,包括对已运行的计划措施的修改,在实施阶段在成果控制框架内,在结束阶段的成果控制。

2. 经济性研究是预算计划的工具。在预算计划阶段的经济性研究是过程成果控制与结束成果控制的基础。

3. 按照预算规章的规定,经济性研究必须要完成以下任务:(1) 初始状态分析与行动需求。(2) 行动目标,优先考虑理由与可能出现的目标之间的冲突。(3) 重要的可能解决方案与各方案的成本效用分析(包括后续成本),已经包括不能够用货币计量的效用。(4) 对预算的财务影响。为达成目标的各单项可能方

---

① Landeshaushaltsordnung (LHO) Rheinland-Pfalz, http://efre.rlp.de/fileadmin/mwvlw/Dokumente/Foerderhandbuch/6._Foerdergrundlagen/VI_5_Landeshaushaltsordnung_RLP_LHO_.pdf.

案达成一致。(5) 法律的,组织的与人事方面框架条件。(6) 措施实施的时间计划。(7) 成果控制指标与程序。

4. 对于项目目标没有完全实现的情况下,需要审查,使用的手段是否是正确的,或者是计划的项目措施实施的时间点是否应该推后。

5. 按照预算规章要求,如果项目措施涉及资产的购买或者使用,在购买、租用、租赁之间有选择的可能性,就必须对合同进行审查,选择从行政管理角度最经济性的合同。如果购买预算资金不够,不能够作为持久债务关系的理由。选择必须考虑的单个租赁合同的经济性,对此需要审查。

(二) 经济性研究作为成果控制的工具[①]

预算绩效管理的核心是成果控制。对预算计划项目的成果控制预算规章有具体的规定,其本质是一个系统的审查程序。

1. 成果控制审查目的是计划项目实施过程成果控制与最终成果控制。审查项目的目的是否实现,所有的措施是否为实现目标服务并具经济性。

2. 对于两年以上的项目,如果能够在一定时间内实现部分阶段性成果,需要进行跟踪成果控制。通过跟踪的部分成果控制,可以得到一个相对独立的、经济的、社会的及技术改变的必要信息。这些信息为进一步的决策提供依据,以明确项目是否需要继续进行。

3. 跟踪成果控制与进程考察是有区别的。与成果控制的系统性的审查相比较,跟踪成果控制是一个有目的的数据与资料的收集,是作为项目措施的发展的补充评价。

4. 所有的项目措施结束以后,都需要进行最终成果控制,以审查项目措施的目标的实现情况。

从上述要求可以看出,对于市镇公共项目来说,跟踪成果控制很重要,可以避免成果很差的项目一直到最后都无法停止或者改进。

从方法上来说,跟踪成果控制与最终成果控制没有区别。

5. 成果控制基本包括以下研究。

(1) 目标实现控制:通过项目计划目标与实际实现的目标进行比较以确定,在成果控制时间点实现目标的程度。同时,也是一个思考的起点,最初的目标是否依然存在。

(2) 影响控制:项目影响控制需要提供一个结论,措施对于目标实现是否是适当的,需要提供所有的在项目实施之前意识到的影响与没有意识到的影响。

(3) 经济性控制:通过经济性研究,从资源使用的角度考察项目措施是否是具有经济性的,措施的经济性。

6. 如果在计划阶段,项目的正式文件没有完备的条件下,成果控制也要进行。

---

① Landeshaushaltsordnung (LHO) Rheinland-Pfalz, http://efre.rlp.de/fileadmin/mwvlw/Dokumente/Foerderhandbuch/6._Foerdergrundlagen/VI_5_Landeshaushaltsordnung_RLP_LHO_.pdf.

必要的信息资料可以后补。

目标实现程度控制与项目影响控制是经济性控制的基础。

（三）经济性研究的方法

1. 所有财政经济相关的措施都必须进行经济性研究。经济性研究基本上由组织单位实施。经济性研究的结果作为说明文件归档。对于财政意义很小的措施不需要做经济性研究。

2. 项目经济性研究根据要求采用最简单的方法。要与项目的措施相适应，即不能为一个小的项目做出几十页的经济性研究报告。单项经济性与总体经济性评价为基本程序。根据项目措施的类型，项目的目标与影响选择具体的程序。

（四）成本效益方法

1. 成本效益核算的重要性。成本—效益核算是一个工具，用这个工具将特定时期内行政管理系统的成本与该系统提供的成绩进行比较。成本效益分析使公共管理透明度大大提高，为有成效的经济性的行政管理提供了基础。不仅是有影响力度的行政控制，也是为经济性研究与成果控制提供了重要的数据基础。同时对于那些按成本覆盖标准收费的公共服务项目也是确定收费标准的基础。[①]

2. 成本效益核算的标准。根据州政府的决议，在所有的行政管理部门（部）都规定了成本效益核算标准。《莱法州成本—效益核算标准手册》[②]中编辑了这些标准。手册为各个部门进行成本效益核算提供指导路线，使各个部门采用统一的方法。

3. 成本效益核算方法适用单位。财政部门在预算编制计划阶段就已经明确，在那些管理单位要进行成本效益核算。为此需要说明：（1）单项计划，章与相关的管理领域；（2）可以预见的参与的第三方（咨询公司）以及可以预计的财务支出。（3）预先估计的总财务支出，以及各个预算年度的单项支出，支出如果与财政部规定的标准手册中有偏离，需要财政部相关部门批准。

成本效益核算标准手册由财政部提供，以及组织相关的培训工作。

三、绩效管理实施的制度保障

关于经济性原则在预算基本法的说明，关于经济性研究的具体任务的规定等都是将绩效管理成为整个预算制度的有机构成之一。但是，这些法律条文的实施是需要相当的制度保障的。

[①] 当然，成本覆盖型公共产品的成本核算本质上也是比较复杂的工作，单位产品成本与一定条件下的技术经济规模有关。20世纪七八十年代以来，德国为了降低市镇公共产品的供给成本，已经采取了大量的制度改革措施。为了达到一定的经济规模，采取市镇之间的地区间联盟是重要措施。具体做法是为了一特定的公共品，比如污水处理，或者垃圾处理，通过地区间的合同，使不同行政管辖区之间合作。

[②] Ministerium der Finanzen Rheinland-Pfalz, 2000, "Handbuch der standardisierten Kosten-und Leistungsrechnung in Rheinland-Pfalz", https：//www.edoweb-rlp.de/resource/edoweb：1638610 – 1/data.

（一）联邦审计院的经济性审计

在联邦审计院与州审计院法的规定中，都明确说明，审计的一个重要任务是预算支出项目的经济性。如前所述，审计部门对预算的报告的审计，主要是支出项目的经济合理性，如果不是政府必要的项目，可以提出建议取消。对于预算报告新的支出项目的优先性说明，是审计的重点。

在联邦层次首先涉及的是宏观层面的，财政政策措施的效益评估。例如，就业扶持政策对创造就业的效果究竟如何，对每项重要的政策措施，都有相关的专项评估报告。

（二）建筑项目评估与监督的专门机构

对于财政投资项目的经济性研究，按照预算基本法规定在预算计划，项目执行过程与项目结束都需要做。对于联邦政府，州与市镇地方政府投资或者其他相关部门参与投资的项目的建筑质量都由专门的工程监理机构负责现场监理与工程验收的评价。承担公共工程建筑项目监理与验收评价的机构是直属于联邦政府财政部或是州政府财政部的相关机构。虽然在德国制度上不存在官员通过扩大项目投资总额收回扣的明显的制度漏洞，但是项目的施工是由通过公开招标中标的建筑公司（有可能是属于公共企业也有可能是私人企业）负责的，虽然有严格的招标合同，对于合同的执行自然是需要控制的。

（三）资源使用单位激励机制

尽管在预算编制与执行过程中强调经济性可以说是德国预算长期以来的传统，但是，长期以来，德国预算执行中也存在 12 月热，在年终突击支出经费的问题。如前所述，对财政资金的节省不仅仅是方法的问题，比如使用成本—效益计算的技术，而是首先要解决各个资源部门节省财政资金的动力问题。预算中资金支出权限的年度有效性，形成预算执行过程中资金控制的不均衡，出现年终突击支出经费现象。支出权限年度有效性与经济性原则有时是矛盾的，这种制度本身的矛盾也是预算绩效管理的制度障碍，长期以来对这种明显的制度障碍没有认真采取有效的改进方法。1998 年预算基本法改革《持续发展法》中，终于克服了这一制度障碍。增加了年度转记的灵活性条款。该法的核心可以说是解决绩效预算的制度障碍，解决动力机制问题。

（四）复式预算的推广

在州与市镇地方政府预算中，为了适应绩效预算管理的需要，进行了预算方法的改革，就是复式预算的推广。市镇预算中的投资项目采取成本—效益核算方法的一个基本要求是要有项目的现金流量，在传统的年度预算方法中，没有办法对多年的项目进行真正的效益评价。因此，推广复式预算方法就成为必要。这项改革在德国已经基本完成。

（五）预算透明化与公众参与

在市镇层次，公共项目的投资与市镇居民的生活直接相关，因此预算过程的透明化与公众参与对于项目的成果控制具有重要的意义。公共项目的成果往往大量是不能够直接用货币单位计量的。同时，项目的成果或者成本中对于不同的人评价是不同的，或者有些是难以预测的。例如，在市镇政府预算部分提到的斯图加特火车站项目，对于项目要砍掉的古老树木，环境保护者来看，这个成本是巨大的，是无法弥补的。所以，对于这类巨大争议的项目方案，最后只有通过公共选择——居民公投来解决。

第六章

德国州政府预算体系

■ **本章导读**

德国地方政府财政预算管理水平较高、效果较好，因此，德国地方政府在对整个公共财政资源的预算管理中占特别重要的地位。德国地方政府基本上是州及其以下政府，本章介绍德国州政府的预算体制。首先对德国地方政府预算的法律基础进行了介绍，然后介绍了州预算的内容与州预算年报的编制，最后以莱法州为例，介绍了州预算报告的内容构成，包括总预算与单项预算的项目。

第六章 德国州政府预算体系

第一节 德国地方政府预算的法律基础

一、政府之间公共任务的划分由法律规定

德国财政预算体制的特点是在整个公共财政资源的预算管理中，地方政府占重要地位。德国的城市发展比较均匀，中小城镇城市建设水平比较高，均得益于地方政府财政预算管理在国家整个预算体系中的地位。德国地方政府严格说是德国州及州以下地方政府。地方预算的法律基础是各州的基本法、州预算法、市镇地方法规等。由于联邦制的特征，各州的基本法不完全相同。在州的基本法中首先是关于州、县与市镇作为国家行政管理机构的产生、组织、工作内容的规定。这些规定使这些机构的存在，机构的工作任务具有合法性。然后是关于这些机构完成工作任务的人员所需要的实物与经费的来源、筹集方式。州基本法中可以简单分为两个层次：关于州自身的，作为国家机构的规定。关于州以下地方的，作为州（国家）基层组织的规定。从文字内容看，有大量的部分与联邦宪法是相同的，比如国家的基础，人民意志形成的机体：议会与政府及关系，对个人自由，企业与家庭的保护等。而与联邦基本法不同的部分是关于州与州以下地方政府的规定。

二、地方政府预算法律基础与联邦相关法律之间的关系

从基本精神上来说，联邦制国家州的法律原来是联邦法的基础，而不能够倒过去理解为是联邦法在地方的实施。从国家权力形成的金字塔来看，地方议员选举是州级议员选举的基础，州级议员是联邦议员的基础。因此，从财政制度研究的意义上来看，州具有真实国家的意义。虽然表面上看来，各个州关系到政府财政事务方面的法律都是全国一样的，但是本质上来说，不是从上到下的，而是由下之上的。尤其是地方预算制度方面新制度的试验与运用，都是从市镇开始的。因为市镇是自治的，市镇的议员人数是最少的，有些规章在市镇必然是先通过。然后这些市镇的法律被拿到州议会去讨论，有可能被整个州接受。在有些州被通过了以后，那么才可能到联邦的层次。当在联邦通过以后，需要再返回到各个州，各个州仍然需要经过议会通过，联邦层次的法律才能够在各个州得到实施。有些州，如果不是某项法律发起的州，那么新的法律在这些州的通过往往会被延迟，或者有不同程度的变动。

三、尊重地方政府所有权

由于特定的历史背景，地方政府公共财产曾经被国有化，或者通过联邦政府参股的途径的国有化。在德意志联邦共和国成立以后的多年的私有化过程中，财产所

有权的历史状态被得到尊重与重视。过去州政府所有的重要建筑，尤其是大学的主楼是州的重要财产。土地与森林有过去属于州的，基本维持州所有。属于历史遗存地址的重要旅游景点，（非军事用途的）有些曾经属于联邦财产，后来逐步按照属地原则归还给市镇或者州。州与市镇作为独立的法人，其财产所有权也是不可以剥夺的。联邦政府如果以军事或者重要项目需要市镇的土地（原市镇公共所有的），也必须经过公平的协商与谈判，确定购买价格。类似的，州政府也必须尊重市镇地方的财产所有权。

第二节 州政府预算体制

一、州政府预算体制框架

州政府预算体制框架基础由州基本法（州宪法）限定，由于德国各个州的预算模式基本是相同的，因此选择1个州，莱茵兰——法尔茨州（以下简称莱法州）作为制度模式。在《莱法州基本法》① 中，财政事业由（IV）第四部分规定，从第116条至第120条的具体内容是关于州政府预算体制的框架性规定。②

（一）对预算收支的限定（第116条）

1. 关于收支范围的规定具体为：州所有的收入与支出都必须在预算计划中列出，州企业与州特别财产项目需要列出流入与流出。预算计划的收支必须平衡。

2. 关于预算收支的时效性规定具体为：1年的预算计划必须从当年预算的下年开始，多年财政计划中的第一个预算年度必须从当年预算的下个年度开始。这些都必须通过预算法确定。预算计划中可以预见的部分，可以根据不同的时间分到各个预算年度。

3. 对预算法本身的限定：在预算法中仅仅允许对批准的预算年度州的收入与支出进行规定。如果一个预算计划中的预算年度结束后没有得到法律批准通过，州政府可以继续执行预算计划中上年的预算。

4. 对收入来源的规定。如果从税收，上缴与其他收入来源构成的总收入不能够满足支出的需要，为维持满足经济正常运行的需要，可以允许州政府贷款。其贷款最高规模是上个预算计划年度年终数额的1/4。③

---

① S. Jutzi, N. Westenberger Herausgeber, 2010：Landesrecht Rheinland-Pflalz, 10 - 32.
② S. Jutzi, N. Westenberger Herausgeber, 2010：Landesrecht Rheinland-Pflalz, 8.
③ 这条规定到2020年开始，将不再适用。

（二）对贷款的规定（第117条）

州预算法第117条对州政府贷款有具体的规定，如果预算草案中有通过取得贷款、担保或其他事项为满足未来预算年度的财政支出筹集资金的情况，需要法律授权确定明确的数额。对贷款数额有原则性规定，就是从贷款取得的收入不可以超过在预算计划中预估的投资支出。例外的情况是为了克服总体经济平衡受到干扰的需要，对此，由进一步的法律加以规定。

（三）对议会批准预算的限制（第118条）

虽然从制度设计上看，议院是政府预算通过的一个关卡。但是在德国的政治制度安排下，议院的多数议员有可能与执政党属于相同的政党，在这种情况下，议院对政府预算的关卡作用将大大削弱。因此，必须从制度上对议院行为进行制约。因此，州基本法第118条明确规定，仅当州政府在预算草案或在确定的预算计划中提出的减少收入或者增加支出项目能够保证没有预算缺口的条件下，州议院才可以批准州政府的预算。

（四）对超计划与计划外的限制（第119条）

超计划与计划外支出需要州财政部长同意。仅当事项为不可预见与不可退出的情况下，州财政部长可以给予同意的批文。

（五）对州财政部长权力的限制（第120条）

1. 州财政部长需要向州议院提交下一预算年度的州政府所有收入与支出，以及财产与债务的账目，以得到州议院通过。

2. 州审计署审查州财政部年度预算的收入与支出，财产与债务的概览，以及预算实施与经济运行的经济性与合规性。

州审计署的组织与工作原则与联邦层次是类似的，审计署成员具有法官的独立性。审计署主席与副主席由州长提名，州议院选举产生。由州长任命。审计署每年需要向州政府与州议院报告工作。对于审计署另有进一步专门的州审计署法规定。

二、州政府预算体制

州政府预算体制由州预算规章与州审计署法具体规定。各个州都有自己的州预算规章，例如《莱法州预算规章》① 共计有九章117条。

---

① Landeshaushaltsordnung（LHO）Rheinland-Pfalz, http：//efre.rlp.de/fileadmin/mwvlw/Dokumente/Foerderhandbuch/6._Foerdergrundlagen/VI_5_Landeshaushaltsordnung_RLP_LHO_.pdf.

(一) 关于财政计划的总体规定

关于财政计划的总体规定，由第一章共10条构成。规定说明财政计划对于确定年度支出及实现财政覆盖原则是非常必要的，对于保证国民经济的均衡发展具有重要意义（第1~3条）。对财政年度，文件管理也都有明确的规定（第4条、第5条），规定财政年度为日历年度。对管理文件的要求涉及范围与期限。对计划的要求为在制定与执行预算计划时，必须考虑到对于未来年度需要支付的支出（义务授权）（第6条）。在制定与执行预算计划时，需要注意经济节约原则，对于有重要的财务影响的措施，需要做适当的经济性研究，在合适的领域需要做成本效益分析（第7条）。对于收入与支出，以及授权支出，可以设立分散的（非中心的）机构，对此以产品相关的计划与经营，产品合同，承担相应的评估与经营的责任。经济性研究的基本原则是检查总体上支出任务是否有必要性，是否由国家之手来完成此项任务。根据经济性原则，寻求最有利的手段实现目标。要根据最小成本法，在目标确定的情况下，以最小的成本来实现。最大原则是在投入一定的条件下，取得最大产出（第7条a）。制定财政计划要考虑到预算总平衡的基本原则，支出的预算要受收入可能性的限制（第8条）。任何经营预算收入与支出的位置（或资源使用单位）必须明确责任人：预算委托人（预算执行专员），单位领导直接负责编制预算。在单位领导本人不直接负责此项任务的情况下，需要授权委托人，由被委托人负责预算计划编制。受委托人要全权负责预算计划的起草及所有附件的完成。此外，受委托人要参与有重要财务意义的预算事项的执行（第9条）。州政府有义务将财政计划交州议院审议，州政府需要对重要的收入支出变动，及整个计划期间（2年）经济形势发展的情况加以说明（第10条）。州议院根据基本法的要求对预算计划进行审议。审议通过以后，完成年度预算法的批准。

(二) 关于预算计划编制的规定

关于预算计划编制的规定，由第二章第11条到第33条具体规定。预算编制的基本原则是完整性、统一性与时效率性（第11条）。完整性的具体要求是要考虑到预期可能发生的支出都要包括在内。关于莱法州预算计划期限的规定为2年（第12条）。规定编制计划的类型要求：单项计划，总计划与分类计划。预算计划由单项计划与总计划构成。单项计划是按各个管理部门或者按一定的收入，支出授权分组的计划。分类计划是按收入与支出分类的计划（第13条）。预算计划与功能计划的都要有总览（第14条）。对财政收入，支出与自我经营收入要有分开的独立的总的估计（第15条）。关于义务授权的具体规定：对于需要连续支出的项目，需要在多年的预算计划中进行估计（第16条）。在多年连续的支出项目，单项预算计划中的开始年份为总支出需要的估计数，在其后的年份为实际支出数估计（第17条）。关于贷款权限的也有具体规定。对于时间的限制，为满足正常现金支付需要的贷款，仅允许在上个预算年度完成后的不到6个月之内进行（第18条）。为了预算执行的安全，预算计划在执行过程中，州政府要经常、定期的向州议院汇报预算计划执行的情况（第20条）。对于大型项目，或者大的支出计划，需要有计划、成本计算、项目说明，包括项目实施的方式、建筑措施的成本、土地价值、设备、需要财务计划与时间计划等资料，才能够作为预算计划中的支出计划（第24条）。同时，对于州企业与特别财产项目的预算计划也有具体的要求。各个单项预算计划完成以后，由州财政部对预估数据进行核实，汇总提出计划草案。对计划草案的重要方面，财政部长必须得到州政府同意。如果州政府不同意，州财政部长有权提出异议，对此州政府需要通过进一步的会议进行重新决定。州财政部需要将州议院主席与州审计署与对重要估计数据的偏离报告提交州政府。政府以决议形式通过预算计划后形成预算法草案（第28、第29条）。州政府将通过的预算法草案与预算计划一起提交州议院，同时提交州审计署。关于预算计划与经济形势分析公告的要求，关于预算计划的补充，追加预算计划都有具体的规定（第31~33条）。预算规章相当于预算基本法，是关于预算法的规定。预算法是每年通过议院确定预算计划。因为预算计划是政府编制的，不具备实施的法律效力，需要州议院对每年州政府的具体预算计划申请批准，形成年度的预算法，因此，预算法也是有年度的。比如2014年预算法，有1页是关于议会根据特定法律条款批准2014年州政府预算计划的文字。其后就是州政府预算计划全文。

（三）关于州审计署法对审计任务的具体规定

在州预算法中仅仅规定了州政府与州议院的预算任务与要求。而审计署对预算方案承担最后的责任，没有他们的工作，预算是不可能完成的。州审计署是独立于州政府与州议院的。州审计署法共计有18条。对组织人事任务都有具体的规定。文件条文的时间日期不同，最早的条文是1972年，最近的条文是2014年8月。[1] 在2014年最新修改的条文是关于人员、分工构成与成本报销的条文。[2]

三、预算相关的数据基础的法律来源

除了基本法，预算法与审计署法以外，州还有一些与财政事务相关的其他法规。

（一）关于服务收费的规定

州财政收入的一个重要来源是行政服务收费与公共服务收费。《州收费法》是对公共服务收费的法律规定。[3] 规定收费项目的适用范围为：（1）州、乡镇地方政

---

[1] Landesgesetz ueber den Rechnungshof Rheinland-Pfalz（RHG），landesrecht. rlp. de/jportal/? quelle = jlink&query = RHG + RP&psml = bsrlpprod. psml.

[2] 州审计署法的内容与联邦审计院法的内容基本是类似的，哪怕是完全相同的内容，联邦法在地方不具备执行的法律效力，必须加上具体州的名称，经过州议院通过以后，在本州才具有法律执行效率。参见第二章预算执行监督部分联邦审计院部分内容。

[3] Landesgebuehrengesetz, S. Jutzi, N. Westenberger Herausgeber, 2010, Landesrecht Rheinland-Pfalz, 104 – 112.

府公法机构提供的服务。(2) 对公共设施的利用以及其他服务的收费。莱法州收费法共有 5 章 37 条，包括了行政管理收费的程序授权、免费事项、免费对象、收费尺度、付费义务人、对收费要求的驳回条件、延迟交费的处罚等的规定。州收费法是财政预算中收入项目法律基础的重要部分。

（二）关于公务人员支出的相关规定

州需要承担的重要财政支出是公务员人员支出。因此，《州公务员法》[1] 对州政府机构作为雇主与市镇地方作为雇主的公务员的产生、工作义务等都有一般性具体规定。(1) 关于公务员分类。公务员分为直接公务员与间接公务员，在州级机关工作的为州直接公务员，在州以下地方政府或相关机构工作的为间接公务员。州直接公务员包括警察、议员、高校专业人员与助理人员、消防与法院系统。(2) 关于公务员的就业与工作时间的规定。(3) 对于公务员的工资待遇，由专门的州供给法规定。具体到职务级别与相应的薪水标准。这些规定是财政预算支出中人员支出项目的基础。(4) 对市镇地方公务员的规定。

（三）州法律中对市镇地方的规定

在德国市镇是自治独立的，在州法律中对市镇地方的规定是原则性的。包括法院与市镇地方：地方法院，州公务员法，对州公务员，市镇地方规则对地方的法律地位，地方的任务，如何保证地方的完成公共任务的手段。[2] 在州预算法第 5 章市镇经济里面的第一部分为财产管理与出卖。仅有当满足公共任务需要的条件下，地方可以购买财产。第二条规定，市镇财产必须良好管理与经营。

四、州政府预算程序

从中央和地方的关系来看，德国的联邦、州和市镇都是独立的财政单位，他们都要编制独立的财政预算，并且要自求平衡。为了统一评价、协调和便于计算机数据转换，三级财政编制预算的方法和项目分类是统一的。州虽然有独立决定自己预算的自主权，但是联邦和州的预算管理体制是统一的。

按照州预算法的要求（第一章第 9 条），[3] 对于每一个有收入与支出服务单位，单位领导作为受委托人，负责预算计划的编制与执行。对受委托人的具体权限与要求有具体的规定。受委托的人全权负责预算计划及所有相关附件的完成。受委托人

---

[1] Landesbeamtengesetz, S. Jutzi, N. Westenberger Herausgeber, 2010：Landesrecht Rheinland-Pfalz, 113 – 159.

[2] Gemeindehaushaltsverordunung, in：S. Jutzi, N. Westenberger Herausgeber, 2010：Landesrecht Rheinland-Pfalz, 192.

[3] Ministerium der Justiz – RLP, Landeshaushaltsordnungen, LHO, http：//landesrecht. rlp. de/jportal/portal/t/s0y/page/bsrlpprod. psml? doc. hl = 1&doc. id = jlr-HORPrahmen：jurislr00&documentnumber = 1&numberofresults = 135&showdoccase = 1&doc. part = X&paramfromHL = true.

参与所有计划的实行。预算计划编制完成以后由州政府以国家合同的形式向州议院汇报（第10条）。州财政部预算计划完成以后，交州审计署审议后交州议院审议，州议院根据基本法的要求对预算计划进行审议。审议通过以后，完成年度预算法的批准，即生效。随后，州预算报告正式公布。

州政府预算与联邦预算预算程序类似，预算经议院审批后即生效加入执行阶段。在执行过程中通过自动记账系统生成州决算报告。在德国，上年的决算报告与新年预算报告是同时形成，同时对外公开的。与联邦政府类似，州财政部的年度财政报告公开以后，州的相关部也需要公布各个部（资源使用单位）的工作报告，包括财政资金的具体用途与使用效果。州公共企业预算也是属于预算报告的中的资产账户，资产账户的重要部分包括州公共企业。与联邦政府类似，州政府也要发布州参与股份企业年报。① 总的来说，编制、审批、执行和监督的程序和组织机构设置都是相同的。唯一的重要区别是有些州两年编制一次预算。

第三节 德国州级政府预算内容

一、州级财政支出结构

州政府的预算内容按照预算法的要求，具体为三大领域：支出、收入与投资。从支出预算角度考虑，人头费是州级财政支出的大头。由于联邦制国家制度的特征，国家的行政管理任务主要由州一级承担。州的主要任务是教育文化、司法管理、内部安全。大学和中小学正规教育是州的主要任务。这些部门的工作人员基本是公务员，1997~2002年，州级财政支出中人员支出基本稳定在占总支出的37%以上。各州有平衡市镇财政的义务，因此对市镇地方政府拨款是州财政支出占第二位的重要支出项目，表6-1数据显示，这一比例有明显提高，从1997年的20.9%提高到2014年的24.3%。根据联邦制原则，州对完成州范围内的国家任务需要的设施有投资义务，所以州财政支出投资的主要是州范围内的交通事业、高等学校设施和科学研究方面的设备投资。在州一级，投资支出占总支出的比例，在1997~2002年，大概在15%。② 2009~2014年，人员比例占支出明显下降（在36%以下），③ 体现了市镇拨款占比例明显提高，投资占比例下降特别明显，到2013年到10%以下，主要是

---

① Beteiligungsbericht der Landesregierung Nordrhein-Westfalen fuer das Jahr 2014, https://www.finanzverwaltung.nrw.de/sites/default/files/asset/document/beteiligungsbericht2014bf.pdf.

② 有著作中提到，在德国州和市镇级财政支出中，投资支出占预算支出的80%。本人的计算结果发现，这种说法与实际相差太大。

③ 人员支出是州财政的最大部分，从1997~2002年的数据与2009年以后的数据相比较，可以看出世界金融危机之后，德国州级政府精简行政人员的努力取得了明显成效，在1997年占37.5%，之后年份再也没有超过36%。

对财政支出控制的原因。经常性实物支出虽然有所下降,但是在2013年开始,又恢复到9%。比较明显的是利息支出下降,从1997年的7.5%,下降到2014年的5.1%。主要原因是由于举新债还旧债的策略,适逢资本市场利息下降,由此降低了利息支出。

表6-1　1997年、2009~2014年德国州级政府财政支出结构　　单位:亿欧元

年份	人员支出 P	P占比例 %	市镇拨款 ZG	ZG占比例 %	投资 I	I占比例 %	经常性实物支出 LS	LS占比例 %	利息支出 Z	Z占比例 %
1997	905	37.5	505	20.9	383	15.9	228	9.4	180	7.5
2009	993	34.7	638	22.3	389	13.6	247	8.6	200	7
2010	1 021	35.6	642	22.4	347	12.1	256	8.9	197	6.9
2011	1 046	35.3	671	22.6	348	11.7	262	8.8	194	6.5
2012	1 073	35.9	686	22.9	306	10.2	267	8.9	187	6.3
2013	1 105	35.8	734	23.8	303	9.8	278	9	176	5.7
2014	1 144	35.8	777	24.3	312	9.8	289	9.1	162	5.1

资料来源:Bundesministerium der Finanzen, Finanzbericht 2004, Berlin; Bundesfinanzministerium, Finanzbericht -2016, http://www.bundesfinanzministerium.de/Content/DE/Standardartikel/Themen/Oeffentliche_Finanze.

二、州级财政收入结构

按照预算法规定,对财政年度的收入来源需要进行正确的估计。收入来源首先是本级税收与共享税划分收入。需要从影响税收总额的因素来估计。最重要的是整体经济形势对总税收的影响,德国作为联邦制国家,州在财政分配问题上与联邦具有平等的地位。联邦和州之间的税收划分由法律所规定,机动部分协商解决。德国完全属于州的税种为财产税(从1997年1月1日起不再征收)、机动车辆税、啤酒税、赌场税、遗产税和其他交通税(凡是不上缴联邦的交通税,都属于州)。与联邦政府的共享税为工资所得税、公司税和增值税。共享税分成收入是州级税收的主要来源。州财政收入的重要来源为增值税分享与平衡收入。在州财政收入构成中,增值税收入占第二位,是州的重要收入来源。也是为了满足州作为维持州级行使国家行政职能所需要的行政支出的重要保障。增值税分享属于德国财政平衡体制中的横向平衡部分。

德国财政收入的主要部分是税收,联邦政府占总税收收入的比例在2007~2016年10年间基本稳定在42%~43.5%,州政府在39.1%~39.6%,市镇地方政府13.1%~13.7%。州与市镇加起来超过50%以上。欧盟的比例从2010年开始明显提高,2013年达到5%,而最低的2009年为3.9%(见表6-2)。

表 6-2　　2007~2016 年德国税收在三级政府与欧盟之间的分配　　单位:%

年份	联邦政府	州	市镇	欧盟
2007	42.8	39.6	13.5	4.1
2008	42.6	39.5	13.7	4.1
2009	43.5	39.5	13.1	3.9
2010	42.6	39.6	13.3	4.6
2011	43.3	39.1	13.4	4.3
2012	42.7	39.4	13.5	4.4
2013	41.9	39.4	13.6	5
2014	42.1	39.5	13.6	4.8
2015	42.1	39.4	13.7	4.8
2016	42.4	39.3	13.7	4.6

资料来源：Bundesfinanzministerium, Finanzbericht-2016, http：//www.bundesfinanzministerium.de/Content/DE/Standardartikel/Themen/Oeffentliche_Finanze.

三、州财政预算年报

前述总体数据主要是反映州预算内容在国家总财政体制中的地位。预算法的条文是制度的规范，州政府预算年报体现的才是制度实施的结果。各个州政府与联邦政府类似，都需要有预算年报。预算年报不仅包括财政收入与支出的数据表格，也包括大量的文字说明，这些说明文字主要证明财政支出政策的具体效果。

第四节　州预算年报案例——莱法州财政预算年报

一、预算年报的总体结构

由于各个州的预算年报的模式基本是相同的，因此，可以选择一个州的预算年报作为范本进行介绍。莱法州的 2016 年财政年报共有 15 个文件，包括州财政部长年度预算新闻发布会讲话与总数据表。这些文件可以分为 3 个部分。第一部分为文字文件，是州预算法。第二部分的文件是预算计划的总表。第三部分的文件为各单项预算的文件。对应于总表中的每个单项预算的编号，都需要一个独立的单项预算计划。

二、州预算法[①]

预算报告的第一个部分为文字文件，是州预算法，共计有 13 条。[②] 第 1 条：确定预算计划，作为本法附件的 2016 年的预算计划的收入与支出确定为 239.5 亿欧元。第 2 条为借贷与补偿的协议。负责州财政的相关部得到授权为了弥补 2016 年支出，需要贷款的总计划州 71.42 亿欧元，州不动产与建筑企业 4 000 万欧元，州流动性企业 3.62 亿欧元贷款。第 3 条关于工作位置的计划、人员计划的说明。第 4 条为超计划预算外支出与义务授权的说明，提前筹资项目与出卖房基地，支出的提前。第 5 条是关于机构资助的说明，州行政管理以外的机构资助的年度最高限额为 15 万欧元。第 6 条预算，这部分是具体的关于预算计划表中的编号及领域的说明。第 7 节委托任务。第 8 条为存量资产的出卖与放弃。第 9 条担保与资助品的出卖。具体内容例如，国家资助的社会住宅，州相关部出卖的上限为 2 亿欧元。科布伦茨—铜塔从联邦不动产任务局向 NABU 基金会的无偿转移，3 000 万欧元。第 10 条为在特别领域增加可行性，覆盖能力与目标限制。这里面涉及的具体的内容为地方市镇的财政平衡委托。第 11 节关于延续性，如果 2017 年预算不能够在 2017 年 1 月 1 日前通过，本预算继续有效。第 12 节是关于高校财政的说明，第 13 节关于生效时间的说明，通过之日生效。

三、预算计划的总表

预算年报的第二个部分的文件是预算计划的总表（见表 6-3）。第一个是收支总览表。该表的基本结构是按各个单项预算编号（每个资源部门）的收入项目：税收收入与类似税收收入，行政管理收入，债务收入，投资拨款补助收入的基本数据，将数据加总得出各个单项计划的收入，并且加总得出预算总收入。各个收入项目都有与上年的比较，显示增加或是减少的变化。同样的对于各个单项预算的编号有 6 个支出项目：人员支出、行政管理实物支出、拨款与补助支出（不包括投资补助）、建筑措施、其他投资与促进投资的支出、其他财政支出。将这些项目横向加总，得出单项预算编号的总支出。对于每个项目的纵向加总，得出该支出项目下的总支出数据。然后与上年比较，得出支出的增加或是减少。

[①] 州预算法是指年度预算法，因为年度财政预算是以法律形式通过的。而前面的预算规章相当于预算基本法。

[②] Ministerium der Finanzen-RLP, Rheinland-Pfalz Haushaltsplan fuer das Haushaltsjahr 2016, Haushaltsgesetz Gesamtplan, Uebersichten zum Haushaltsplan, https://fm.rlp.de/fileadmin/fm/PDF-Datei/Finanzen/Landeshaushalt/Haushalt_2016/neue_EP_2016/EP_00.pdf.

第六章 德国州政府预算体系

表6-3　2016年莱法州预算收支总览表

单位：千亿欧元

单项计划	0 税收收入与类似税收收入	1 行政管理收入、债务服务收入	收入 2 投资以外的拨款与补助收入	3 债务收入、投资拨款与补助收入	收入总额	4 人员支出	5 行政管理实物支出与债务服务	支出 6 拨款与补助支出（不包括投资补助）	7 建筑措施	8 其他投资支出与投资促进补助	9 其他财政支出	总支出	+剩余 -补助
1	2	3	4	5	6	7	8	9	10	11	12	13	14
01		61	—			31 758	—						
02		410	—			19 305							
03		62 117	—			1 008 861							
04		45 979	—			428 960							
05		268 467	—			534 819							
06		33 429	—			101 532							
07		339	—			23 617							
08		6 086	—			89 439							
09		21 244	—			3 530 025							
10		62	—			19 747							
12		99 702				190 528							
14	47 485	59 706											
20		138 077				20 800						13	
2016年总额	11 572 276	735 679	3 048 133.4	8 593 924.3	23 950 013	5 999 390.4	9 770 850.6					23 950 013	
2015年总额	11 050 185	742 849.5	2 648 092.1	10 157 541	24 598 667.6	5 763 702.7	10 704 068					24 598 667.6	
2016年总额与2015年相比	522 091	-7 170.5	400 041.3	-1 563 616.7	-648 654.6	235 687.7	-933 217.4					-648 654.6	

资料来源：Ministerium der Finanzen-RLP，Rheinland-PfalzHaushaltsplanfuer das Haushaltsjahr2016，HaushaltsgesetzGesamtplan，Uebersichten zum Haushaltsplan，https：//fm.rlp.de/fileadmin/fm/PDF-Datei/Finanzen/Landeshaushalt/Haushalt_2016/neue_EP_2016/EP_00.pdf.

第二个总表是单项计划的预估汇总表，收支计划预估与义务授权支出 2016~2017 年、2018 年、2019 年、2020 年。第三个总表为筹资总览表（见表 6-4）。

表 6-4　　　　　　　　　2016 年筹资总览　　　　　　　　单位：千欧元

项　目	2015 年	2016 年
财务平衡表		
1. 支出	24 598 667.6	23 950 013
扣除项目		
1.1 信贷市场还款	8 635 000.5	7 720 000.5
1.2 提留、基金与存货	0	0
1.3 为覆盖上年差额的支出		
1.4 预算技术上的误差	80 887.5	89 544
财务平衡表支出	15 882 779.6	16 140 468.5
2. 收入		
扣除项目		
2.1 信贷市场借款	9 760 300	8 142 400
2.2 提留、基金与存货		—
2.3 上年结余收入		
2.4 预算技术上的误差	—	—
财务平衡表收入	14 757 480.1	15 710 312.6
3. 财务平衡余额	1 125 299.5	430 155.9
财务平衡余额结构		
4. 信贷市场净新借债收入		
4.1 信贷市场债务	9 760 300	8 142 400
4.2 信贷市场还款支出	8 635 000.5	7 720 000.5
余额	1 125 299.5	422 399.5
5. 上年财务结果		
5.1 上年预算结余收入		
5.2 为覆盖上年差额支出		
余额		
6. 提留		
6.1 接受提留、基金与存货		7 756.4
6.2 流入提留、基金与存货		
余额		7 756.4

续表

项　　目	2015 年	2016 年
7. 误差项		
7.1 收入项误差	80 887.5	89 544
7.2 支出项误差	80 887.5	89 544
余额	0	0
8 财务平衡（Nr. 4.5.6.7）	1 125 299.5	430 155.9

资料来源：Ministerium der Finanzen-RLP, Rheinland-Pfalz Haushaltsplan fuer das Haushaltsjahr 2016, Haushaltsgesetz Gesamtplan, Uebersichten zum Haushaltsplan, https：//fm.rlp.de/fileadmin/fm/PDF-Datei/Finanzen/Landeshaushalt/Haushalt_2016/neue_EP_2016/EP_00.pdf.

第四个总表是信贷筹资计划（2016），第五个总表是结构余额总览，包括收入与支出的核心预算与平衡。第六个总表是可放心的差额计算。第七个总表为2016年预算中结构税收收入。第八个总表为税收政策改变对财政具体影响的确定。第九个总表为2016年企业预算信贷收入与投资支出总表，第十个总表为特别上缴总览，第十一个总表为没有在州预算中列出的上缴。例如，有对德国葡萄酒葡萄种植基金的上缴，对东部地区重建的上缴。第十二个总表为收支分类总览。

四、单项预算文件

预算年报的第三部分的文件为各单项预算的文件。对应于总表中的每个单项预算的编号，都需要一个独立的章。每个单项预算的章都由以下几个部分构成：（1）文字说明部分。文字说明部分包括前言与正文两个部分。前言部分是说明该单项预算涉及总人员，例如，在01单项预算，是州议院的预算。在前言的第一部分说明本届议院的议员总人数为101人，有1位主席，1位副主席。（2）州议院在州行政中的地位。（3）州议院的任务。（4）01单项预算的具体收入与支出数据表及数据说明。（5）人员编制计划。人员编制计划非常详细。包括岗位人数与岗位的级别及名称。例如在议院行政管理标题下面为总管，就是1人，编制为B8（公务员8级），其后的州长代理人为2人，编制为B6等。

由于总表中有13个单项计划，因此就需要有13个独立单项预算计划。每个单项都是由相同的格式模块构成：前言、多个独立章、收支总览、义务授权支出总览、工作职位计划总览、从欧盟得到的收入总览、附件。其中，各独立章基本经费使用单位的支出预算，例如在单项计划09为州教育、科学、继续教育与文化部的预算，它的0901章就是部本身的预算，0902章就是一般性拨款，0903、0904为空缺的，0905章为哥登堡大学的预算，在0905章本身就有附件。0906章为特里尔大学的预算，0906章也有附件，等等，属于该部的所有资源使用单位的单项预算汇总，得到州教育、科学、继续教育与文化部的单项预算。因此，从某种意义上说，这个层次的单项预算是部门预算。

莱法州单项预算文件整理为表6-5。从单项预算的文件长度可以看出，教育、科学、继续教育与文化部是州最重要的资源预算单位，因为州承担了公共任务中教育的部分。

表6-5　　莱法州2016财年单项预算文件目录

单项计划编号	单项计划标题	预算文件页数（页）
01	州议院	50
02	州长与州府办公室	88
03	州内政、体育与基础设施部	466
04	州财政部	152
05	司法与消费者保护部	172
06	社会、劳动、健康与人口部	193
07	移民、家庭、儿童、青年与妇女部	157
08	经济、气候保护、能源与土地规划部	222
09	教育、科学、继续教育与文化部	729
10	州审计署	27
11	高层建筑措施与住宅资助	64
14	州环境、农业、食品、酒葡萄种植与林业部	475
20	一般财政	82

注：单项预算的编号是不连续的，是固定编号。
资料来源：笔者根据相关资料整理。

附件　莱法州预算法提纲

Landeshaushaltsordnung（LHO）- Landesrecht Rheinland-Pfalz landesrecht. rlp. de/jportal/portal/t/s0y/page/bsrlpprod. psml?…

Inhaltsübersicht
第一部分　关于预算计划的一般规定
Teil I　Allgemeine Vorschriften zum Haushaltsplan
§ 1　Feststellung des Haushaltsplans 预算计划确定
§ 2　Bedeutung des Haushaltsplans 预算计划意义
§ 3　Wirkungen des Haushaltsplans 预算计划作用
§ 4　Haushaltsjahr 财政年度

§ 5　Verwaltungsvorschriften 行政管理规定

§ 6　Notwendigkeit der Ausgaben und Verpflichtungsermächtigungen 支出与义务授权的必要性

§ 7　Wirtschaftlichkeit und Sparsamkeit，Wirtschaftlichkeitsuntersuchungen，Kosten-und Leistungsrechnung 经济性与节省、经济性研究、成本效果分析

§ 7a　Leistungsbezogene Planaufstellung und-bewirtschaftung 成果相关的计划提出与经营

§ 7b　Leistungsauftrag 成果委托

§ 8　Grundsatz der Gesamtdeckung 总覆盖原则

§ 9　Beauftragter für den Haushalt 预算专员

§ 10　Unterrichtung des Landtags 州议会报告

第二部分　预算计划与财务计划的提出
Teil II　Aufstellung des Haushaltsplans und des Finanzplans

§ 11　Vollständigkeit und Einheit，Fälligkeitsprinzip 完整性、统一性、有效性原则

§ 12　Geltungsdauer der Haushaltspläne 预算计划的有效期

§ 13　Einzelpläne, Gesamtplan, Gruppierungsplan 单项计划、总计划、分类计划

§ 14　Übersichten zum Haushaltsplan，Funktionenplan 预算计划与功能计划总览

§ 15　Bruttoveranschlagung，Selbstbewirtschaftungsmittel 毛预估、自我经营资金

§ 16　Verpflichtungsermächtigungen 义务授权

§ 17　Einzelveranschlagung，Erläuterung，Planstellen 单项预估、说明、计划职位

§ 18　Kreditermächtigungen 信贷授权

§ 19　Übertragbarkeit 可转换性

§ 20　Deckungsfähigkeit 覆盖能力

§ 20a　Sicherung des Budgetrechts des Landtags 州议院预算权限的保证

§ 21　Wegfall-und Umwandlungsvermerke 去除－与转换的标注

§ 22　Sperrvermerk 冻结标注

§ 23　Zuwendungen 补贴

§ 24　Baumaßnahmen，größere Beschaffungen，größere Entwicklungsvorhaben 建筑措施、较大的购买、较大的开发项目

§ 25　Überschuss，Fehlbetrag 结余、差额

§ 26　Landesbetriebe，Sondervermögen，Zuwendungsempfänger 州企业、特别财产、补贴接受者

§ 27　Voranschläge 预估

§ 28　Aufstellung des Entwurfs des Haushaltsplans 提出预算计划草案

§ 29　Beschluss über den Entwurf des Haushaltsplans 预算计划草案决议

§ 30　Vorlage 草案范本

§ 31　Finanzplanung，Berichterstattung zur Finanzwirtschaft 预算计划、财政经济报告

§ 32　Ergänzungen zum Entwurf des Haushaltsplans 预算计划草案补充

§ 33　Nachtragshaushaltsgesetz 补充预算法

第三部分　预算计划执行

Teil III　Ausführung des Haushaltsplans

§ 34　Erhebung der Einnahmen, Bewirtschaftung der Ausgaben 取得收入、支出

§ 35　Bruttonachweis, Einzelnachweis 总证明、单项证明

§ 36　Aufhebung der Sperre 解除冻结

§ 37　Über-und außerplanmäßige Ausgaben 超计划与预算外计划支出

§ 38　Verpflichtungsermächtigungen 义务授权

§ 39　Gewährleistungen, Kreditzusagen 担保与信贷

§ 40　Andere Maßnahmen von finanzieller Bedeutung 其他经营财务意义的措施

§ 41　Haushaltswirtschaftliche Sperre 预算经济性冻结

§ 42　Konjunkturpolitisch bedingte Maßnahmen 景气政策导致的措施

§ 43　Kassenmittel, Betriebsmittel 现金手段、企业手段

§ 44　Zuwendungen, Verwaltung von Mitteln oder Vermögensgegenständen 补贴、资金管理或资产对象

§ 45　Sachliche und zeitliche Bindung 实物与时间制约

§ 46　Deckungsfähigkeit 覆盖能力

§ 47　Wegfall-und Umwandlungsvermerke 去除与改变标注

§ 48　Einstellung, Versetzung und Ruhestandsversetzung von Beamten 公务员上岗、调动与退休

§ 49　Einweisung in eine Planstelle 一个计划职位的指令

§ 50　Umsetzung von Mitteln und Planstellen 资金与工作岗位的转用

§ 51　Besondere Personalausgaben 特别人员支出

§ 52　Nutzungen und Sachbezüge 使用与实物相关

§ 53　Billigkeitsleistungen 低价服务

§ 54　Baumaßnahmen, größere Beschaffungen, größere Entwicklungsvorhaben 建筑措施、较大购买、较大的开发计划

§ 55　Öffentliche Ausschreibung 公开招标

§ 56　Vorleistungen 提前服务

§ 57　Verträge mit Angehörigen des öffentlichen Dienstes 公共服务相关的合同

§ 58　Änderung von Verträgen, Vergleiche 合同更改、比较

§ 59　Veränderung von Ansprüchen 权利改变

§ 60　Vorschüsse, Verwahrungen 预付、保存

§ 61　Interne Verrechnungen 内部结算

§ 62　Kassenverstärkungsrücklage 增强现金提留

§ 63　Erwerb und Veräußerung von Vermögensgegenständen 资产对象的购买与出售

§ 64　Grundstücke 房基地

§ 65　Beteiligung an privatrechtlichen Unternehmen 私法企业参股

§ 66　Unterrichtung des Rechnungshofs 审计署汇报
§ 67　Prüfungsrecht durch Vereinbarung 通过协议的审计权
§ 68　Zuständigkeitsregelungen 管辖权规定
§ 69　Unterrichtung des Rechnungshofs 审计署汇报

第四部分　支付、会计与账务
Teil IV　Zahlungen, Buchführung und Rechnungslegung

§ 70　Zahlungen 支付
§ 71　Buchführung 会计
§ 71a　Buchführung und Bilanzierung nach den Grundsätzen des Handelsgesetzbuches 根据商法为基础会计与资产平衡表
§ 72　Buchung nach Haushaltsjahren 依据预算年度的会计
§ 73　Vermögensbuchführung 资产会计
§ 74　Buchführung bei Landesbetrieben 州企业会计
§ 75　Belegpflicht 票据义务
§ 76　Abschluss der Bücher 结账
§ 77　Kassensicherheit 金库安全
§ 78　Unvermutete Prüfungen 非估计的审查
§ 79　Landeskassen, Verwaltungsvorschriften 州金库、管理规定
§ 80　Rechnungslegung, Haushaltsrechnung 账务、预算账务
§ 81　Gliederung der Haushaltsrechnung 预算账目分类
§ 82　Kassenmäßiger Abschluss 现金决算
§ 83　Haushaltsabschluss 决算
§ 84　Abschlussbericht 决算报告
§ 85　Übersichten zur Haushaltsrechnung 预算账务总览
§ 86　Vermögensübersicht 资产总览
§ 87　Rechnungslegung der Landesbetriebe 州企业账务

第五部分　账目审查
Teil V　Rechnungsprüfung

§ 88　Aufgaben des Rechnungshofs 审计院任务
§ 89　Prüfung 审查
§ 90　Inhalt der Prüfung 内容审查
§ 91　Prüfung bei Stellen außerhalb der Landesverwaltung 州行政之外位置的审查
§ 92　Prüfung staatlicher Betätigung bei privatrechtlichen Unternehmen 私法企业国家证明的审查
§ 93　Gemeinsame Prüfung 共同审查
§ 94　Zeit und Art der Prüfung 审查的时间与类型
§ 95　Auskunftspflicht 回答问询义务
§ 96　Prüfungsergebnis 审查结果

§ 97　Jahresbericht 年报
§ 98　Nichtverfolgung von Ansprüchen 权利的非追溯
§ 99　Angelegenheiten von besonderer Bedeutung 特别意义场合
§ 100　Prüfung durch nachgeordnete Stellen des Rechnungshofs 通过审计院下属机构的审查
§ 101　Rechnung des Rechnungshofs 审计院账单
§ 102　Unterrichtung des Rechnungshofs 审计院汇报
§ 103　Prüfung der juristischen Personen des privaten Rechts 私法法人的审查

第六部分　州直接公法法人
Teil VI　Landesunmittelbare juristische Personen des öffentlichen Rechts
§ 104　Grundsatz 基本原则
§ 105　Haushaltsplan 预算计划
§ 106　Umlagen, Beiträge 上交、交费
§ 107　Genehmigung des Haushaltsplans 预算计划的批准
§ 108　Rechnungslegung, Prüfung, Entlastung 账务、审计、销账
§ 109　Wirtschaftsplan 经济计划
§ 110　Prüfung durch den Rechnungshof 审计院审计
§ 111　Sonderregelungen 特别规定

第六部分 A　州议院权利
Teil VI a　Rechte des Landtags bei Nebenhaushalten
§ 112a　Zustimmung des Landtags 州议院决定

第七部分　特别财产
Teil VII 7　Sondervermögen
§ 113　Grundsatz 基本原则

第八部分　销账
Teil VIII 8　Entlastung
§ 114　Entlastung 销账

第九部分　过渡与决议确定
Teil IX 9　Übergangs-und Schlussbestimmungen
§ 115　Entsprechende Anwendung 相应运用
§ 116　Endgültige Entscheidung 最终决定
§ 117　In-Kraft-Treten 生效

第七章

德国市镇地方政府预算

■ **本章导读**

在德国，县不是独立的预算单位，但是市镇是独立的预算单位。地方预算制度方面新的制度的试验与运用，很多都是从市镇自下而上开始的。本章介绍德国州以下地方政府财政管理事务。具体包括五大模块：市镇地方自治的理论依据、县财政事务、市镇政府预算的具体内容、市镇预算的执行与监督与市镇地方预算体制的改革。

第一节　市镇地方自治理论依据

一、德国市镇地方自治历史

德国地方自治的历史最早可以追溯到 12 世纪，但是在发展过程中几经曲折。12 世纪开始形成固定的居住区组织，对居住区的经济和社会进行管理。形成乡镇的不同形式，但是其作用的程度或者影响力，在不同的地区不同。中世纪居住共同体逐渐从乡邻形式发展为合作性的组织形式。在这之前村庄的共同生活是由地主（头人）统治的，后来形成了社区共同体的结构。市议会（kollegie）在 17 世纪已经将市镇领导得很好，但是在专制主义（absolutismus）时期，市镇又回到了地主的统治之下，普鲁士地主决定市镇机构的构成，而不是通过地方选举。这种制度压抑了市民参与建设市镇的积极性，阻滞了社会经济的发展。到 18 世纪末，北美和法国的革命直接形成对德国的压力，国内要求改革的呼声很高，但是普鲁士国王威廉三世害怕改革会动摇自己的地位，拒绝进行改革。1801 年拿破仑取得了反法联盟胜利以后，将占领区组成莱茵同盟，并在占领区进行了全面的改革。普鲁士和奥地利两个德意志帝国在军事上的失败向人民，也向威廉三世证明了改革的重要性，使当时的改革家们的改革方案能够付诸实施。当时普鲁士财政和经济部长冯·施泰因直接领导了普鲁士市镇改革。主要内容为，废除农民对农庄的隶属关系，农民具有人身自由、占有和使用土地的自由（1807 年 10 月赦令）。农民的自由流动对于市镇的发展是非常重要的。市镇改革则以自由市镇为目标。

二、自由市镇法的产生与实施

1808 年普鲁士城市改革以后，市镇按城市自治条例实行自治。由市民选举市议会议员，再由他们选举政府。各市镇拥有财政自主权，自行管理贫民救济和学校事业，并以国家的名义管理警察事务（1808 年 11 月城市条例）。[①] 施泰因领导的普鲁士城市改革使地方自治得到具体实现。市镇再次取得自治权（Selbstverwaltung，SV）由于受启蒙思想的影响，普鲁士市镇改革的目的是建立政治自由的市镇，城市和农村的乡镇都包括在内。1808 年普鲁士城市改革之前，乡村和城市实施的不是统一的法律，区分为帝国城市和乡村城市（reichsstaedte und landstaedte）。1831 年普鲁士修改城市法，经过后来的逐步改革，1848 年城市和乡村实行统一的法律：自由市镇法。但是自由市镇的目标当时并没有能够实现，理论上自由市民应该都能够直接参与市镇自治。而选举权在当时并不是平等的，并不是每个居民有选举权，而是拥有

---

① Alfons Gern：Deutsches Kommunalrecht, 2003, 2. Aufl. Nomos Verlag, Baden-Baden.

第七章 德国市镇地方政府预算

土地和至少150泰勒（Talern）的居民，或者支付一定的费用，才有选举权。施泰因离任以后，他的后任海登贝格，也是著名的改革家，他继续推行施泰因的改革措施。主要改革原则为：所有经济主体负担相等，简化纳税程序，平均负担税负，建立税册。他使教会财产世俗化，准许工商自由，农民可以用钱代替劳役和畜役，并且可以购买土地所有权，同时解放了犹太人，使他们成为完全公民。可是，海登贝格在市镇改革的一个重要方面却后退了，他用国王任命的县长代替选举的邦议会，抛弃了施泰因主张的市镇自治的根本原则，而使行政集权化。此外，普鲁士市镇改革自治目标与之前就存在市镇合作性的自我负责的思想相冲突，在许多小的地区，家族和邻居之间共同体仍然存在。① 改革以后，实际上各地最后形成的市镇法的差别很大。巴伐利亚地区的市镇秩序（1818年），符腾堡市镇法典（1822年），以及其他地区的市镇法，说明了德国历史上地方主义和联邦主义的并存。无论如何，在普鲁士城市改革的过程中，国家对市镇的影响大大地减少了。其他国家（邦）（普鲁士当时作为一个国家）后来也以普鲁士为榜样进行了类似的改革。到1856年，前期的市镇改革又受到修正，修正以后的市镇秩序，国家对市镇的影响又有所增加。以施泰因领导，开始的普鲁士市镇改革虽然由于战争的原因没有能够实行当初的改革设想，但是许多方面还是得到了实现，并且对其他德意志民族地区发生了重大影响。其他地区也相继进行了各自的市镇改革，在这些改革过程中，对市镇自治有重要影响的有符腾堡市镇法典（1822年）和巴伐利亚地区的市镇秩序（1818年）。②

三、乡镇组织法的产生

由于德国作为独立国家的历史形成于各邦以普鲁士为基础的联合，所以各邦（州）原有的组织形式由于历史文化的不同而多样化。州以下的基础组织为市镇，市镇在城市化过程中得到整合。在德国工业化时期，在大部分的市镇单位中，完全城市形态的市还是比较少的，大量的还是乡镇，因此市镇的法律实际上是乡镇法律，最重要的有1891年的乡镇组织法，在南部的巴伐利亚和符腾堡的市镇组织法，不区分乡镇和市镇。普鲁士的乡镇规定，选民不到40人（因为不是每人都是选民），设置乡民大会，40人以上设置乡议会。议员人数不得少于6人。由乡民大会和议会选出乡长（不是直接选举）。由乡长和助理1~6人组成会议制的行政机构。立法权由两机构共同行使。乡长与助理都是没有薪水的职务。在大的乡镇中，市长及助理可以是有薪水的职务。在那个时期，乡镇的事务比较简单，管理区内清理道路、沟渠、路灯、救助贫穷人、消防等，也负责中小学的校舍。出于对规模效益的考虑，德国

---

① Frank Erwin Bussman, Dorfbewohner und Kommunalpolitik-Eine vergleichende Untersuchung in 14 Dörfern der Bundesrepublik Deutschland unter besonderer Berücksichtigung der länderspezifischen Gemeindeordnungen und der Verwaltungsstrukturen – 1998 Bonn, p. 48.

② 自20世纪70年代以来，巴伐利亚和符腾堡地区始终是德国经济最为发达的地区，这些也许与市镇自治的传统有关。

人和美国人其实采取了相同的方法,组成市镇之间的联合体,也称为目标联盟。①市镇、县之间作为自治的法人,可以为某种公共服务事业形成新的联合体,有的也包括公法团体可以作为成员。

四、市镇自治权的基本内容

市镇自治权的大小虽然在各州有区别,但是共同点为:(1)法人地位;(2)依照法律规定,自己选择长官;(3)依照法律互相联合;(4)自理行政;(5)自制地方法规;(6)受行政法保护,不受邦行政人员的非法侵犯;(7)举行地方的复决权,等等。需要指出的是,德国的社会制度始终是一个具有以制衡和约束为重要特征的制度,市镇制度也是一样。市镇自治权仅限于市镇本身的事务,对这些事务的管理还是要受国家法律制度约束。自治不意味着市镇是某些人的独立王国,如果对市民的权利形成侵害,市民可以通过行政法院上诉,不仅是某些干部个人,而是市镇政府都可能成为被告,如果行政法院判定政府的行为不符合法律,就必须进行改进。

五、市镇行政改革

第二次世界大战前的乡镇行政制度基本沿续到战后,战后虽然联盟军根据占领区划分的需要,将战前一些独立的州进行了合并。但是在市镇这个层次基本没有变动,只是将大量的制度秩序从被破坏的秩序中恢复过来。而德国战后的乡镇制度改革直到1969年才开始。在这之前,市镇自治制度是以恢复到战前的市镇自治制度为目标的。1969年首先开始的是财政体制改革,市镇行政制度改革是在1976年才完成。②

六、改革后州政府预算与市镇地方政府预算的关系

(一)州预算对市镇预算的影响增加

如前所述,德意志联邦共和国成立以后的相当长的时期内是在恢复第二次世界大战前的秩序,如预算基本法一样,建国以后使用的是1922年通过的《帝国预算法》直到1969年改革。市镇改革也是从1969年开始的,由于德国具有市镇自治的

---

① 目标联盟(Zweckverbaende),目标联盟就是不同的行政管辖区之间为特定的公共服务的目标进行联合,联合是采取合同的形式。这种制度形式避免了规模效益由于行政区划导致的损失,有了这种组织设计就不需要扩大行政区划了。具体参见朱秋霞论文:《论大城市提高公共品供给的制度选择:地区间合作替代区划升级》,载于《学术界》2014年第5期,第61~70页。

② 朱秋霞:《百年村变之梦——村镇现代化建设财政制度比较》,立信会计出版社2010年版,第155~188页。

历史传统，而1969年市镇改革的重点是财政体制改革。后来，直到1976年，由于受财政经费节省的影响，进行了合并市镇的行政体制改革。1976年市镇改革以后，出现了更多的国家和市镇的联合，或者一体化的过程。有些由州的财政扶持的项目，市镇不是自己提出计划，而是州的计划的具体化或者承担州的项目。出现大量项目的交叉或者联合，尤其是在区划领域。由于财政危机导致的地方任务的上移，也可以由公共任务的私有化来实现。当然，私有化也需要一定的规模，但是不再由行政决定。所以，市镇不再是一个独立自给性封闭区。

（二）市镇地方自治权受到某种程度削弱

从理论分析的角度来看，德国传统的市镇是自治单位。这种传统自从联邦制新国家形式出现以后就被破坏了，市镇逐步失去了原有的自治权，而只有独立行政管理权。自治权和独立行政管理权的区别是前者是市镇可以根据本区居民的意愿规定法律。而独立行政管理权只是根据上级规定的法律，在没有上级政府的下属机构情况下，由地方自己进行管理。[①] 尽管理论家们的分析似乎已经确实证明了德国地方自治权被架空，但是政治家和公民们仍然以为市镇自治权是存在的。因为这是法律所保障的权利，只要法律没有改变，市镇自治权就是存在的。这表现在所有涉及市镇预算制度、行政制度的法律规定中，有关市镇自治的法律都是作为最重要内容被应用。从人们对市镇自治权的讨论中，大概可以看出，法律所赋予的自治权与事实自治权往往是有差别的。市镇虽然是最低层的单位，是国家原始权力的基础，然而，国家权力的金字塔是倒立的，联邦和州的行政权力是在市镇之上的。与联邦和州的权力相比较，市镇总是相对软弱的，因此，需要相当大的力气才能够真正保护法律所赋予的市镇自治权不被削弱，而这正是学者与公民们的责任。

（三）市镇法的多样性得以保留

德国市镇法主要有四种：北德议会法、南德议会法、莱茵地区市长法、新州过渡法。政治参与始终是市镇改革目的的重要考虑，规模涉及参与程度和参与模式的问题。乡镇更多地成为了服务型企业。[②] 政治参与，不仅是参与人本身得到了报酬（例如政治家兼职要付报酬），而且通过参与取得了市镇自身的利益。市镇自治权的基本内容由基本法第28条（Art. 28. Abs. 2 GG）明确，市镇在法律框架下所有当地事务自我负责。

---

① C. B. Blankart, 1994, Oeffentliche Finanzen in der Demokratie, 2. auflage, Verlag Franz Vahlen, Muenchen.

② Dienstleistungsunternehmen. Gewinnen durch partizpation nicht nur eine entlohnung von partizpation.

第二节　县财政事务

一、县行政

在州一级，预算主体就是州政府，在全世界各国基本相同，而州以下地方政府预算主体差别就比较大。德国州以下地方政府包括县与市镇两个部分，县与独立市是同级的，互不重叠。在州的地方法规中，县的定义是不包括独立市的地区。空间范围来说，包括没有能够成为独立市的大量的小镇。①　然而，小镇与市同样是有独立预算的自治单位。所以在德国财政体制中，县可以理解为一种特别公共服务的功能区，基本功能是完成州委托的国家任务。因此，在州财政预算中的支出项目包括县，州除了承担教育的公共任务外支出，州的财政预算主要是包括了县的财政事务。在关于县的法律规定中，没有提交独立预算报告的要求。县在德国可以看作财政报账单位。县财政事务由州基本法中的《县条例》规定。

二、《县条例》

州法典中有专门的县条例，是对县级财政事务的制度框架，共计有六章75条。②

《县条例》第二章标题为县法律与行政，涉及县行政管理机构的规制，从财政意义上，涉及公务员编制的财政供养人员是如何产生的。首先是关于最高行政长官县长的规定，明确规定了县长职位设置与工作任务。具体为每个县设县长1人，县长必须是专职的，是县行政机构的领导，是州行政机构的最基层的官员，代表县对外。由于德国的行政管理体系的特点是首长个人负责制，因此对于县长代理与代理的场合有明确限制条件。每个县可以设县参议员有2~3名，只有2名是专职人员。同时可以设荣誉县参议员。在县长不在的场合，首席参议员可以作为县长的代理。当县长与首席参议员均不在的场合，副席参议员可以代替。参议员作为县长代理的次序在确定参议员选举之前就决定的，与具体人选无关。县长可以委托无具体分管业务范围的荣誉参议员代为主持活动（第41、第44条）。对于县长职位期限也有明确规定，具体为县长与首席参议员任期8年。对于县长的产生方式也有具体规定：县长由居民直接、匿名、自由选举产生。选举按多数原则，超过50%以上选票者当选。参议员则由议会代表大会选举产生（第45、第46条）。简单来说，县长是由普

---

①　在现时的德文语义上，乡村包括小镇与周围的农地。不同于现时中文语义上的农村，是指主要从事农业的农民居住的村庄与村庄周围的农地形成的区域。（笔者注）
②　《县条例》，载于《莱法州法典2010》。

选产生的，而参议员（县长代理）不是由普选产生的。从德国的县行政核心领导成员的形成来看，是直接选举与间接选举相集合，即 3 名县级最高行政长官，县长由直接选举产生，其余 2 人由议会间接选举产生。他们的编制属于州公务员，工资由州财政负担。县长领导下的所有县级行政机构工作的职员，都是作为公务员由州财政负担工资与福利支出。关于县行政管理费用中人员与实物成本的规定也相当明确。县行政管理作为国家的基层管理机构，作为州一般行政管理基层机构。县行政管理大楼属于县的产权，县行政管理部门使用不需要付租金。县行政管理办公用房的新建、维护、扩建或购买，需要资金成本超过 25000 欧元以上的情况下，州可以通过州财政预算补贴超过部分的 1/5。需要提供相关的说明材料，并通过州相关部批准方可以得到这种补贴。县行政管理办公用房不包括公务员住宅（第二章第 55 条），县议会是县立法机构。县议会内设专业委员会，议会成员按居民人数决定，由直接选举产生。最低 6 万~8 万名居民，可以有议会议员 34 人，最高 15 万人口，可以有议会议员 50 人。

三、县财政事务

《县条例》第三章为县经济，直接与县财务有关。其中第 58 条是筹集资金的基本原则，是关于县所需要完成其公共任务的财政资源的说明。包括两个方面：（1）县可以根据法律规定收费，（2）在不能够满足需要的情况下县可以为了完成它的任务筹集收入：①可以分项计费的项目采取收费的形式；②其余部分通过税收；③县可以通过收取捐助、捐款、赠送或类似其他补助或通过引入第三方参与完成它的公共任务，在向外部筹集资金的规定中有 8 个方面的限制要求；④在自身努力不能够满足资金需要的状况下，可以根据州财政平衡法得到年度县财政补贴；⑤在没有其他筹资可能，或者不符合经济性的情况下可以贷款。在关于县行政管理所有条款中都没有提到预算报告的事宜，说明在德国地方财政体制中，从财务制度的设计上，县更是像州的一个分公司，代理事务的报账单位，有一定的筹集资金的权限，但不是一级财政单位。

四、县财政监督

《县条例》第 59 条是对县审计局的规定，直接关系到县财政事务的监督。具体要求：（1）在县行政管理机构中设审计局。（2）审计局隶属县长领导。（3）县长只有通过县议会的同意，才能调动审计局领导职位。仅当审计局领导没有完成公务员的职责的条件下，县长可以取消审计局领导公务员的职位。但是，需要有县议会议员 2/3 多数同意，并且需要监事会同意。（4）县审计局长不可以由县长、参议员、县现金总管及现金总管助理的亲属担任。（5）只有当与他们完成审计任务不冲突的条件下，县审计局局长①与审计局的审计员可以有其他兼职。（6）审计局长与审计员无权安排县的支付。

从以上条款可以看出，县长有8年任期，县不是作为预算单位，但是可以以公共服务项目名义筹集资金。在县一级虽然设立了审计局，但是审计局从组织结构上是隶属于县长。而县长又是由当地居民直选的。从制度上看，县一级仍然有可能产生违法腐败问题，而这些问题存在由于地方上的人缘关系导致被隐瞒的可能性。因此除了在县本级设有独立的审计局以外，还设有国家监督。②

《县条例》第四章为国家监督的具体规定。国家监督的原则为监督县管理机构的行为符合法律，鼓励县发展地方事业的积极性（第60条）。国家监督机构是州监督与服务局，其上级与更上级的监督局是州的专业部（州财政部）。当一个县由于外部债务原因被追查或破产清算的情况下，监督局负责实施破产清算（第61条）。

第三节　市镇政府预算

一、《市镇预算规章》的总体结构

如前所述，在德国县不是独立的预算单位。但是市镇是独立的预算单位。在州法典中，有独立的《市镇预算规章》，③对市镇地方预算进行了具体的规定。市镇预算规章由10章共64条构成。具体结构为：第一章预算计划，第二章预算计划的基本原则，第三章预算全覆盖原则，第四章预算经济的进一步规定，第五章支付往来程序，第六章会计，第七章固定资产及评价方法，第八章年终结算，第九章总结算，第十章总论。

二、《市镇预算规章》关于预算计划④总体规定

预算计划在市镇预算规章的第一章中共计有8条进行了规定。具体包括：预算计划总体构成与预算计划附件、成果预算、财务预算、部分预算、人员计划、预报告、2年预算的确定、追加预算计划。

---

① 县审计局局长，Leiter der Rechnungspruefungsamt der Kreis，审计局长人选由议会推荐确定，审计局长与审计师本人都不可以同时是县议会议员。
② 这里的国家其实是州的意思，因为州具有国家意义。所以德文名称为国家监督（staatsaufsicht）。
③ Gemeidehaushaltsverordnung, GemHVO.
④ 德文原文为haushaltsplan，直接翻译是预算计划，但是笔者从内容来理解就是预算的意思。所以简单使用预算。

（一）预算计划总要求与预算计划附件

预算计划附件由 9 个部分构成：（1）预报告。（2）上年年终结算的财务平衡表。（3）不带附件的上年年终总结算报告。（4）义务权限总览。（5）当年预估债务的总览。（6）作为专门账户记账的特别财产的经济计划。（7）关于总体经济形势与进一步发展预测的总览，其中又包括：①由市镇参股比例超过 50% 以上的作为私法单位所拥有的企业与设备；②市镇作为成员的有专项公共产品任务的联盟；③承担保证市镇功能的公法法人单位。（8）部分预算的总览。（9）（功能分类）公共产品相关的财务数据总览。

（二）预算计划应包括的内容

上年成果预算与财务预算及结果，以及在部分成果预算与部分财务预算中要有前年（上上年）财务预算的成果预算，上年的财务预算的可支配财源，以及当年的可支配财源。复式预算中当年与上年预算的数据。其后 3 年的计划数据，复式预算中其后两年的数据与各预算年度分开。

三、成果预算

成果预算是预算计划的重要内容，市镇预算规章中第 2 条对成果预算项目进行了规定。成果预算至少需要以下项目：（1）税收与类似税收的上缴。（2）补贴与一般补助及其他转移收入。（3）社会保险收入。（4）公法公共服务收费。（5）私法公共服务收费。（6）报销与委托任务报销。（7）已完成与未完成的公共产出存量的减少或者增加。（8）其他贷方自有服务项目。（9）其他经常性收入。（10）从行政管理服务活动项目所得到的经常性收入总额（以上项目 1~9 加总）。（11）人员支出。（12）养老及福利支出。（13）实物与劳务产出需要的支出。（14）设备固定资产折旧以及超过正常折旧的部分，设备固定资产的定义。（15）作为流动项目的资产存量的折旧，以及超过正常折旧的部分。（16）补贴，包括其他转移性支出。（17）社会保险支出。（18）其他经常性支出。（19）行政管理项目经常性支出总额。（20）行政管理暂时成果（项目 10 与项目 19 之差额）。（21）利息及其他支出。（22）利息及其他收入。（23）财务成果（项目 21 与项目 22 之差额）。（24）制度内总成果（项目 20 与项目 23 相加）。（25）制度外收入。（26）制度外支出。（27）制度外成果（项目 25 与项目 26 之差额）。（28）年终总成果（年终盈余或亏空，项目 24 与项目 27 之和）。（29）专项：市镇财政平衡负担支出。（30）专项：市镇财政平衡收入。（31）考虑市镇财政平衡负担之后专项变化的年终成果。对于成果预算项目的排序最后将由专门负责相关工作的政府部门规定并公布。

四、财务预算

财务预算是预算计划核心部分，市镇预算规章中第 3 条对财政预算项目进行了具体的规定。在财务预算中至少需要强调的项目：（1）税收与类似税收的上缴。（2）补助及一般性补助与其他转移支付收入。（3）社会保险支付。（4）公法服务收费。（5）私法服务收费。（6）报销与委托任务报销。（7）已完成与未完成的公共产出存量的削减或者增加。（8）其他贷方自有服务项目。（9）其他经常性收入。（10）从行政管理服务项目所得到经常性收入总额（以上项目 1 至项目 9 加总）。（11）人员支出。（12）养老及福利支出。（13）实物与劳务产出需要的支出。（14）补贴及一般性补助与其他转移支付支出。（15）社会保险支出。（16）其他经常性支出。（17）行政管理项目经常性支出总额（项目 11 至项目 16 加总）。（18）行政管理服务经常性收入与支出差额（项目 10 与项目 17 之差额）。（19）利息及其他财务收入。（20）利息及其他财务支出。（21）利息及其他财务收入与支出差额（项目 19 与项目 20 之差额）。（22）制度内收支差额（项目 18 与 21 加总）。（23）制度外收入。（24）制度外支出。（25）制度外收支差额（项目 23 与项目 24 之差额）。（26）制度内与制度外收支差额（项目 22 与项目 25 加总）。（27）投资所得收入。（28）上交及类似上缴收入总额。（29）非实物资产收入。（30）设备收入。（31）金融资产收入。（32）贷款与信贷担保收入。（33）存货出卖收入。（34）其他投资收入。（35）投资收入总额。（36）非实物资产支出。（37）实物资产支出。（38）金融资产支出。（39）其他贷款与信贷担保支出。（40）购买存货支出。（41）其他投资支出。（42）投资支出总额（项目 36 至项目 41 加总）。（43）投资项目差额（项目 35 与项目 42 差额）。（44）财务盈余或亏空（项目 26 与项目 43 加总）。（45）从投资信贷取得的收入。（46）偿还投资信贷支出。（47）投资信贷收支差额（项目 45 与项目 46 之差额）。（48）保证流动性贷款收入。（49）保证流动性贷款偿还支出。（50）保证流动性贷款收支差额（项目 48 与项目 49 之差额）。（51）流动资金增加。（52）流动资金减少。（53）流动资金变化（项目 51 与项目 52 差额）。（54）筹资活动收支差额（项目 47、项目 50 与项目 53 加总）。（55）流通中货币收入。（56）流通中货币支出。

对于地方市镇（作为市镇联盟成员）可以采用以下项目代替上述 48～51 项目：项目 48 替代为采用对市镇联盟债务增加，项目 49 替代为对市镇联盟债务减少，项目 50 替代为市镇联盟债务变化，项目 51 替代为市镇联盟资助下降。项目 52 为市镇联盟资助增加，项目 53 替代为市镇联邦资助变化（项目 51 与项目 52 差额）。对于市镇联盟上述项目 48 至项目 53 仅需要自身实际发生的流动性贷款与流动资金数据。收入支出项目及具体次序最后将由专门负责相关工作的政府部门规定并且公布。

五、部分预算（功能预算）

部分预算也是预算计划的重要部分。市镇预算规章第 4 条是对部分预算的具体规定：（1）部分预算就是市镇将自己的预算以部分预算形式列出。（2）部分预算以相关部（州的部）公开的功能产品框架计划中产出项目为基础。（3）主要产品范围（6 项集中的财政服务产品），产品框架计划作为功能预算显示，以该项服务没有列入其他项目为前提。（4）在关于功能预算的说明中不能够显示的项目，可以在作为财政计划中的功能计划附件中说明。在该附件中，当年预算数据必须以功能计划形式显示。（5）财务数据按产品隶属关系分类：单个产品所属产品组，产品组所属于产品领域，产品领域所属主要产品领域，以专业部公开产品框架计划中的产品隶属为依据，作为预算计划的附件。（6）在每个部分预算中，本质上要提供的是产品、产品合同、目标与提供的服务能力的说明，以及目标产量与实现目标产量的关键数据。目标与核心数据应该作为项目设计、计划、控制与年度预算成果控制的基础。（7）每个部分预算由部分成果与部分财政预算构成。（8）每个部分预算构成 1 个经营单位，经营规则必须在预算计划或者在部分成果预算中加以说明。本条适用于部分财政预算。（9）每个部分成果预算至少是一个按照第二条中规定的项目 1 至项目 27 所列项目，按照成果与支出列出。此外还需要增加以下 5 个项目：项目 28 号，按内部产品关系预计算的部分预算的年度成果；项目 29 号，按内部产品关系计算的收入项目；项目 30 号，按内部产品关系计算的支出；项目 31 号，按内部产品关系计算的收支差额；项目 32 号，按内部产品关系计算的部分预算年终成果。（10）市长以工作指令形式规定内部产品关系计算的基本原则（比例），并且提交市议会知会。从内部产品关系的收入作为成果，从内部产品关系得到的成果同时作为内部产品关系得到的收入。在每个部分预算中必须包括至少要求强调以下项目：①行政管理账户经常性收入与支出差额；②利息与其他财务收入支出的差额；③制度内收入与支出差额（项目 1 与项目 2 之和）；④制度外收入与支出差额；⑤内部产品关系计算之前的制度外与制度内收入与支出差额；⑥内部产品关系计算的收入支出差额；⑦内部产品计算之后的制度外制度内收入支出差额；⑧投资支出取得收入；⑨上缴与类似收入；⑩无形资产存量收入；⑪实物设备收入；⑫金融资产收入；⑬从其他贷款与信用担保收入；⑭存货出卖收入；⑮其他投资收入；⑯投资活动收入总额（项目 8 到项目 15 之和）；⑰无形资产存量支出；⑱实物设备支出；⑲金融资产支出；⑳为其他贷款与信用担保支出；㉑购买存货支出；㉒其他投资支出；㉓投资活动支出总额（项目 17 到项目 22 之和）；㉔投资活动收支差额（项目 16 与项目 23 差额）；㉕部分预算资金剩余或亏空（项目 7 与项目 24 之和）。说明事项：项目 8 到项目 15 的所有项目的收入与项目 17 到项目 22 的所有项目的支出都是总额，超过市议会规定限额以上的各个项目对应的投资需要逐个列出。（11）跨年度的及多年的投资和投资促进措施，或者在上述规定的投资支出项目中超过市议会规定限额的都需要在部分预算中列出。对下一预算年度的分摊支出，对后 3 个预算年度的分摊支出需要分开列出，对于本预算年度应分摊支出以 1 个总数列出，对于到目前为止已经提供的预算支出以及总收入与总支出都需要列出。新的投资项目与投资促进措施必须加以说明。跨年度，更多年份的投资促进项目到目前为止的进展需要在部分预算中说明。(12) 义务担保需要在部分预算中以与措施相关的途径进行估计。必须说明预计这些担保义务对将来的预算年度的分摊。各个担保义务的必要性与担保额必须逐个说明。(13) 在部分预算中需要进一步说明的事项还有：①对于那些需要市镇 1 年以上的大支付义务的合同，需要有完成各项合同所需支付财源说明；②对于大大超过计划的折旧或者折旧方法与上年的折旧方法有相当大的差别的情况下需要给出说明；③预算注释；④收入与支出的比例，以及制度内收入与支出的比例与上年比较有相当大的背离的需要提供解释；⑤其他关于部分预算规定所需要的说明。

六、人员支出计划

职位编制计划是部分预算的重要部分，因为涉及人员支出。市镇预算规章第 5 条对此有明确规定。

1. 工作岗位计划是预算年度必须要的公务员与职员（受雇时间 1 年以上的）的计划人数。人员计划需要与功能计划相对应，标明等级、专业以及工资福利档次。同时要说明上一预算年度相应工作岗位以及上年 6 月 30 日这些岗位的实际占用情况。在与上预算年度岗位计划相比较有实质性变动，以及计划年度将要改变的情况都需要具体说明。特别财产项目中的公务员职位需要单独计算，单独列出。

2. 人员计划中要列出下一预算年度将不需要的人。转档人员，在下个计划年度进入更高档或更低档工资待遇的都需要在计划中列出。

3. 如果有职位需要，计划职位可以按以下方法安排：（1）安排以低 1 档的或同档的或相同的简历的公务员。（2）低 1 档的，在原来职位上有预期要升职的公务员进入入门的职位。（3）安排以同档的或者低一档报酬的职员，最长时间为 2 年。（4）职位计划需要概览总表说明：①总职位数，要加注释说明按照相关文件规定供养公务员的上限；②预计将要离职与培训的公务员人数。

七、预算报告[①]

预算计划编制的最终成果是预算报告。《市镇预算规章》中第 6 条是对预算报告内容构成提出的具体要求：在与前两年相比较的情况下，对预算年度的经济状况发展的总览。预算实施的框架条件的说明。在预算计划与预算结果期间重要预算计划项目的框架条件变化的总说明。尤其要包括以下几点：（1）年终成果的状况（年终结余或是缺额）。（2）财政资源剩余（财务预算）状况（盈余或是缺额）。（3）投资与投资促进措施状况，以及从成果预算与财务预算角度对下一个预算年度的影响。（4）投资

---

① 预算报告（vorbericht），与联邦和州的预算报告的德文原意（finanzbericht）有区别。

贷款状况，由于接受贷款对预算的支出负担。（5）因流动性需求而接受贷款的状况。（6）自有资本状况。（7）由于市镇财政平衡负担的特别项目的变化情况。这个项目的具体含义是指在州级财政平衡机制中，需要向州输出资金的负担。

以上对预算报告内容的要求是为了保证预算报告能够将重要的财政预算的基本信息包括在内，避免遗漏或者故意避开重要事项。在预算年份为 2 年的情况下，对于收入、支出、付账与进账、义务授权支出都需要将两年独立分开进行估算（第 7 条）。在有追加预算的情况下，要对成果预算，财务预算与部分预算的数据都需要做相应的变动，要包括资金支付与接收的时点，要在预算报告的总数据中能够显示这种变动（第 8 条）。

第四节　市镇预算计划原则

在《市镇预算规章》中，第二章第 9 条到第 13 条是关于预算计划原则的规定。

一、收入与支出估计的原则

预算计划的总的原则是（第 9 条）：（1）在没有其他规定的条件下，产出与投入以及收入与支出必须以完全足额分开加以估计。（2）产出与投入以及收入与支出必须谨慎估计，只要不是无法计算都必须估计。（3）在预算年度中以预期数额估计的产出与投入，必须是已经考虑到经济性后的产出与投入。（4）收入与支出为预算年度预测数或者所需支出的估计。（5）在财政预算及成果预算中的计划数据原则上必须由专业相关部公开的方向性数据（orientierungsdaten）提供。

二、市镇投资的规定

（一）市镇投资的原则

第二章第 10 条是关于市镇投资的规定：（1）在进行具有重大投资项目决策与金融财务预算之前，应该通过经济性比较考虑多种可能性，至少需要进行购置或建设成本与后续成本的比较，为市镇提供最经济的解决方案。[①]（2）只有在项目计划、成本计算、投资计划与投资计划说明都提交以后，才能够对投资活动与义务担保的支出进行预估。投资计划说明必须包括由第三方提供的项目执行方式、总投资以及预估年度数据、成本分摊说明。投资计划说明资料是作为投资项目实施以后将产生

---

① Gemeindehaushaultsverordunung, in: S. Jutzi, N. Westenberger Herausgeber, 2010: Landesrecht Rheinland-Pfalz, 252 – 282.

的年度财政负担的依据。(3) 如果投资规模非常小，可以作为例外，不需要走上述两项规定的程序，但是也至少需要提供成本计算资料。作为例外处理的必要性预先在部分预算中说明理由。

(二) 关于市长可支配资金的规定

在市镇财政预算中，可以预计适当数额的市镇长可支配资金。不可以超过比例，不可以用于偿还债务，不可以转账，不可以作为投资（第11条）。

(三) 投资项目的立项依据

对投资项目需要有成本—效益计算的要求，作为立项的依据。(1) 项目行政管理的依据是满足当地需求，对项目的经济性与业绩评价，在所有的管理领域都需要做成本—效益计算。(2) 成本与收入可以进行会计审核。(3) 市镇长以工作指令的方式，规定成本—效益计算的方式与规模。并且将该指令告知市镇议会（第12条）。

(四) 产出与支出的估计

关对于产出与支出估计的由第13条进一步规定。作为对市镇返还的支付，需要在转入中扣除，即便返还的支付是与上一个财年有关的。该项是指利用乡镇支付的上缴，对市镇的下拨款。在部分成果预算中，人员支出根据本部分预计的人员数额与支付标准分到各个部分。

三、覆盖原则

第三章的第14条到第18条是对总覆盖原则的说明。

(一) 总覆盖原则对收入与支出的要求（第14条）

(1) 财政收入用于支付全部支出。(2) 制度内与制度外收入总体用于覆盖支出。(3) 投资活动收入与投资信贷收入总体用于支付投资活动发生的支出，投资活动收入可用于覆盖制度内与制度外预算收支负差额。

(二) 覆盖的目标限制规定（第15条）

(1) 在支出项目是具有一定的法律义务要求的公共任务时，收入只能用于支付规定的支出用途。既可以通过预算注释说明该项支出所限定的用途，也可以通过收入的来源或特性，或者一个事实的收入与支出的联系所要求的支出。目标限定的更多的收入可以用于相应的更多的支出。(2) 通过预算注释可以确定，增加收入需要提高支出比例，或者减少收入可以降低支出比例。不包括在内的是：超过预算计划所要求的义务上缴所产生的财务缺口数与需要更多的用于一般转移支付与拨款数，不可以作为增加税收收入的理由。(3) 根据以上规定限定，增加的支出需要不能够作为超预算计划的支出。(4) 上述条例说明，投资收入要与将承担的支出相符。

第七章 德国市镇地方政府预算

（三）覆盖能力的规定（第16条）

（1）在部分成果预算中，在预算中没有其他注释说明的条件下，各项投入比例与支出必须相互覆盖。可以将部分成果预算中各项目相互覆盖的投入比例推论适用于部分财政预算。但是该比例的应用不可以导致按照内部计算的绩效（投入产出关系）的年终绩效以及年终制度外与制度内收入与支出的下降。（2）如果确定的行政支出需要的数额比例，不符合前条覆盖的要求，在事实相互相关的条件下，可以通过预算注释作为相互，或单方具有覆盖能力解释。（3）投资活动支出需要比例可以在部分预算中以预算注释进行双向或单向覆盖说明。同样适用于义务授权任务。（4）投资活动支出可能获利的制度内支出需要比例可以在同一部分财政预算的注释中作为单方具有覆盖能力加以说明。（5）具有覆盖能力的授权与由授权负担的支出覆盖义务比例可以提高覆盖能力。

（四）覆盖的时效性原则——可转换性（第17条）

（1）部分预算中的制度内经常性支出与制度内可用于支付的财源可以整体或者部分转换。其前提是在预算计划中没有通过预算注释加以限定。支配权最长时间可以转账到下个财政预算年度年末（没有年终化钱）。即便是在不平衡的成果预算中，可以通过制度内经常性支出与可用于支付的财源数额为适应年度财政状况的部分数额作为可以转换进行说明。此条适用于制度内经常性支出。（2）投资活动需要的支出数额的支付授权可以保持到最后一次与目标相关的支付生效为止。建筑项目与设备购置支付权有效期延续到预算年度之后的2年，到建筑物与设备的本质部分投入使用为止。如果投资与投资资助活动于预算年度没有开始，支付权到其后的第二个预算年度依然有效。（3）可转换性规定也适用于超计划与计划外的支出与支付。（4）对收入与支出由法定义务目标所限定的项目，承担该项目的相应支付权有效期到目标完成以及最后一笔支付生效。（5）如果需要转换支付权到下年，需要市镇议会就转记对部分成果预算与下一年度部分财政预算的影响做总的说明。转记需要在年终预算中以部分成果预算与部分财政预算中的单项计划—执行—比较的方式进行特别标列。通过支付权的转记，增加了下一财政预算年度部分预算的相关项目的支付权。

（五）预算平衡原则（第18条）

预算平衡的具体要求是：（1）预算计划必须是平衡的，其前提条件是上一预算年度的成果预算起码是平衡的。（2）预算账目必须是平衡的。在考虑上一年财政预算时必须是平衡的。（3）在平衡表中显示为无负项自有资本（没有通过自有资本补平的缺口）。（4）在考虑为地方财政平衡特别项目的变化以后，出现年度结余的结果账目，根据以下次序处理：①用于补平前5个预算年度的缺口；②记入新账。（5）在考虑为地方财政平衡特别项目的变化以后，出现年度结余的结果账目或出现年度缺口结果账目，根据以下次序处理：①通过成果报告计算，用前5年的结余补平；②如果上述处理以后，仍然存在的年度缺口，计入新账，通过后5年的结余补平，市镇必须说明，如何通过后5年的财政结余来补平缺口；③经过上述处理以后仍然存在的年度财政缺口需要用资本项目的减少来平衡；④经上述处理以后，仍存在的年度财政缺口，必须记在账上，直到该缺口通过年终结余补平为止。

第五节 市镇预算执行与监督

《市镇预算规章》的第四章到第九章，是关于预算经济（预算执行）有关的规定。第四章的标题为预算经济①的进一步规定，第五章为支付往来程序，第六章为会计事务，第七章为固定资产及评价方法，第八章为年终结算，第九章为总结算，第十章为总论。

一、经营与监督②

在第四章是关于预算经济的进一步规定，第四章第19条的标题为经营与监督。具体内容为：（1）行使支出与支付权，以及执行经过批准超计划与计划外的支出与支付权的过程需要监督。（2）必须持续关注在单项部分预算中使用的用于支出与支付的财政资源。（3）上述规定适应于义务授权项目。（4）必须保证，将市镇的成果与收入全部包括在内，支付项目及时支付，收入账目及时收账。根据1971年生效的2001年修改的莱法州预算规章规定，单位经营需要市镇议会决定，为公法部门职工提供效用与实物（第20条）。

二、报告义务

市镇政府在预算执行的过程中，有向议会报告预算执行情况的义务。第21条是对报告义务的具体规定。（1）根据地方市镇的需要，一般是预算年度的年中，议会需要政府就经营项目的财务与服务目标作出报告。（2）如遇以下情况，需要立即报告市镇议会：①市镇财政被冻结；②部分预算显示，根据内部的计算，市镇财政状况严重恶化，投资项目或者投资资助项目所需的资金总额大大提高。

三、合同授予限制条件

对于市镇投资项目的授予，《市镇预算规章》有具体的规定（第22条），具体

---

① 预算经济，haushaltwirtschaft，市镇预算更具企业化，用类似管理企业财务的方式来管理政府的收入支出活动。

② 经营与监督，Bewirtschaftung und Ueberwachung。

为：(1) 凡是没有因为项目的特征或特别状况下有限定的招标以外，所有的市镇投资合同必须通过公开招标。(2) 合同授予与签订必须遵照专职管理部门的行政规定的基本原则与指导方针。第23条是关于合同停止、撤销、终止的具体规定，例如，如果在合同实施过程中发现，可能对负债方或者贷款方有严重的财务问题，合同可以停止执行。

四、小额单项收费限额

对于小额单项收费《市镇预算规章》也有限额规定（第24条），具体为：(1) 在有充分理由的条件下，市镇可以有取得2 000欧元收入以下的权限。适合的重要场合为行政管理费，由于特殊的法规罚款与应付款项，通用的收费标准或者通用的固定收费。(2) 公法法人可以相互订立合约。(3) 收取捐赠劳务、捐款、赠送及类似的收入或者向第三方作为中介的收入，如单个项目超过1万欧元，适用根据预算法第94条、市镇规章第58条、县规章等的具体规定。

五、支付指令与支付执行规定

(一) 支付交易的规定

《市镇预算规章》第五章的标题是支付交易。第25条是关于支付指令与支付执行的规定，具体为：(1) 按现金支付要求与文件要求，开具分发支付的指令。(2) 支付执行包括：接受付入款项、支付劳务、金融资产管理、对应付未付提出警告与强制没收，每项支付都必须进账，必须有文档。(3) 每项应收款项与应付款项都要对理由与额度进行审查并确定（实物方面与账务方面）。市镇长以指令形式规定实物审查与账务审查的权限。(4) 提出现金支付要求的权限：由参与支付往来的机构以书面形式规定，并分别归档。对实物审查与账务审查，核定数额的人与提出支付要求的人不可以是同一个人。(5) 开具支付指令与执行支付的不可以是同一个人。仅当负责会计记账或者支付执行的人对支付事项可以评价的场合，方可以登记实物审查与账务审查核定的数额。支付账单必须由两名职员开出。(6) 资产账号要在记账日结束或与下个记账日开始前对资产数据进行比较。预算年度结束时关闭资产账户，账户的资产存量数据为年终结算数据。

(二) 支付执行的实地审查[①]

第26条是关于支付执行的实地审查规定，具体内容为：(1) 支付执行至少每年进行一次跨地区的独立审查。(2) 由财务审计局继续监督支付执行，不考虑没有汇报

---

① Gemeindehaushaultsverordunung, in: S. Jutzi, N. Westenberger Herausgeber, 2010: Landesrecht Rheinland-Pfalz, 252–282.

的审计。(3) 每项审计必须提交审计报告。审计报告内容需要包括审计方式、规模及审计结果。(4) 市镇长以指令形式规定审计方式、规模以及审计报告的形式与内容。

六、账务管理

账务管理是预算执行重要环节,《市镇预算规章》的第六章对预算执行过程中的账务管理有具体规定,标题为记账。第27条到第29条是关于记账的与义务、记账方法与财务安全标准的具体规定:

1. 为了符合规章完成财务会计的任务,尤其是与支付手段相关的工作,以及收藏与管理有价证券工作,必须考虑当地条件的情况下由市镇长以工作指令批准以后才可以发出。

2. 市镇长的工作指令至少包含以下规定:(1) 确定建立与结束的组织:①与实物相关的责任;②有形式与规模说明的文本签名或电子签名;③为支付生效安全负责的,确定的支付以中心或非中心形式完成;④有支付发生的记账程序与没有支付发生的记账程序以及记账的识别;⑤财务账号的日常确定需要有流动性说明;⑥确定年终决算的账号;⑦小额资金处理;⑧停止,失效与取消市镇权限;⑨由1个中心机构确定警告与没收程序;⑩发票运行过程。(2) 在财务会计中适用电子数据加工的必须确定以下事项:①启动程序;②程序使用权;③输入及修改数据的文档;④实务与时间记录的识别;⑤可审查的电子签名;⑥程序的安全与控制;⑦信息系统管理与自动化与专业的实务工作,财务会计完成的任务进行分界等。(3) 确定支付手段的管理,需明确以下事项:①设立账户;②银行交易的两个签名人;③支付手段的保管、要求付款与接收支付的人员与自动设备;④银行卡、信用卡与支付凭证的使用;⑤不需要使用的支付手段的存放;⑥为保证流动性的借贷与偿还;⑦流动性支付执行。(4) 对会计的安全与监督,需要明确以下事项:①对于关联人员特定的活动的禁止;②安全设施;③记账与支付的监督与控制;④经常性的与不可能预知的检查;⑤当地账务审计与金库监事的参与。(5) 有价证券以及其他重要资料的保管与管理。

3. 在对行政管理简化程序有利,并同时能够保证符合制度的条件下,承担支付任务的职员,可以受市镇委托,进行支付手段终止,没收与发放。

4. 关于账务资料保存与保存期限的规定(第30条)。根据不同的级别,有些资料需要长期保存,有些资料需要保存10年。

七、资产账户管理[①]

《市镇预算规章》的第七章是关于资产盘点,发放与评估规定。

---

① Gemeindehaushaltsverordunung, in: S. Jutzi, N. Westenberger Herausgeber, 2010: Landesrecht Rheinland-Pfalz, 252 – 282.

1. 资产盘点的目的。为了预算年度结账的目的，市镇需要提供反映财产、特别账户、提留、债务变化的资产负债表，以及为了完成预算附件资料中要求的类似信贷业务的担保与义务的说明，需要进行资产盘点（第 31 条）。

2. 资产盘点时间安排。资产盘点需要在按照符合规章的业务流程中确定时间安排。物资状态的资产需要人工清点。

3. 资产盘点结果。资产盘点的过程与结果需要文件说明，而且需要了解业务流程。资产盘点也可以采用简化的程序（第 32 条）。第 32 条至第 35 条，对估价基本标准通则，实物资产与债务估价标准，折旧方法与预提作了具体的规定。对于设备一般采用线性折旧方法（计划年度折旧方法），对于与使用程度高度相关的设备，可以采用使用损耗折旧或几何折旧法，要求选择能够反映实际损耗的折旧方法。关于财务平衡表的时点划分与财政补贴也有具体的规定（第 36～38 条）。补贴，项目是补助市镇财政平衡所负担的特别项目。

4. 财务平衡表结果。对财务平衡表最后的结果需要有明确的说明，如果负债方大于资产方，要在资产平衡表最后的资产方标注：自有资本不能弥补的财政缺口。对于设施需要有项目成本的说明：成本超过项目或成本低于项目（第 39、第 40条）。关于设备中的非物质形态的资产（知识产权），不是通过购买得到也不是属于自身提供的，不可以作为资产记入资产平衡表（第 41 条）。此外，对于以企业方式经营项目需要注意的税收事项也有具体的规定（第 42 条）。

八、年度结算的文件要求

（一）成果结算与财务结算的要求格式

市镇年度财政结算报告是预算工作的重要文件，因为年度预算报告中必须要有上年度预算执行的数据。结算报告不通过，新的预算工作就无法进行。对于年度结算报告的文件要求，市镇预算规章第 8 章有具体的规定。首先提出年度结算提纲写作一般原则（第 42 条）：（1）提交格式。要包括按次序排列的成果结算、财务结算、部分结算与平衡表。（2）在没有特殊状况形成例外的情况下，次序不可以变动，在有例外情况形成偏离的情况下，需要一个附件文件说明。对于成果结算的具体要求为：（1）在成果结算中年度收入与支出完全并分开说明。在没有特别法律规定的情况下，收入项目不可以用支出项目抵消。（2）收入表形式规定用综合损益表①格式。对财务结算与部分结算的具体要求为（第 44 条、第 45条）：（1）在财务结算中要包括年度预算收入的已入账收入与已支付支出的全部，并且分开列出。（2）财务结算的形式与分项。（3）在财务结算中需要证明的收入是上预算年度的收入结算，提供相对应的本年度的比例。两者之间的重要区别需

---

① 综合损益表，staffelform，为会计重要财务报表之一，其余为资产负债表、现金流量表、股东权益变动表。参见附表 1：德国市镇年度结算报告中成果结算要求的表格形式：综合损益表。

要附件说明。（4）巨额的制度外收入与支出，需要说明作用，附件说明数额与方式。（5）按规定提交的部分预算，包括部分结算，其以部分收入结算与部分财务结算分项。

（二）财务平衡表的要求

第46条是对结算报告中的财务平衡表编制的具体要求：（1）平衡表应包括设备资产、流动资产、自有资本、特别项目、预提、债务、结算划分项目的全部，并分开列出。贷方项目不可以与借方项目抵消计算（在没有其他法规规定的情况下）。（2）平衡表要对上一预算年度平衡表中的相应数额的项目作出说明。对重大的改变需要用附件说明解释。同样需要用附件进行说明与解释的还有如下项目：①与上预算年度不可以比较的项目；②数额与上一预算年度的平衡表项目的适配性（与上年数额相比是增加还是减少）；③以账单形式提供的平衡表；④平衡表中的贷方排列顺序规定。

（三）结算报告附件要求

第47条至第51条是关于结算报告附件的规定。这些附件包括解释报告（第48条）、账务报告（reschenschaft）（第49条）、设备总览表（第50条）、补贴总览表（第51条）、债务总览表（第52条）、预算年度之外的预算授权总览表（第53条）。

（四）总结算报告

第9章是对总结算表格的规定。要求有：（1）总的说明，关于总成果结算的项目的要求，从第一项税收及类似税收收入到第35项总成果项目，① 此外还包括其他公司收入与损失总计为37项（第54、第55条）。（2）对总财务结算表与总平衡表的也规定了具体的要求，对借方与贷方项目都有明确规定。例如对于资产分为无形资产，实物资产，金融资产与流动资产。对于无形资产下面有5个项目，对于实物资产下面有10个项目（第56、第57条）。（3）关于总的附件的要求非常详细（第58条），总的要求是能够使第三方正确理解报告的内容，所有的注释说明都能够言之有据。对结算报告的总要求比较简洁，总的要求是要符合市镇财政的实际图像，没有虚夸（第59条）。

市镇预算规章的第10章总结性规定。具体是关于特别资产，信托资产与特别付账的规定（第60、第61条）。第62条与第63条是关于进一步有效的规定与取消的规定。第64条为生效期规定，公布之日生效。

此外，与市镇财政预算有关的重要法还有地方收费法（KAG）。作为市镇，市镇联盟与县可以收税、费与上缴的法律依据。

---

① 参见前部分成果预算的内容。

第六节 市镇地方政府预算程序、特点与新的改革

一、预算程序

（一）预算草案的编制

与联邦和州财政体制之间的一致性相反，由于市镇地方自治的特点，市镇的预算管理体制与联邦和州有一些重要区别。和联邦与州一样，在市镇一级，财政预算也由有关行政部门和市镇财政部门编制财政收支概算以后，将预算草案提交市（镇）长。由于基础设施投资是市镇地方财政支出的重要项目，因此，市镇地方的财政预算分为两个部分：行政管理预算账户和财产预算账户。对市镇财产状态变动起作用的收支归入财产预算。对财产变动不起作用的收支归行政管理预算。这样，市镇财政就将日常开支和投资区别开来。行政管理预算部分如果有结余的话，可以用于投资和偿还贷款。以北莱茵—威斯特法伦州为例。这个州的市镇预算由四部分构成：总预算、行政管理预算和财产预算的单项预算、预算说明和财政安全方案。市镇预算由10项单项预算构成，每个单项预算下又有分类预算，在分类预算下面还有分组预算。表7-1是单项预算分类和分类预算分组的例子。

表7-1 市镇单项预算分类

	代号	名 称		编号	名 称
单项计划	0	一般行政管理	分类计划	00	市镇机关和党团
	1	公共安全和秩序		01	审计
	2	学校		02	市镇行政
	3	科学研究和文化保护		03	财政
	4	社会保障		04	
	5	卫生、体育和休闲		05	特殊行政机构
	6	住宅和交通		06	总行政部门的设施
	7	公共设施和经济促进		07	
	8	企业、土地和其他财产		08	行政人员家属的设施
	9	一般财政经济		09	

注：分类计划以0开头的均表示是单项计划内以"0"为代号的分类计划。04、07和09在分类计划中没有项目。

资料来源：H. -L. Dornbusch, 1997, Gemeindehaushalt-Haushaltrecht und Haushaltsanalyse, Institut "Finanzen und Steuern", Bonn.

（二）预算草案的批准

市（镇）长将预算草案提交市议会，由议员进行讨论。根据讨论的意见，议会的专业委员会对草案进行审议。同时，预算草案向市民公开，在一周时间之内，每一个市民都有权利就草案向议会提出自己的意见。经议会的专业委员会和市民审议以后，议会举行公开会议对预算草案作出决议。决议必须最迟在新财政年度开始之前一个月提交市（镇）的监事会。监事会要对议会通过的预算决议进行审查，审查的部分主要涉及预算中的审批权利部分，例如贷款额度等。

与联邦和州相同，市镇也要编制五年的财政计划，其主体是五年的投资计划。市镇计划要考虑州财政计划的数据。市镇财政计划的前提是为了满足经济政策的需要。

（三）预算的执行与监督

市（镇）长对预算执行全权负责。在市镇预算执行过程中，市镇财政事务主管部门以及其下属社会事务局，税务局等起重要作用。

各个市镇都有一个独立的机构负责对地方政府财政收支进行审计。在大的城市设有审计局。审计局的主要任务是审查年终结算，向市议会提出年终审计报告，议会全会对年终审计报告做出通过的决议。

（四）决算

年终结束以后，根据实际发生的收支，编制年终结算报告。结算报告经市镇长确认后，在年终结束后的3个月之内，提交市议会。市镇审计局和市镇议会审计委员会对年终结算报告进行审查。在审查以后，议会对结算报告做出通过的决议，并将决议通告市镇长。

二、德国市镇地方预算体制特点

1. 市镇地方财政预算分为两个部分：行政管理预算账户和财产预算账户。预算编制的程序在不同的州有区别。在若干州，某些项目例如对预算细目的说明作为预算草案的主要文件，而在另一些州却是作为附件。

2. 预算只考虑当年实际发生的收支，比联邦和州更接近收付实现原则。

3. 行政管理预算和财产预算中的收入共同用于行政管理和财产预算的支出。两个账户共同平衡原则使灵活的投资和财政政策成为可能。

4. 地方的借贷只允许用于财产账户的投资项目、投资资助项目和偿还债务。用于投资项目的贷款必须经过监事会的审批。在新的北莱茵—威斯特法伦州的地方法中，市镇借贷不再需要监事会的审批，但需要提交一份预算保障方案。

5. 为了对地方公共事业合理收费，财政预算要求对收费项目提交概算的经营成本。

第七章　德国市镇地方政府预算

6. 与联邦和州不同，市镇可以为了满足其财政需要而创收，即通过对公共事业收费的方式来取得财政收入。如果创收仍然不足以弥补支出，市镇也可以提高地方税收。

7. 由于市镇预算要考虑联邦和州预算的数据，因此，市镇预算草案的形成最迟。按照规定，市镇议会必须在下一个年度开始的一个月之前通过对预算草案的审议。如果预算草案在新年度开始的第一个月，还没有通过审批的话，这个月的财政收支可以通过补记生效。因此，从法律上允许市镇级的财政预算在下一年的第一个月完成。

三、新的市镇财政预算体制改革

（一）开始引入复式预算法

1999年，州内政部长和议员常务会议通过关于地方财政法改革方案。在这个方案中，地方存在两种选择，扩大现行的记账方法或者改变为复式预算法。市镇地方最高联盟同意采用复式预算方法，并且通过了地方计算系统转型的时间计划。实施市镇财政新预算最早的是北莱茵—威斯特法伦州，在这个州基本上所有的市镇都采用了新的预算方法。[①] 根据德国县代表大会非常务委员会（DLT）关于市镇预算法改革的决议，现行的市镇预算制度已经不能够满足控制成本和面向公民的行政管理需要，必须加快引进复式预算。复式预算的主要内容应该包括财政预算的分项内容和结构、产出项目、财务核算、财产评估、预算平衡、支出项目的成本和效益核算。德国的市镇预算体制各个州差别比较大，根据2002年DLT要求德国各州实行统一的预算法，但是市镇可以选择对于产出和相关的预算项目。财产评价以重置价值计算。引进新的预算法不仅仅是预算方法的改变，同时也涉及财政管理权的一些新的变化。下萨克森州新的预算法，就增加了市镇财政预算执行的机动性，资产账户和行政管理账户在一定时间限制条件下的可转换性等新的内容。其中，最重要的是对支出需求的平衡可以通过两个账户的互换实现。一个简单的例子是，在预算中，幼儿院支出属于行政管理账户。如果没有为该项支出目的相联系的收入，可以将因此而超过的支出转到资产账户。两个账户的可转换性，使市镇可以在预算时根据总资源进行支出方案配置。[②]

（二）正式实施复式预算法

地方对预算模式的试验与讨论意味着要求市镇财政预算进行一场根本性改革。2003年州内务部长会议通过决议，为市镇财政预算从官房预算转向扩大的官房预算

---

① Bundesfinanzministerium, 2001, Das System der Oeffentlichen Haushalt 2001, Berlin.
② J. Rose, 2002, Budgetierung nach kommunalem Haushaltsrecht in Niedersachsen, in: ZKF 2002, Nr. 4. 80-83.

以及复式预算提供了框架规定。① 联邦制改革Ⅱ联邦制委员会在 2009 年对预算基本法进行了又一轮改革：预算基本法——现代化法，为在联邦范围内市镇采用复式预算法提供了法律基础。之前的试验与讨论都得到了肯定的结论。从 2009 年开始，13 个州都通过了可以使用复式预算的法律，但是各个州的过渡期有不同，见表 7-2。②

表 7-2　　　　　　　　　市镇地方预算模式改革进程

州	预算模式
巴登—符腾堡	复式预算，过渡期到 2020 年
巴伐利亚	从 2007 年 1 月开始，在传统方法与复式之间
勃兰登堡	复式预算，过渡期到 2011 年
黑森	复式预算，过渡期到 2015 年
梅克伦堡—前波莫瑞	复式预算，过渡期到 2012 年
下萨克森	复式预算，过渡期到 2012 年
北莱茵—威斯特法伦	复式预算，过渡期到 2009 年
莱茵兰—法尔茨	复式预算，过渡期到 2009 年
萨尔	复式预算，过渡期到 2010 年
萨克森	复式预算，过渡期到 2013 年
萨克森—安哈特	复式预算，过渡期到 2013 年
石勒苏益格—荷尔斯泰因	从 2007 年 1 月开始，在传统方法与复式之间
图林根	从 2009 年 1 月开始，在传统方法与复式之间

注：状态：2015 年 1 月。

资料来源：Bundesfinanzministerium, 2015, Das System der Oeffentlichen Haushalt 2015, http://www.bundesfinanzministerium.de/Content/DE/Standardartikel/Themen/Oeffentliche _ Finanzen/Bundeshaushalt/Haushaltsrecht _ und _ Haushaltssystematik/das-system-der-oeffentlichen-haushalte-anl.pdf? _ blob = publicationFile&v = 4.

引入复式预算方法以后，具体的方案在各个州不尽相同，导致各个州的市镇之间比较困难，因此需要有一个统一的方法。由此，需要在概念，形式与内容上进行统一。由表 7-2 可以看出，最迟到 2020 年，德国所有的市镇都将完成过渡期，全都采用复式预算方法。历时 20 多年（1999~2020 年）的德国市镇预算改革终将告一段落。

预算模式改革也同时对市镇会计制度形成重要影响。在市镇预算改革之前，市镇地方政府采用的官房记账方法的预算中是不使用综合损益表的。从 2003 年开始，

---

①② Bundesfinanzministerium, 2015, Das System der Oeffentlichen Haushalt 2015, http://www.bundesfinanzministerium.de/Content/DE/Standardartikel/Themen/Oeffentliche _ Finanzen/Bundeshaushalt/Haushaltsrecht _ und _ Haushaltssystematik/das-system-der-oeffentlichen-haushalte-anl.pdf? _blob = publicationFile&v = 4.

通过新的市镇财务管理，引入复式预算以后，市镇、市镇地方企业按照法律要求必须使用综合损益表。综合损益表成为市镇财政预算中成果预算的最重要表格。

附表 1　　德国市镇年度结算报告中成果结算要求的表格形式：综合损益表

1	销售收入
2	成品及在制品库存的增加或者减少
3	其他贷方成果（activ）
4	其他企业产出（来自正常性的业务活动，在其他项目没有计入的）
5	材料支出（与商品与劳务产出相关的原料，辅助材料，运行材料）
=	初次成果
6	人工支出（工资及社会，养老补贴）
7	折旧
	［设备资产，（不包括金融资产），特别的运行资产的折旧］
8	其他经营支出（出于正常性业务需要，在其他项目没有计入的）
=	经营成果
9	参与股份收入
10	有价证券收入与金融资产出借收入
11	其他类似的利息收入
12	金融资产折旧与正常流动资产的有价证券折旧
13	利息及类似利息支出
=	财务成果
	企业正常经营成果（经营成果加财务成果）（税前营业收入）
14	所得及产出税
15	税后成果
16	其他税收（所有对成果有影响的税收）
17	年终盈余或亏损

资料来源：维基网页，https://de.wikipedia.org/wiki/Gewinn-_und_Verlustrechnung。

德文原文：Öffentliche Verwaltung in Deutschland（HGB：商法）

HGB	Bezeichnung
1.	Umsatzerlöse
2.	Erhöhung oder Verminderung des Bestands an fertigen und unfertigen Erzeugnissen
3.	andere aktivierte Eigenleistungen
4.	sonstige betriebliche Erträge（aus gewöhnlicher Geschäftstätigkeit, soweit anderen Positionen nicht zuzuordnen）
5.	Materialaufwand（Roh-, Hilfs-, Betriebsstoffe, bezogene Waren und Leistungen）
=	Rohergebnis（nach dem Gesamtkostenverfahren）
6.	Personalaufwand（Löhne und Gehälter, Sozialabgaben, Altersvorsorge und Unterstützung）
7.	Abschreibungen（Anlagevermögen（außer Finanzanlagen），unübliche Abschreibungen auf Umlaufvermögen）
8.	sonstige betrieblichen Aufwendungen（aus gewöhnlicher Geschäftstätigkeit, soweit anderen Positionen nicht zuzuordnen）
=	Betriebsergebnis
9.	Erträge aus Beteiligungen（nur laufende Erträge）
10.	Erträge aus anderen Wertpapieren und Ausleihungen des Finanzanlagevermögens
11.	sonstige Zinsen und ähnliche Erträge
12.	Abschreibungen auf Finanzanlagen und übliche Abschreibungen auf Wertpapiere des Umlaufvermögens
13.	Zinsen und ähnliche Aufwendungen
=	Finanzergebnis
=	Ergebnis der gewöhnlichen Geschäftstätigkeit（Betriebs- und Finanzergebnis）
14.	Steuern vom Einkommen und vom Ertrag
15.	Ergebnis nach Steuern
16.	sonstige Steuern（alle anderen erfolgswirksamen Steuern）
17.	Jahresüberschuss/Jahresfehlbetrag（letzter Posten der GuV nach HGB）

Öffentliche Verwaltung in Deutschland In der Kameralistik war eine Gewinn-und Verlustrechnung unbekannt. Erst seit der Einführung der Doppik durch das Neue kommunale Finanzmanagement gelten seit 2003 handelsrechtliche Bestimmungen auch für Gemeinden, kommunale Unternehmen oder Kommunalunternehmen. In der öffentlichen Verwaltung nennt man die Gewinn-und Verlustrechnung auch Ergebnisrechnung.

第八章

德国政府债务管理

■ **本章导读**

第二次世界大战后，德国作为战败国需要支付巨额的战争赔款。因此，德意志联邦共和国成立之初就背有沉重的政府债务负担。根据盟国在波茨坦签订协议的基本原则，要保证战后德国人民的基本生活水平与经济发展水平，以维持其实现赔偿的能力。本章介绍了德国债务管理法律依据的变化，形成巨大债务规模的历史原因，联邦与地方债务控制的方法及效果，需要注意的重点是德国债务管理理念的新变化，以及欧盟财经纪律对德国债务管理的影响。

第一节 政府债务管理的法律依据

一、《预算基本法》对政府债务的限制

(一) 严格的财政平衡原则

如前所述,[①] 财政平衡原则是德国财政基本法规定的基本原则,这个原则实际上是对政府举债的限制。由于历史原因,德意志联邦共和国成立之初就负有巨大的债务,而且债务的数额可以说是在当时几乎是无法估量的。因此,国家新成立以后,在制度上能够做的只能够是控制新债。从德意志联邦共和国成立以后到1970年生效的新财政预算基本法,德国政府管理的基本法律依据基本没有变化。财政预算中分为经常性账户与资产账户。经常性账户的支出必须满足基本行政管理的需要,以经常性收入,主要是税收作为收入来源,经常性账户坚持收支平衡原则,经常性账户仅可以因为流动性需要贷款。资产账户是满足投资的需要,可以通过借贷筹集资金,基本原则是贷款取得的资金来源不能够超过资产账户的投资数额。政府的投资范围受基本法制约,只能够投资于公共任务的领域。理论上说,两个账户都实现平衡,就没有新的债务。政府投资形成的是资产,资产与银行的债务是平衡的,不是真正意义上的债务。而且根据国民经济学的经济平衡理论,投资是不可能用税收来筹集资金的,税收仅是当年的经济剩余,而投资品的使用期限是相当长的,数额巨大,如果不用债务投资,必然导致国民经济负担过重,经济结构不合理。

(二) 机动的财政平衡原则

在1970年以后新生效的预算基本法中,上述严格的财政平衡原则有所改变。当国民经济遇到经济周期中的萧条与危机状态,国民经济受到严重干扰的条件下,政府可以通过举债进行促进投资或其他有利于促进经济增长的措施。[②] 至此,凯恩斯主义被谨慎接受,对之前严格的财政平衡原则有所放松,增加了在特定限制条件下的机动性。20世纪70年代中期德国经济增长放慢,1975年再次降低到4.3%,当年德国的财政赤字首次达到326亿欧元,几乎是前5年的总和,其占国内生产总值的比率也跃升为6.1%。这种现象引起人们对凯恩斯赤字财政政策的反思。从那以后,减少财政赤字便成为德国财政政策的重要目标。经过长期努力,1989年,德国财政赤字总额达到1975年以来最低点,为138亿欧元,占国内生产总值比例降为

[①] 参见第三章法律基础演变部分。
[②] 在德国社会市场经济制度框架内,经济危机时期政府投资主要用于基础设施的改进与其他促进民间投资的财政措施,不是为国有银行或公有企业注资,这是德国与法国对经济危机处理的不同原则。

1.2%，低于大部分西方工业国（同期，美国为 1.7%，法国为 1.66%，加拿大为 2.9%，意大利为 9.9%，英国收大于支）。政府预算的低赤字为后来的德国统一做出了巨大贡献。

（三）对政府债务基本理论的反思

但是在德国统一以后，统一债务形成财政巨大负担，更重要的是对东部新州的巨大投资的效果并没有取得如经济学家们所预料的恢复速度。刚统一期间，德国经济界雄心勃勃，认为德国有恢复经济的经验，可以采取德国第二次世界大战后经济恢复的策略，通过货币改革与巨额投资，15 年以后（西部德国在第二次世界大战后很快实现了经济增长）实现东部经济腾飞。然而，东部新州经济恢复未达预期，其困难程度大大超过联邦德国的战后恢复。使人们形成对政府通过债务投资推动经济的经济策略的正确性的质疑。同时，2008 年的世界金融危机也为德国政府财政的债务投资的思路带来冲击，形成对哈耶克经济自由主义思想的回归，要求对政府债务进行风险管理。因此，2010 年新生效的预算基本法对过去实践了 30 年的政府债务的基本思想进行了根本性反思。根本点在于过去法律允许通过资本市场举债为资本账户筹资的思路是基于政府投资形成的是资产，债务与投资形成的资产在财务平衡表上是平衡的（黄金定律）。而实践的结果是债务远远大于资产净值，公共投资的使用者收费无法弥补投资支出，折旧与投资收益被高估，在历年的最终财务平衡表上是不平衡的，最后累积形成巨量的政府债务。① 巨额的政府债务形成严重的代际负担，导致青年人对政府的不满。同时，也影响政府的信用，导致金融市场风险。2010 年新的预算基本法开始严格控制政府债务，同时对原避免预算紧急状态的预算基本法第 115 条与第 119 条进行了修改。核心内容为：在经济运行正常的情况下，政府要实现财政收支平衡，无须举新债。该条的深刻含义是无论经常性账户还是投资账户，政府总预算要实行收支平衡。这条对债务限制的要求超过以往任何预算基本法对财政平衡的定义，这就是意味着，在经济运行正常年份，当年的投资理论上要由当年的财政收入来筹集资金。仅当经济运行受到经济周期中不景气阶段的影响，可以为调整经济结构采取结构元素贷款。同时，引入债务限制线与债务刹自动控制机制。债务限制对于联邦政府来说，为当年举新债总额不能够超过国民经济生产总值的 0.35%，超过限制线即启动债务刹。债务限制对于州政府来说，严格要求是不可以举新债，即州政府不再可以为投资项目在此限制之外举债。② 由于东部新州的财政状况不可能实现上述债务刹要求，因此在现阶段的州级财政平衡制度中安排，对于东部 5 个州采取过渡期特别财政援助，使其能够维持执行新的财政纪律的能力，过渡期为 2010～2015 年。

---

①② Bundesfinanzministerium, 2015, Das System der Oeffentlichen Haushlt 2015. http：//www.bundesfinanzministerium.de/Content/DE/Standardartikel/Themen/Oeffentliche _ Finanzen/Bundeshaushalt/Haushaltsrecht _ und _ Haushaltssystematik/das-system-der-oeffentlichen-haushalte-anl.pdf? _blob = publicationFile&v = 4.

二、欧盟统一财经纪律的限制

德国是欧盟的创始成员国，同时从经济总量来看是欧盟的核心成员国，因此德国有义务执行欧盟的财政经济纪律，为欧盟稳定发展做出积极贡献。然而，实际上从欧元区成立开始的大量年份里，德国由于受国家统一形成的债务负担的影响，没有完全执行欧盟的财经纪律。根据《马斯特里赫特条约》规定欧盟的财经纪律：财政赤字不得超过国内生产总值（GDP）的3%；公共债务不得超过GDP的60%，从下面的数据可以看出，德国的财政赤字占GDP的比例大量年份超过3%，而公共债务占GDP的比例是大大超过60%。欧盟财政专家们对德国债务问题的批评自然使德国在欧盟政策讨论中处于不利的地位。这种情况也是德国修改预算基本法采取对债务严格控制的制度背景。为了控制由希腊政府债务引发的欧洲债务危机，进一步控制债务问题，2012年3月欧盟25个成员国在欧盟国际法的基础上达成协议，[①] 在欧洲经济与货币联盟内实现稳定协调与调控的财政协议。财政协议是一个控制欧盟范围内预算原则的进一步的工具。原有的工具是2011年通过的加强预算与经济政策的监督与协调（也称为6点计划），加强稳定增长计划。该协议在2013年1月生效。参加协议签订的国家有义务将此协议的财政规则在本国实施。

欧盟财政协议的本质要点为：

1. 在债务余额没有明显低于国民生产总值的60%条件下，预算的结构贷款最高限制为名义国民生产总值的0.5%。

2. 法律有效性。欧盟财政协议必须与本国法律有牢固的持久的联系，要将债务控制规定加入本国的基本法。遵守债务线规定必须在总预算程序中得以体现与保证。在德国已经在联邦制改革第二期的框架之内引入了这个债务限制规则。

3. 被起诉与惩罚的可能性。如前所述，在之前的协议中忽视了处罚条款，才导致有些国家财政债务过高，而且有隐瞒数据的问题。新的协议明确了处罚办法。如果违背债务限制的规定，可以根据国际法到欧盟法庭起诉。如果没有遵守财政协议的债务限制将被罚款，罚款最高可能达到国民生产总值的0.1%。

4. 成员国自我负责与监督。参与欧盟财政协议的国家必须提交预算与经济合作规划，得到欧盟议会与欧洲委员会的批准，并且监督。

5. 赤字程序的决议。对不遵守债务限制的国家将会面临起诉。同时在赤字程序框架内的欧盟委员会的决议将是一个根据债务标准的自动启动的程序。

6. 建立欧洲层次的交流的程序。1年至少举行2次欧元区峰会，欧元区峰会与会成员为欧元国家最高领导人与欧洲委员会的主席。

---

① 到2013年7月，欧盟成员国为28个国家。除了欧元区17个国家，未加入欧元区最初的欧共体成员丹麦与英国外，有奥地利（1995），芬兰（1995），瑞典（1995），波兰（2004），匈牙利（2004），捷克（2004），罗马尼亚（2007），保加利亚（2007），克罗地亚（2013）。2012年欧盟财政协议，英国、捷克与克罗地亚没有参加。

由此可以看出，欧盟财政协议与德国 2010 年预算开始的债务控制要求是相同的，因为欧盟财政协议虽然是在 2012 年 3 月签订的，但是其形成基础是 2011 年欧盟的预算与监督计划。2011 年的欧盟的文件与德国 2010 的新预算基本法的基本精神是一致的。可以说是德国的预算法对于债务方面的控制的思路扩大到欧盟的层面。德国预算对债务控制的思路扩大到欧盟层面以后，反过来又形成对自身的限制。在 2013 年生效欧盟财政协议中引入了处罚规定。因此，德国本身如果不实现债务控制，也将受到罚款的处罚。这形成一种强大的压力，使德国联邦政府必须执行预算法债务控制的规定。

第二节　德国政府债务的形成与历史

一、战争赔偿债务

第二次世界大战后，德国作为战败国，有赔偿的义务。根据盟国在波茨坦签订协议的基本原则，要保证战后德国人民的基本生活水平与经济发展水平，以维持其实现赔偿的能力。1945 年 11~12 月在巴黎再一次就战后赔偿协议，确定了包括希腊在内的 18 个西方盟国在西占区获得物资赔偿的比例。当时，德国经济本身处于崩溃状态，消费品物资严重短缺，因此都是用工厂设备作为赔偿的。采取的是分区赔偿方法，英国、美国、法国等西方盟国从西部占领区取得物资赔偿，苏联在东部占领区取得物资赔偿。为了削弱德国的经济力量，从而达到德国不可能再有恢复军事力量的经济能力的目的，原计划拆除西部的工厂有 1 500 个，尤其是经济重镇鲁尔区所有的工业设备都是计划要拆除用以赔偿的。后来由于苏联的原因，西方联盟为了培养德国成为对抗苏联的重要力量，并没有真正实现战后初期的赔偿要求，从 1 500 个计划拆除的工厂中，保留了 859 个工厂，没有拆除。西部占领区获得价值大约 5 亿多美元物资。但是，美国通过专利、商标和科学家等"智力赔偿"，取得相当于 51.5 亿~64.4 亿美元。在 1949 年大选后，当时德国政治家阿登纳总统采取积极向西方靠拢的外交活动，使新成立的德意志联邦共和国取得了西方盟国政治上的信任。西方盟国将德国作为政治上的盟友，而昔日的盟友苏联则成为政治上的敌人。在 1952 年的波恩协议中，西方盟国宣布放弃对联邦德国的赔偿要求。所以，从理论上来说，1952 年以后德国政府并没有因为对英国、美国、法国三大盟国在国家层次上的赔偿发生真正财政意义上债务。但是战争赔偿影响形成财政负担的主要是两个方面：一是对犹太人与东欧国家的赔偿。截至 1986 年，联邦德国给以色列犹太人赔款 900 亿马克。给东欧 12 国赔偿 10 亿马克。二是直接在联邦财政支出社会项目内对因为战争与政治事件形成损失的个人的赔偿。这些个人主要是从苏联及东欧逃回德国的德裔外国籍人与曾有德国籍的犹太人，这些支出都在联邦政府的社会项目支出中有独立的项目说明。1952 年，联邦政府社会项目总支出为 3 577 百万欧元，其中为战争与政治事件损失赔偿支出为1 659百万欧元,占当年联邦政府社会支出的46.4%。1957年,总社会支出为6 348百万欧元,战争与政治事件赔偿支出为3 004百万欧元,占社会项目比例47.32%,到1963年该比例仍然为44.28%。20世纪60年代以后,德国提高了社会保障水平,因此联邦政府社会项目支出总额逐步增加,而为战争与政治事件损失赔偿支出总额基本稳定(有小幅度增加),因此该比例逐年下降。到国家统一前的1990年,该项目占社会项目比例下降为14.51%,到2005年,该比例下降为2.994%(见表8-1)。

表8-1　　　　　　　　　德国联邦政府社会项目支出

年份	社会项目支出 (百万欧元) A	为战争与政治事件后果支出 (百万欧元) B	B/A %
1952	3 577	1 659	46.38
1957	6 348	3 004	47.32
1963	8 055	3 567	44.28
1965	9 241	3 667	39.68
1970	13 668	4 480	32.78
1975	29 171	6 316	21.65
1979	35 519	7 183	20.22
1980	38 451	7 738	20.12
1985	42 878	7 541	17.59
1990	52 881	7 672	14.51
1995	90 171	8 412	9.329
2000	100 761	7 908	7.848
2005	133 048	3 984	2.994

资料来源:Bundesfinanzministerium, Finanzbericht-2016, http://www.bundesfinanzministerium.de/Content/DE/Standardartikel/Themen/Oeffentliche_Finanze.

同时,表8-1数据也显示,德国联邦政府在社会项目方面的支出增长也是比较快的。如前所述(参见联邦预算章)德国是实行社会市场经济的国家,社会项目方面的支出是联邦政府的重要任务。

二、国家统一过程中形成的债务

第二次世界大战后新成立的德意志联邦共和国(原联邦德国),吸取历史上严重通货膨胀的教训,坚守基本法所规定的财政平衡原则,在战争负担以外,当年预算必须收支平衡。因此,到1989年,德国财政债务占GDP的比较低,就在国家财政状况根本好转以后,出现了历史性大事件,就是柏林墙的倒塌与随之而来的德国统一。国家统一到来的之快超过任何当时研究机构的预料,全德国处于巨大的惊喜与兴奋之中,然而国家统一带来巨额的财政负担,也是超出了所有经济学家的预料。德国统一的巨大财政负担来自两个方面:一是对第二次世界大战时战胜国的赔款。二是统一以后的德国东部的重建。如前所述,出于冷战的需要,美国、英国、法国西部占领区的赔偿后来被大幅度减免了。但是,在减免的当时有保留条款:待德国统一以后再赔偿。所以4大占领国同意德国统一的"4+2"协议实际上是以德国承诺继续向4方支付真实的赔偿为条件的。从统一以后的1993年开始,到1999年向战胜国的赔款达1 000亿马克。同时德国企业对纳粹时期的劳工赔偿为7 550亿马克。原来的东部占领国苏联虽然已经从原民主德国得到了大量的赔偿,但是在民主德国作为一个独立国家存在的时候,苏联在民主德国有驻军。统一以后的德国属于西方联盟,因此苏联驻军必须撤出,为此,苏联要求经费来解决撤军问题。根据德国和苏联的撤军协议,苏联驻军于1994年8月全部撤出德国。德国必须承担苏联在民主德国地区的驻军撤军所需要的总费用,包括军队人员回国的住宅建设与就业安排。① 此外,德国对苏联的信用担保和出口补贴也是重要支出项目。表8-2仅为1990年和1991年两年期间德国对苏联、俄国的总支出,总额为805.7亿马克。其中直接与驻军和撤军有关的费用为141亿马克。

表8-2　　　1990~1991年德国对苏联和俄国的财政支出与担保　　　单位:亿马克

项目	金额	项目	金额	总计
补贴和援助		信用担保和出口补贴		
军队离开	134	贷款的担保	92	
军队维持	7	对军队离开费用贷款担保	30	
立即援助	7	出口信用担保	284.5	
药品	2	欧盟信用担保中德国部分	10	805.7
食品购买补贴	15.2	卢布兑换平衡补贴	171	
捐款	4	投资项目	39	
技术咨询	3			
欧盟援助中德国部分	7			
合计	179.2		626.5	

资料来源:A. Gummich/N. Walter, 1993, Die Deutsch-russischen Wirtschaftsbeziehungen, in: Werner Weidenfeld Hrsg. Demokratie und Marktwirtschaft in Osteuropa, Verlage Bertelmann Stiftung, Gütersloh, pp. 383-400.

---

① 就业是通过德国大公司在苏联投资办厂完成的。

德国的国家统一，是将原民主德国纳入联邦德国。第一步的事情就是收回领土，苏联驻军民主德国，长期以来是德国政治家们的心中之刺，是首先要拔出的，苏联撤军是第一件大事。第二步的事情是收回人口，德国的统一是以东部居民加入联邦德国的路径完成的，这意味着统一后，原西部地区的所有制度均适用于东部新州，这里的核心是，新州居民有权享受全国统一的社会保障制度，这也是国家统一对东部居民根本吸引力所在，也是统一后的联邦政府对东部居民的重要承诺。两德统一后，在东部地区不再可能实施带有中、长期性质的过渡措施，以便在提高生产率的基础上逐步提高社会保障水平。而在民主德国的企业和个人还不可能大量缴纳社会保障费用的情形下，实行社会保障只好依赖政府的大量拨款。仅仅是养老保险基金一项，在1992~1995年的4年间向东部地区的转移支付，就达到了420亿马克。根据德国经济研究所的统计，1991~1996年，西部对东部地区社会福利的开支达到1 784亿马克，占向东部地区净转移支付15.56%。统一后东部地区企业大量破产，失业率居高不下。由于职工和雇主的缴款减少，而用于劳动市场的支出又急剧上升，所以，联邦劳工局的东部地区账户每年都有巨额赤字。这些赤字，一部分靠财政拨款，另一部分靠联邦劳工局在西部地区的盈余来弥补。表8-3为联邦劳工局在1991~1995年向东部地区的净转移支付。

表8-3　　　　1991~1995年德国劳工局给予东部地区的
财政转移支付　　　　　　　单位：亿马克

年　　份	1991	1992	1993	1994	1995	总计
联邦劳工局的转移支付	240	250	150	140	140	920

注：指东部地区在联邦劳工局的赤字总额。为避免双重计算，扣除了联邦及州政府给予的相应拨款。

资料来源：Presse und Informationsamt der Bundesregierung（Hrsg.）1995，Unser Land verändert sich：Deutschland 1990-1995，Bonn.

收回领土，收回人口之后的第三件事情是统一行政。国家统一以后的首要政治任务是统一行政，由于制度已经改变，东部新州的国家机器需要重建。行政管理机构的人员需要培训或新招聘。新招聘人员主要来自西部地区，涉及大量公务员的调动。在统一以后的很长一段时间内，东部地区的生产下降，税基缩小，税收收入不能够维持正常行政开支，一些州和市镇的财政到了难以为继的地步，必须依赖西部地区的补助。例如，德国联邦政府曾于1991年额外拨款50亿马克，"以稳定新州及其各市镇的财政"。为了补充在1991年和1992年实行的"全民工程：东部复兴"规划，健全新州的市镇行政机构，联邦政府对东部市镇招聘来当行政人员的原西部居民的补助，每年即达1亿马克。对东部地区新建和改建的法制机构，每年补助1亿两千万马克。联邦政府派往新州的工作人员的薪水、工资、补贴等全部费用，到1992年年底，都由联邦财政负担。

三、私有化形成的债务

(一) 原民主德国国营企业的债务

虽然原民主德国也进行过国有企业经营制度改革,但在统一前,原民主德国的大量国有企业是负债累累。国家统一后,联邦德国政府接收了原民主德国的国有企业。接收过程中使用特定的货币兑换比率,即按民主德国马克计算的企业债务一律以2∶1的比率折算成以联邦德国马克定值的债务。仅此一措施,东部国有企业在统一前的债务便减少了一半。当时很多人估计,东部企业的资产应当大于其债务。即使资产价格有所降低,出卖企业的收入可补偿债务而有余。有些人甚至设想如何使用私有化的净收入。联邦政府经济专家委员会后来把这些设想形容为"熊还没捉住,熊皮已经瓜分了好几回"。负责民主德国企业私有化的联邦托管局从原民主德国接管的企业总数为45 000个,(由于采取拆分措施,企业总数增加了),接受的国有资产总额为13 000亿马克。托管局在1990~1994年4年间,完成了14 000个工矿企业的私有化和4 300个企业的再私有化。对3 700家企业进行了破产清算。托管局还完成25 030个小型手工业、服务行业企业的私有化。出卖了3万多项不动产。签订了单项私有化合同近8万份和大约10万份出租合同。① 由于在私有化过程中,托管局首先需要对原财产所有者退回或者赔偿,追溯索赔的时间起点为1933年,资产中相当的部分首先归还给个人(实物形式或货币形式)。其次,大量企业已经破烂不堪,需要先整顿,才能卖出去。为了促使新的企业主多保留原有的就业位置,托管局给予了特别的补贴。这样,托管局从出售民主德国国有企业中不但没有得到净收入,反而得到是净债务。1994年托管局结束私有化任务时间,账面净债务为2 700亿马克。这笔债务被计入补偿债务偿还基金,将由现在和以后的几代人来偿还。与国有企业改革一样,市镇的房地产私有化与农林企业的私有化,财政都没有得到净收入,而是背负巨大的债务。

(二) 对私人投资的财政扶持

在国有企业私有化的同时,也需要鼓励私人投资。德国对东部企业财政扶持的主要项目为:投资补助、投资补贴和特殊折旧;新建企业自有资本援助项目;销售支持,用于参加国内外博览会的补贴;革新改造资助、用于工业组织改革研究和对生态技术企业的参股。投资补贴包括创业者补贴和新设备投资补贴。1990~1995年,在"统一共同任务"的投资补助计划中,批准给东部企业的大约为280亿马克,其中到1995年年底已支付190亿马克。经过批准给予企业的补助,在29 000多项的投资计划中,推动了总额为1 480亿马克的投资。表8-4为1990~1995年德国

---

① B. Breuel, 1994, Treuhandanstalt: Bilanz und Perspektiven, in: Aus Politik und Zeitgeschichte B 43-44/94, 14-20.

财政对东部企业的投资支持。

表8-4　　　1990~1995年德国财政对东部企业的投资支持　　　单位：亿马克

项　目	1991年	1992年	1993年	1994年	1995年	1990~1995年
投资补助	71	52	56	55	42	42
投资补贴	10	43	51	44	36	184
特殊折旧	18	28	38	50	87	221

资料来源：德国经济研究所：Instltutsder Deutschen Wirtschaft, 1997, Beihilfe-Stroenmegen Osten, Wirtschaftsfoederung. in: Infornationsdienst, IWD-online, 14. August 1997, 22. Jag., Nr. 33, http://www.lwkoeln.de/IWD/I-Arschiv/IWD/33-97/133-97-4.htm.

四、财政平衡负担

在统一之后的1991~1994年的4年间，东部新州采取的是过渡期财政平衡制度，联邦政府对东部新州的净支出为4 750亿马克，约为2 398亿欧元。到1995年为止，东部地区已经完成了财政体制的过渡阶段，纳入德国全国统一的财政平衡体系。在新的财政平衡体系中，联邦每年对东部新州的拨款由三个大项目构成，其中每年每个州固定的项目为政策领导特别需求成本拨款和东部新州特别需要拨款。这两个项目总额为每年76.06亿欧元，每年数额有变化的项目为差额拨款，每年总额为17亿~19亿欧元。从州级平衡资金中，每年输入的资金总额在50亿~67亿欧元。表8-5为联邦拨款和州财政平衡中，每年东部新州得到的财政输入的数额。最低的为1996年，为127.86亿欧元，最高的年份为2000年和2003年，都在160亿欧元以上。从1995年以来的累计总额大约为1 357亿欧元。2003年整个东部新州的总税收收入为329.12亿欧元，而得到的联邦拨款和州平衡资金合计为163.73亿欧元，占比例为49.7%。从这个比例，可以看出，统一以后的10年，外部财政资金输入对东部仍然具有维持生存的重要性。

表8-5　　　　1991~2003年对东部地区的财政投入　　　　单位：百万欧元

年　份	联邦对东部拨款	东部从州级平衡中输入资金	合计
1991~1994			239 800
1995	9 370	5 033	14 403
1996	7 386	5 400	12 786
1997	9 364	5 357	14 721
1998	9 446	5 715	15 161

续表

年 份	联邦 对东部拨款	东部从州级平衡 中输入资金	合计
1999	9 530	6 162	15 692
2000	9 570	6 519	16 089
2001	9 437	5 796	15 233
2002	9 384	5 840	15 224
2003	10 533	5 840	16 373
合计	84 020	51 662	13 5682

资料来源：Bundesministerium der Finanzen, Finanzbericht 2004, Berlin. 笔者整理。

根据2004年的联邦财政计划，2004年对东部拨款和州财政平衡资金输入的总规模基本不变。从2005年开始，联邦对东部的特别拨款项目继续后延15年，到2020年为止，资金总额为1 053亿欧元。此外，在联邦的一般财政项目中，东部将优先得到拨款，在统一基金第二期项目期限内，总额为511亿欧元。

第三节　国债规模发展

一、财政赤字严重

20世纪90年代以来，由于实现国家统一的伟大任务，财政赤字占国内生产总值的比例迅速上升，1993年达到4.4%，1996年下降为3.4%。由于1996年开始，欧元区的成立已经提上议事日程，欧盟财政经济纪律的草案已经出现。德国是欧元区的重要推动国，本身的财政经济指标必须是符合当时的财政经济规定的。因此，1997年德国的财政赤字下降为2.6%，达到欧盟的标准。当时，人们对政府是否能够实现欧盟的财政标准是有怀疑的，认为有可能采取了一些技术措施，比如推迟支付方式使其能够满足欧盟3%的赤字率标准。1997年以后德国的赤字率继续下降，直到维持到欧元正式投入使用的2000年以后。2001年德国财政赤字再度回升，2003年已经超过欧盟的3%的标准。因此，德国政府2004年不得不实行整顿财政的预算计划，之后，赤字比率逐步下降，但是金融危机后的2009年、2010年再度上升，超过3%。采取债务控制以后，赤字得到控制，2014年、2015年已经实施当年财政有结余（见表8-6）。

表 8-6 1965~2015 年德国财政赤字占 GDP 比例

年份	国内生产总值（亿欧元）	财政赤字额（亿欧元）	赤字占 GDP 比例（%）
1965	2 348	-48	-2
1962	2 527	13	0.5
1970	3 520	-41	-1.2
1975	5 360	-326	-6.1
1980	7 666	-292	-3.8
1985	9 553	-201	-2.1
1986	10 102	-216	-2.1
1987	10 433	-261	-2.5
1988	10 985	-265	-2.4
1989	11 683	-138	-1.2
1990	12 749	-483	-3.8
1991[#]	15 022	-628	-4.2
1992	16 132	-592	-3.7
1993	16 542	-705	-4.3
1994	17 359	-595	-3.4
1995	18 013	-559	-3.1
1996	18 337	-623	-3.4
1997	18 716	-481	-2.6
1998	19 294	-288	-1.5
1999	19 786	-269	-1.4
2000	20 300	-340	-1.7
2001	20 712	-471	-2.3
2002	21 082	-571	-2.7
2003	21 530	679	-3.1
2004	22 670	-655	-2.9
2005	22 978	-525	-2.3
2008	25 580	-104	-0.4
2009	24 567	-900	-3.7
2010	25 762	-787	-3.1

续表

年份	国内生产总值（亿欧元）	财政赤字额（亿欧元）	赤字占 GDP 比例（%）
2013	28 095	-130	-0.5
2014	29 038	18	0.06
2015	30 155	105	0.35

注：#表示统计口径有变化。

资料来源：Bundesministerium der Finanzen, Finanzbericht 2004, Berlin; Bundesfinanzministerium, Finanzbericht – 2016, http://www.bundesfinanzministerium.de/Content/DE/Standardartikel/Themen/Oeffentliche_Finanze。

二、债务规模巨大

由于财政入不敷出，德国财政收入实际上只能满足财政经常性支出的需要，因此，德国政府的公共投资资金，几乎完全来自于在资本市场上的筹资。所以，德国国债的规模直接取决于公共投资的规模。20 世纪 80 年代后期，德国在政府财政赤字减少的同时，债务占国内生产总值的比例并没有相应下降，而是持续上升。1980 年国家债务占国内生产总值的比例为 31.5%，1989 年提高为 41.6%，9 年时间增长了 11.1%。20 世纪 90 年代以来，国家财政承担着统一的艰巨任务，国家债务迅速增长。1992 年国家总债务为 13 452 亿马克，占内生产总值的比重为 43.74%，1994 年债务总额占国内生产总值的比重超过 50%，1996 年债务总额占国内生产总值的比重超过了 60%，1992~1997 年 5 年间，德国公共债务占国内生产总值的比重增长了近 17%。这在德国第二次世界大战后财政史上是第一次。表 8-7 表明 1997 年以来公共债务变动的情况。表中数据是根据联邦、州、市镇三级政府债务加总的数据，与其他数据统计口径稍有差别。

表 8-7 1997~2014 年德国三级政府债务占 GDP 比例

年份	GDP（亿欧元）	总债务（亿欧元）	债务占 GDP 比例（%）
1997	18 716	11 150	59.6
1998	19 294	11 485	59.5
1999	19 786	11 770	59.5
2000	20 300	11 960	58.9
2001	20 712	12 021	58.0
2002	21 082	12 527	59.4
2009	24 567	16 140.284	65.7
2010	25 762	90 567.744	64.5

续表

年份	GDP（亿欧元）	总债务（亿欧元）	债务占 GDP 比例（%）
2011	26 991	94 296.327	62.3
2012	27 499	96 105.201	62.4
2013	28 095	100 823.525	61.9
2014	29 038	106 581.316	60.1

注：这个数据与另一数据有差别，可能是包括了特别财产项目。

资料来源：Bundesministerium der Finanzen, Finanzbericht 2004, Berlin；Bundesfinanzministerium, Finanzbericht – 2016, http：//www.bundesfinanzministerium.de/Content/DE/Standardartikel/Themen/Oeffentliche_Finanze.

数据显示德国三级政府债务占 GDP 比例从 2002 年开始超过 60%，已经超过了《马约》的限制线。[1] 其后由于经济增长放慢，债务占比例逐步提高，2009 年三级政府总债务达到占 GDP 比例 65.7%，2010 年以后开始控制债务，占比例明显下降，按照乐观的估计，2019 年仍然为 61.5%，2020 年才能够实现达到 60% 的目标。

三、债务控制

（一）债务的成因

一个国家巨大债务的累积可以用"冰冻三日，非一日之寒"来形容，有长期的制度基础。[2] 但是在短期的迅速上升，肯定又有短期的特别的外界重大政治经济形势变化的影响。就德国 2000 年以后的债务成因来说，欧元引入是重要因素。在 2008 年世界金融危机之前，德国财经界已经对联邦政府包括地方政府的债务问题提出警告。如前所述，在 2004 年联邦财政部还采取了财政整顿的措施，冻结了联邦政府预算，其依据是按当时的国民经济能力已经无法维持原来预算的政府行政开支。[3] 在欧元区开始运行以后，德国经济的发展受大量因素影响，经济增长率很低，主要的原因首先是德国企业投资向其他欧盟国家（欧元改善了欧盟区所有国家的投资条件）的外流。其次，在引入欧元之前，德国人普遍有德国马克实际被贬值的恐慌，进行了大量的投资，该在以后买的都提前买，没有实力买的，想办法贷款买。所以，欧元引入以后，经济没有增长的动力，导致税收下降，社会支出增加，不利因素叠加起来导致政府财政状况日趋严重。在此期间，原来的欧元反对派也认为这是欧元

---

[1] 马约限制，Maastricht-Abgrenzung。

[2] 如前所述，德国原来《预算基本法》规定，投资是可以通过贷款来筹资的，贷款的规模必须与投资项目规模相等。对于投资项目的规模是由议会根据预算计划安排的，理论上是通过宏观经济的投资与消费的适当比例作为控制背景的。

[3] 参见联邦预算部分联邦财政部在预算执行中的作用。财政部有权冻结一个部门的预算甚至整个联邦政府的预算（当然是要经过议会同意的）。为了保证整个国家不要因为财政危机陷入崩溃。

引入对德国经济的不利后果。他们的理由是，德国企业到欧盟内的外国企业投资这种趋势是无法阻挡的，因为那些国家的工资（包括工资附加的福利）水平低，在税制执行方面环境也比德国宽松。由于推动并建立欧元区是德国前任政府的事情，现任政府无法改变，因此，只能在既定的框架下寻求自我改革，来改变欧元引入对德国经济的巨大挑战。

（二）控制政府债务的相关改革

1. 福利与税制改革。关于引入欧元可能对德国经济的挑战可以说当时在理论上是无可辩驳的。1998 年通过联邦大选取得胜利的，联邦总理施罗德主政的红绿联盟政府清楚认识到这是对德国经济的一项巨大挑战，他的竞选口号就是："2010 议程"。该"议程"的核心内容是：改革劳动力市场、压缩社会福利、降低税率、加大科技创新的力度以及大力发展职业教育事业。施罗德政府希望通过实施"2010 议程"来达到提高经济效率、强化国际竞争力的宏伟目标。这是德国人在 21 世纪的巨大改革工程，就是全面调整德国的社会福利系统支出（国家医疗保险，[①] 失业金和养老金），降低公司税率和改善雇用制度。具体的是劳动市场促进制度的改革，限制普通人长期领取失业救济金的可能。对于中等收入阶层，过去可以通过购买房产的还贷作为所得税税前扣除，这项对中等收入者利好的制度，被施罗德的在公平税收的名义下取消了。总的来说，正反两个方面对于税收福利方面的改革建议他都采用了。作为社会民主党的领导人，提出降低整个德国社会福利水平（虽然没有降低工资，但是降低了工资附加的福利）为主要方向的改革方案，这是需要巨大的政治勇气的。在企业所得税方面，当时他的口号是与欧盟其他国家水平相等，保持德国工业基地的位置。通过他的改革方案的逐步实施，德国经济开始回暖，在 2008 年世界经济危机之前，2006 年与 2007 年德国经济其实已经开始回升。[②] 2008 年由美国引发的世界金融危机打断了增长的势头。

2. 精简政府机构，节省财政支出。施罗德主政时期的福利改革与税制改革实际上是为企业改变了经营环境，但是这种改革违背了社会民主党的基本立场，也实际上损害了社会民主党铁杆粉丝的利益，因此失去了大量选民。施罗德的继任者默克尔继承了前任的改革工程。一方面，从政府的结构来看是大联盟的政府，从议会成员到政府成员社会民主党仍然有重要地位，保证了改革工程的继续进行。另一方面，因为保卫德国工业基地位置的"2010 议程"本质上是符合基民盟的竞选纲领的，因为基民盟是代表经济届的利益的。默克尔上任以后，持续进行改革，将改革的议程

[①] 医疗保险方面的改革，具体例如牙医洗牙的医保支付项目被取消了，住院病人超过一定期限要支付一定费用等。退休金改革降低养老金替代水平，增加私人养老保险补贴。关于养老金的替代水平在 2017 大选中再成为重要议题。根据现有方案，根据统计数据，就业人员平均从业 38 年结束，大约有 52% 的人退休金少于平均 795 欧元的基本养老金，如果不改革，到 2045 年，退休金的水平将从目前的 48% 降低到 41.7%。《德国逾半数就业者将成苦老族》，载于《华商报》2017 年 1 月 1 日。

[②] 对于 2008 年的世界经济危机，德国内部也表示对美国的金融系统的研究不够，没有对本国的银行系统进行预警，导致本国银行业违规购买次贷，形成巨大的直接经济损失。

逐步落实，没有走回头路。具体来说，对联邦政府公务员支出的福利标准也进行了削减，节省财政支出是重点。从2001年开始到2009年，联邦政府预算对联邦公务员供给项目的改革总计节省财政支出4 179百万欧元（见表8-8）。由于公务员支付福利标准的下降，就是在预算计划的公务员人数不变的情况下，也为后来的总支出下降打下了基础。同时，联邦政府也在逐步削减公务员的人数，1992年联邦行政管理总人数为38.1万人，2001年为30万人，2013年为25.9万人，2013~2016年数据基本稳定。因此施罗德时期对公务员福利制度的改革，对于节省联邦财政预算的人员支出的作用在其后的年份中逐步体现。

表8-8　　　1998~2010年联邦政府由于改革措施对公务员供给项目节省支出　　　单位：百万欧元

改革的法规名称	法文原文	改革措施节省的财政支出
公务权改革法1997	Dienstrechtsreformgesetz 1997	325
供给改革法1998	Versorgungsreformgesetz 1998	528
供给补贴新规定	Gesetz zur Neuordnung der Versorgungsabschläge	21
供给改变法	Versorgungsänderungsgesetz 2001	1 080
社会护理保险转账以及公务法医疗保险影响平衡法	Gesetz zur wirkungsgleichen Übertragung von Regelungen der sozialen Pflegeversicherung sowie der gesetzlichen Krankenversicherung auf dienstrechtliche Vorschriften	270
总计	Gesamt	2 224
预算协同法2004	Haushaltsbegleitgesetz 2004	—
特别支付降低从2004年开始	Absenkung der Sonderzahlung ab 2004	980
医疗保险现代化法措施转账	Übertragung der Maßnahmen des Gesetzes zur Modernisierung GKV	420
预算协同法2006年	Haushaltsbegleitgesetz 2006	
特别支付从2006年开始削减	Kürzung der Sonderzahlung ab 2006	485
总额	Gesamt	1 885
公务法新规则法2009	Dienstrechtsneuordnungsgesetz 2009	7
总额	Insgesamt	4 179

资料来源：Bundesministerium des Innen，2013：Fuenfter versorgungsbericht，http：//www.bmi.bund.de/SharedDocs/Downloads/DE/Themen/OED_Verwaltung/Oeffentlicher_Dienst/Beamte/versorgungsbericht5.pdf?_blob=publicationFile.

（三）债务控制计划提前实现

近两年，德国债务控制取得明显成效，既是之前多年改革的成果的体现，也有多方面的其他有利条件。

1. 经济环境的改变。与 2000 年开始的德国经济面临欧元引入的巨大的外部冲击相反，2014 年德国经济遇到巨大的利好的外围环境的变化：石油价格的下降。由于油页岩技术的突破，导致不仅石油价格短期大幅度下降，而且有长期下降的趋势。长期以来，原油价格上涨是德国经济界的最大心头之痛，原油价格成本直接是对工业利润的扣除。经济学的原理是人们的消费不仅决定于当期收入，更重要的是预期收入。石油价格下降不仅对企业界是利好，对于消费者来说，就业预期上升，收入预期上升，导致消费支出增加。而消费支出增加，必然是对经济增长的巨大推动，同时也使税收增加。尤其是在德国，大宗消费品是私人小汽车，原来是油价天天涨，开车成本高，不开占地方（停车位置），购买新车的动力逐步下降。在油价上涨的阶段，德国人都在考虑，不买新汽车了，将来乘公交或者骑自行车。油价下降以后，首先促进汽车销售市场的景气，人们热衷于旧车换新车。在经济发达地区，街头排满新车，成为经济景气的风景线。由于对交通费用的预期的改变，那些在远郊几乎被人遗忘的旧房子也开始有人问津，进行改建成为新的住宅，改变居住条件，这又促进了建筑业的发展。

2. 财务环境的改变。2008 年金融危机之后，从美国开始实行宽松的货币政策，在美国的货币政策影响下，欧盟后来也采取宽松的货币政策，欧元利率下降。宽松的货币政策对于控制政府债务来说是巨大的利好。德国政府为德国统一从国际资本融资债务当时的利息比较高，由于德国的国债几乎没有 10 年以上的长期债务。债务管理的策略是用新债还旧债，由于欧元利息下降，举新债还旧债的成本大大下降，也直接导致新债务的减少。①

3. 预算控制债务计划提前实现。如前所述，德国政府从 2010 年已经开始控制政府债务的预算方案，已经开始对有巨额债务的州采取财政整顿措施，不允许举新债。在施罗德从 2000 年了开始的改革措施逐步产生效果以后，德国企业外迁的势头得到控制，使德国经济从 2012 年开始逐步恢复，就业形势明显变好。由于德国是社会保障水平比较高的国家，就业形势一好转，失业救济支出下降，上缴的税收与社会保障费都增加，政府的财政状况迅速得到改善。2013 年政府债务已经下降。2014 年下半年，国际市场石油价格下降，对德国经济有一轮新的推动。因此 2014 年德国实现了无赤字的财政平衡，是联邦德国建国以来首次。因此，提前完成了原来计划到 2015 年开始不举新债的债务控制计划。

尽管德国有如此特殊的统一任务，其债务总额在过去的年份中增长很快，但是与西方其他主要工业国的横向比较，它的国家债务占国内生产总值的比重还是低于

---

① Bundesfinanzministerium, Finanzbericht – 2016, http：//www.bundesfinanzministerium.de/Content/DE/Standardartikel/Themen/Oeffentliche_Finanze.

各国的平均水平。从表8-9显示的西方7个主要工业国的数据看,20世纪90年代以来,德国的债务占国内生产总值的比重高于法国和英国,低于其他四国。在2001~2004年,德国债务比重仅高于英国,与美国基本相同。从2013年开始,德国债务控制很有成效,已经成为7大工业国中债务比例最低的国家。

表8-9　　　　1980~2016年西方七个主要工业国国家债务占国内生产总值的比重　　　　单位:%

年份	德国	法国	英国	意大利	加拿大	美国	日本
1980	31.5	30.9	54	58.1	44	37	51.2
1985	41.5	38.6	58.9	82.3	64.1	49.5	67
1989	41.6	40.6	42.9	95.7	69.2	54.1	68.9
1990	43.2	35.4	39.4	98	72.5	55.5	65.1
1995	57.1	52.9	54	124.4	100.5	63.4	80.6
1996	59.4	56.5	54.5	124.3	100.3	63.9	86.4
1997	60.5	57.7	54.1	123.3	97.2	63.8	90.8
2000	59	58.7	39.1	105.1	80.5	55.1	140.1
2001	59.5	56.8	38.9	109.5	83.2	60.1	132.3
2002	60.8	59.1	38.4	106.7	80.4	61	141.8
2003	62.7	61.8	39	106	77.3	62.3	147.9
2004	63	63.1	39.8	104.7	74.8	63.5	154.2
2013	77.1	92.3	87.3	128.5	92.3	104.7	243.2
2014	74.7	95	89.4	132.1	94.8	104.8	247
2015	71.5	96.4	89.9	133.1	96	104.9	250.8
2016	68.2	97	90.1	130.6	95.5	104.7	251.9

注:由于数据处理方式不同,表中德国数据与表8-2数据有差别。

资料来源:Bundesministerium der Finanzen, Finanzbericht 1998, Bonn; Bundesfinanzministerium der Finanzen, finanzbericht, 2004, Berlin; Bundesfinanzministerium, Finanzbericht – 2016, http://www.bundesfinanzministerium.de/Content/DE/Standardartikel/Themen/Oeffentliche_Finanze.

第四节　国债管理及新的改革

一、联邦资产计账方法改变

联邦资产计账方法从2013年开始采用新的方法。[①] 联邦资产与债务账目的统计

[①] Bundesfinanzministerium, Finanzbericht – 2016, http://www.bundesfinanzministerium.de/Content/DE/Standardartikel/Themen/Oeffentliche_Finanze.

范围为德意志联邦共和国的所有法人地区。为了反映国家预算账目的真实状况，要求将所有在预算计划中的机构的资产与负债加总。所谓的联邦核心行政管理包括联邦宪法机构，联邦的总理府与下属的联邦管理机构。资产账延伸到联邦企业，特别财产与信托资产作为法律上非独立的部分。不包括法律上独立的公法的联邦局，[①]公法法人与基金会。联邦预算年报按此记账方法到2014年年底的数据是，包括了特别财产与信托财产的联邦的总资产为2 438亿欧元。而债务总额为17 691亿欧元。资产与债务平衡表的结果是负债15 253亿欧元。

二、基金项目管理方法

为了筹集统一资金，德国政府主要采取了三个方面的措施：（1）提高税收。包括提高增值税和收入税，提高行政收入和公共产品价格。据联邦财政部估计，在德国联邦政府转移给东部地区的净支出中，约有不到1/4是通过这一措施支持的。（2）节约和转用。政府一方面节约在其他方面的支出，腾出资金用于东部地区；另一方面在许多支出项目下，把资金实际应用到东部地区，例如政府的投资支出，不再用于比如在西部地区建造公路，而转移于东部地区。（3）发行国债。德国联邦政府用这种方式筹集了大约1/5的净转移支付资金。总体来说，资金筹措采取设立专项税收，资本市场借贷和利用各种其他渠道的援助资金。德国政府举债基本采取财政专项基金账户的方式。

1. 德国统一基金。为了统一目的，1990年5月设立"德国统一基金"，并定于1994年年底结束。根据两德统一协定，在东部各州进入全国州际财政平衡体系以前为过渡阶段。"德国统一基金"的具体任务是在过渡阶段筹集资金支持东部各级政府的财政支出，保证东部地区向居民提供的公共产品达到高于原民主德国的水平，并逐步接近于联邦德国水平。该基金是独立法人，可以自行借贷。在该基金存在的四年半里。统一基金资金总额为811.5亿欧元，来源为联邦253.6亿欧元，西部老州82.2亿欧元（直接来源于团结税）。从资本市场贷款485.7亿欧元。1994年年底"统一基金"结束时，它的负债全部转交给了德国联邦财政部。从1995年开始，贷款部分进入偿还阶段，从1997年开始，国家财政按贷款总额（485.7亿欧元）的10%的比例为每年应付利息和本金的数额，给国家统一基金提供还款补助，每年48.6亿欧元。在1994年包括1994年之前，西部老州承担其中的一半。从1995年开始，西部老州每年增加承担数额为10.7亿欧元。因此，在总额为48.6亿欧元的补贴中，西部老州财政实际每年承担的总额为35亿欧元，其余部分由联邦政府承担。由于后来资本市场的利息比较低，此项补助从1998~2001年实际降低为每年33亿欧元，2002年为24.6亿欧元。根据2001年联邦和州新的协议，联邦财政将从2005年开始承担统一基金每年的应付利息和本金数额，以及承担最后的债务65.4亿欧元，到2019年为止。为此项目的，2005~2019年，联邦从增值税中提取13.2亿欧

[①] 联邦局与法人，Anstalten und Koerperschaften。

元，如果由于利息变化的原因，2019年最后的债务超过65.4亿欧元，超过部分的53.12%将由西部老州承担。①

2. 赔偿基金。赔偿基金（Entschaedigungsfonds）建立于1991年。用于根据《财产赔偿法》赔偿1933~1989年由于政府行为导致的私人财产的损失。② 资金来源为出卖联邦管理局为统一特别任务出卖财产的收入，出卖原民主德国托管局管理的社会机构财产的收入，出卖原民主德国地方公共企业的收入等。从2005年开始，该项基金也要联邦财政拨款补助。③

3. 继承债务专项账户。继承债务专项账户（Erblastentilgungsfonds，ELF）。1995年以后由继承债务专项账户负责原来民主德国债务的付息和偿还。具体项目构成为：（1）原来的信贷基金583亿欧元，其中139欧元是国家财政债务，437亿欧元是货币兑换的平衡债务。（2）1995年1月接受的托管局国有企业私有化以后的债务1 046亿欧元，1995年开始从住宅建筑企业接受的旧债142亿欧元，从1997年开始接受的社会机构的债务43亿欧元。继承债务账户的债务余额在2002年年底为1 814亿欧元，不包括已经偿还的数额。从1998年开始，东部新州每年承担1.43亿欧元为社会机构债务旧债的偿还。④

4. 欧洲复兴基金项目。从1991年以后，欧洲复兴基金承担东部新州的中小企业和环境保护项目的投资资助。1997年以后为东部地区自有资本补贴项目提供资助。欧洲复兴基金主要通过从资本市场融资的方式，为贴息或者低息贷款。

5. 建设援助基金（Fonds "Aufbauhilf"）。该项基金是为了援助东部新州建设的，到2006年基金终止。

6. 其他基金。除了上述与国家统一有关的基金项目外，还有其他基金项目。

（1）联邦供给基金，建立于2007年，为联邦退休公务员养老金筹资。联邦邮政与电信退休服务公司，成立于2007年，为联邦邮政与电信部门筹集资金（通过拍卖这两个部的部分不动产）。

（2）儿童照料基金（Kinderbetreuungfonds），成立于2007年，为市镇建立新的三岁以下儿童幼儿园筹集资金。

（3）金融市场稳定特别基金（Sonderfondsfinanzmarktstabilisirung），2008年为应对世界金融危机设立。

（4）投资与偿还基金（Investions-und tilgungsfonds），2009年成立。

（5）联邦有价证券通货指数化最终支付预防基金（Sondervermoegen fuer Schlusszhalungen fuer inflationindexierte Bundeswertpapiere），成立于2009年。

（6）能源与气候基金。这是2011年开始成立的基金，2015年资金收入总规模

---

① ③ ④ Bundesministerium der Finanzen, Finanzbericht 2004, Berlin.
② 该基金当时成立的目的，是为原民主德国地区在纳粹时期，工业国有化运动与农业集体化时期以及由于民主德国居民逃亡联邦德国，政府对个人的企业、土地、房产的没收导致的私人财产损失的赔偿。为了维护私人产权的法律尊严，赔偿期限为1933~1989年，时间跨度为56年。这是一项令人惊叹的社会工程。原西部地区对于纳粹时期政府对私人财产没收的损失，在德意志联邦共和国成立以后已经给予了退回及赔偿。

为 1 681 百万欧元，计划到 2019 年达到 2 383 百万欧元，基金的任务是用于德国能源结构调整。① 该基金直属于联邦经济与能源部管理，是能源转型的重要财政政策工具。该基金属于联邦特别财产项目。

（7）欧洲稳定基金（ESM）。从 2013 年 6 月生效。总额 2 110.459 亿欧元。2015 年 2 月 3 号（立陶宛加入）开始，欧洲稳定基金的原始资金为大约 7 047.987 亿欧元，加上付进资金（偿还资金），可以动用的资金总规模为 6 243 亿欧元。德国支付了总计 913 亿欧元（包括爱尔兰 2010 年 12 月开始；葡萄牙，2011 年 5 月开始；希腊 2012 年级 3 月开始）。德国对已支付资金支付了 217 亿欧元，为可动用资金支付了 1 683 亿欧元。②

三、国债管理机构及改革

（一）债务管理机构

直属财政部领导的联邦债务管理局，负责联邦政府债务的管理。根据联邦有价证券管理法，2002 年将原来联邦债务管理局改名为联邦有价证券管理有限公司，③并且对它的任务进行了新的规范。它的任务是公证联邦债务，对现有债务的付息和本金偿还，联邦债务的记账，以及相关数据的收集和向联邦财政部提供信息。根据联邦有价证券管理法，议院对联邦政府从资本市场借贷的监督机构是联邦议院财政委员会的下属委员会：联邦信贷筹资部。联邦信贷筹资部的成员同时也是联邦议院财政委员会的成员。联邦债务的直接运作机构现在是联邦有价证券管理有限公司，公司是股份有限公司，新成立于 2000 年。联邦财政部拥有该公司的 100% 的所有权。该公司承担联邦财政部的委托任务，主要内容为：为联邦债券的发行提供服务，通过发放债券从资本市场取得资金，通过货币市场的财政手段平衡联邦财政部和联邦银行的账户。成立新公司的原因是为了加强债务管理，通过债务管理节省利息支出。1999 年联邦财政部委托 Accenture 咨询公司对联邦的债务筹资问题进行研究。该公司的研究结果是，如果优化债务管理，联邦每年可以节省 14 亿马克的利息支出。联邦每年大约需要举 2 500 亿马克的新债来偿还旧债。债务的数额是由政策制定者们决定的，是政策性的问题。而如何借债是个技术性的问题。如何借债过去是由联邦财政部，联邦银行和联邦债务管理局共同协商决定。成立新的联邦有价证

---

① 具体数据见 Bundesfinanzministerium, Finanzbericht－2016, http：//www.bundesfinanzministerium.de/Content/DE/Standardartikel/Themen/Oeffentliche_Finanze，能源与气候基金预算计划总览。

② Bundesfinanzministerium, Finanzbericht－2016, http：//www.bundesfinanzministerium.de/Content/DE/Standardartikel/Themen/Oeffentliche_Finanze.

③ 联邦有价证券管理 管理法，Gesetz zur Neuordnung des Schuldbuchrechts des Bundes und der Rechtsgrundlagen der Bundesschuldenverwaltung（Bundeswertpapierverwaltungsgesetz-BWpVerwG）。德国联邦证券管理有限公司 Die Bundesrepublik Deutschland-Finanzagentur GmbH，2000 年成立，地址法兰克福。http：//www.deutsche-finanzagentur.de/de/finanzagentur/ueber-uns/。

券管理有限公司以后，如何借债为政府财政融资这个技术性的问题由该公司专门负责。

（二）债务管理方法：举新债还旧债

长期以来，为了节省利息支出，联邦债务的期限构成主要以 4 年期、4 年以下期与短期为主，基本是采取借新债还旧债的方法。在德国，联邦、州和市镇的年度财政预算中的信贷筹资计划部分，都必须把到期公债本金和当期支付的利息纳入财政计划。当年的偿还数额和当年新借贷的数额都纳入财政预算。每年的净借贷收入是重要计划指标。例如，在 2002 联邦政府 2002~2007 年信贷筹资计划中，联邦政府每年的净借贷数基本是逐年下降的，2002 年净借贷数为 318 亿欧元，2007 年要下降为 100 亿欧元。即便是在财政状况转好的情况下，总债务偿还的数额也是比较小的。根据联邦政府在 2016 年预算草案中的还债计划，在 2014~2019 年，每年通过举新债来还旧债，五年计划（2015~2019 年）净偿还额为 59 亿欧元（见表 8-10），如果包括 2014 年，净偿还额为 21 亿欧元。没有增加新的债务，这已经是巨大的成就。

表 8-10　　　　　　　　德国联邦政府还债计划　　　　　　单位：亿欧元

项目	2014 年实际数	2015 年计划数	2016 年草案数	2017 年计划数	2018 年计划数	2019 年计划数	2015~2019 年总偿还额
毛举债额 A	2 041	1 831	2 064	1 856	1 929	1 851	
还债额 B	2 003	1 887	2 059	1 853	1 939	1 852	59
B - A	-38	56	-5	-3	10	1	

资料来源：Bundesfinanzministerium, Finanzbericht - 2016, http://www.bundesfinanzministerium.de/Content/DE/Standardartikel/Themen/Oeffentliche_Finanze.

近年来的欧元利息率下降，使联邦政府举新债还旧债的策略受益匪浅。由于旧债的利息高，新债利息低，举新债还旧债使总利息支出下降，1999 年利息支出占联邦政府支出的比例最高，达到 15.2%，2015 年这一比例将下降到 9%。根据联邦利息支出 2005~2019 年表的数据，2005 年联邦政府利息支出为 374 亿欧元，2008 年达到高峰为 402 亿欧元，2010 年下降为 331 亿欧元，其后逐步下降，2014 年为 259 亿欧元，2017 年将为最低的 224 亿欧元，2019 年将为 272 亿欧元。2016 年比原计划节省 62 亿欧元利息支出（见图 8-1）。[①]

[①] Bundesministerium der Finanzen, Finanzbericht 1998, Bonn；Bundesministerium der Finanzen, Finanzbericht 2004, Berlin.

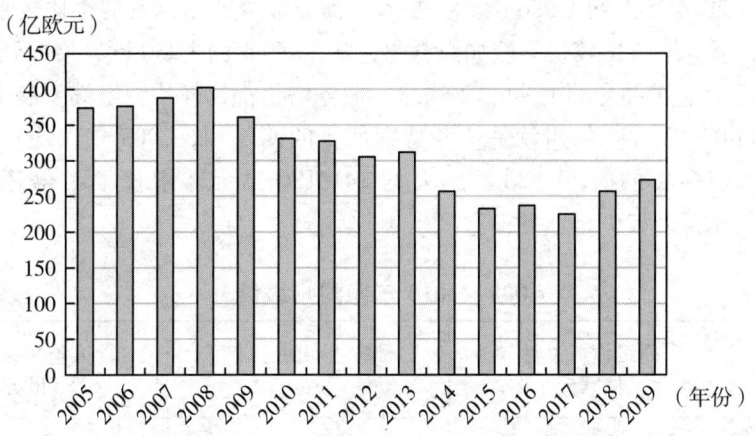

图 8-1　2005~2019 年联邦政府利息支出发展趋势

注：不包括特别财产项目。

资料来源：Bundesfinanzministerium, Finanzbericht-2016, http://www.bundesfinanzministerium.de/Content/DE/Standardartikel/Themen/Oeffentliche_Finanze.

第五节　地方债务危机及控制

一、地方债务危机形成

在德国的公共任务分工中，州政府与地方市镇都有提供地方基础设施的任务。投资作为资本账户与经常性财政收支账户是分开的。由于州基本法与州预算法、市镇预算规章中均允许投资可以通过贷款筹集资金，其理论依据是这些投资将会带来财政净收入，投资将得到回收。而实际上发生的情况是，公共基础设施投资的大量项目是亏本经营，由此形成巨大地方债务。因此，德国州与市镇地方政府的债务也很严重。1991 年联邦债务占 GDP 比例为 20.1%，州占 GDP 比重为 12.1%，市镇债务占 GDP 比重 4.8%。2001 年联邦债务占 GDP 比例为 33.2%，州占 GDP 比重为 17.3%，市镇债务占 GDP 比重 4%。[①] 2004 年开始，财政界已经有地方政府面临债务危机的说法。2009 年州级债务占 GDP 比例明显提高了，达到 20% 以上。以后虽然有所下降，但是到 2014 年仍然占 18.8%。债务总额与人均州级债务在此期间都是有所增加的。从 2009~2014 年（见表 8-11），虽然州债务占 GDP 的比例有所下降，但是债务总额却增加了 441 亿欧元，人均州级债务也从 6 145 欧元，增加到 6 760 欧元。各个州的债务负担差别很大，经济富裕的巴伐利亚州，2003 年人均

---

① Bundesfinanzministerium, Finanzbericht-2016, http://www.bundesfinanzministerium.de/Content/DE/Standardartikel/Themen/Oeffentliche_Finanze.

1 647欧元，2014年人均1 986欧元，是人均债务最少的州，发展也比较平稳。而有些西部州，债务增长比较快，例如黑森州，从2003年的4 230欧元增加到2014年的6 767欧元。下萨克森、北威州、莱法州，债务增长都比较快，继续发展下去，很快将达到人均万欧元。萨尔州就是债务特别严重的西部州，2003年人均6 660欧元，到2014年10多年的时间，增长到人均141 180欧元，增长了1倍还多（见表8-12）。其他直辖市更是债务很重。

表8-11　　　　　　　　2009～2014年德国州级债务

年份	州级债务总额 （亿欧元）	债务占GDP比例 （%）	人均州级债务 （欧元）
2009	5 030	20.5	6 145
2010	5 244	20.4	6 145
2011	5 307	19.7	6 615
2012	5 386	19.6	6 699
2013	5 441	19.4	6 752
2014	5 471	18.8	6 760

资料来源：Bundesfinanzministerium, Finanzbericht-2016, http://www.bundesfinanzministerium.de/Content/DE/Standardartikel/Themen/Oeffentliche_Finanze.

表8-12　　　　　　　　德国各州州级债务　　　　　　　　单位：欧元

州	2003年9月	2014年（不包括市镇）	2014年（包括市镇）
巴伐利亚	1 647	1 986	3 068
巴登—符腾堡	3 338	4 269	4 915
黑森	4 230	6 767	8 905
汉堡	11 084	—	13 821*
下萨克森	5 388	7 318	8 494
北莱茵—威斯特法伦	5 116	7 775	9 213
莱茵兰—法尔茨	5 367	8 175	9 680
石勒苏益格—荷尔斯泰因	6 472	9 517	10 709*
萨尔	6 660	14 118	15 717*
不来梅	15 425	—	29 708*
柏林	14 299	—	17 371*
萨克森	2 612	783	1 667
萨克森—安哈特	6 545	9 169	10 031*

续表

州	2003年9月	2014年（不包括市镇）	2014年（包括市镇）
图林根	5 449	7 268	8 571
勃兰登堡	6 002	6 820	7 361
梅克伦堡—前波莫瑞	5 288	5 867	6 608

注：—表示无数据。

*表示2003～2014年，各个州的人均债务都有增加，有6个州达到人均债务超万欧元以上，最严重的不来梅已经达到近3万欧元。

资料来源：Durchfuhrung des Finanzausgleichsgesetzes im Ausgleichsjahr 2004. https：//www. gesetze-im-internet. de/finausglg2004dv_1/BJNR046000004. html；Bundesfinanzministerium，Finanzbericht – 2016，http：//www. bundesfinanzministerium. de/Content/DE/Standardartikel/Themen/Oeffentliche _Finanze.

二、地方债务控制

根据联邦财政部统计（见表8–13），在2014年年底的公共财政总债务20 482.76亿欧元中，联邦政府的比例为62.8%，州政府占30.4%，市镇占6.8%。在联邦与州债务中，均以资本市场债务为主，占98.29%与94.43%。因此，控制州级债务已经成为德国债务控制的重点。2010年生效的预算基本法的一项重要内容，就是引入控制债务的债务刹机制。① 州级债务的控制是与州级财政平衡机制相通的。因为，如果某个州财政部不能够实现自我平衡，理论上是通过州级财政平衡机制与联邦补充拨款使其达到财政平衡。由于有些州的财政不平衡问题特别严重，财政输出州负担太重，由此进行了财政平衡制度改革。在州级财政平衡机制改革中，对于州级采取的是2015～2019年的过渡机制，从2020年开始，实行新的规定，州举新债是被禁止的，即从2020年开始州没有发新债权（在经济发展没有处于危机的状态下）。②

表8–13　　　　德国公共财政债务结构（2014年12月）

类　型	总额（百万欧元）	联邦（百万欧元）	州（百万欧元）	市镇（百万欧元）	联邦（%）	州（%）	市镇（%）
	2 048 276	1 286 568	621 912	139 795	62.81	30.36	6.83
国库贷款	106 463	22 063	34 621	49 779			

---

① 参见本章第一部分，债务管理的法律基础。
② Bundesfinanzministerium，2015，Das System der Oeffentlichen Haushalt 2015，http：//www. bundesfinanzministerium. de/Content/DE/Standardartikel/Themen/Oeffentliche_Finanzen/Bundeshaushalt/Haushaltsrecht_und_Haushaltssystematik/das-system-der-oeffentlichen-haushalte-anl. pdf？_blob = publicationFile&v = 4.

续表

类 型	总额 （百万欧元）	联邦 （百万欧元）	州 （百万欧元）	市镇 （百万欧元）	联邦 （%）	州 （%）	市镇 （%）
	2 048 276	1 286 568	621 912	139 795	62.81	30.36	6.83
资本市场债务	1 941 813	1 264 505	587 292	90 016	98.29	94.43	64.4
公共财政	35 791	2 934	28 949	3 907			

资料来源：Bundesfinanzministerium, Finanzbericht – 2016, http：//www.bundesfinanzministerium. de/Content/DE/Standardartikel/Themen/Oeffentliche_Finanze.

控制州级财务的具体办法就是对财政情况严重的州实施财政整顿。① 从 2001 年通过，2005 年生效的州级财政平衡制度中，就开始明确了 2005～2019 年的州财政稳定的基本方案。② 2010 年有修改，2016 年有修改。明确了需要实施财政整顿州的标准。实施财政整顿的州，理论上依靠输入资金维持平衡的，因此州就几乎失去了主动的举债权。建立了稳定委员会定期检查的制度框架，稳定委员会负责监督州的债务控制执行情况。在此框架下，稳定委员会检查联邦与州的预算经济状况，通过对关键数据分析提出稳定报告。对于有财政风险的州，确定纳入整顿程序，进行预算整顿。2014 年，柏林、不来梅、萨尔州、萨克森—安哈特、石勒苏益格—荷尔斯泰共计 5 个州纳入财政整顿程序。在 2013 年所有的东部新州都实现了财政预算整顿的要求，在统一计划第二期③的框架下，得到特别需求——联邦补充拨款，覆盖由于统一形成的特别负担，用于加强基础设施投资，以及平衡低于市镇财力指数的财力（第一个篮子 Korb I）。在统一计划第二期的（第二个篮子 Korbs II）的框架下，联邦提供 44 亿欧元为东部建设。这个数额是联邦统一计划第二期的 87% 的资金额。第 11 次稳定委员会会议对 2014 年实施稳定财政整顿程序的州进行了评估，稳定委员会确定在 2014 年经济发展的情况下，认定接受稳固财政援助的 5 个州能够实行财政稳固义务。这样这 5 个州（市）接受稳固财政援助拨付的前提条件得以满足。

稳固财政援助的资金一半来源于联邦，一半来源于州共同体。通过这项援助，使这 5 个州在 2020 年能够实现债务刹要求。5 个接受稳固财政援助州要实施财政预算整顿程序，必须提交整顿报告。在整顿报告中这些州需要提出整改措施与到 2016 年年净贷款计划。

---

① 柏林、不来梅、萨尔、萨克森－安哈特、石勒苏益格－荷尔斯泰实施财政整顿。Konsolidierungsverpflichtungen der Länder Berlin, Bremen, Saarland, Sachsen-Anhalt und Schleswig-Holstein。http：//www.bundesfinanzministerium. de/Content/DE/Monatsberichte/2012/06/Inhalte/Kapitel－3－Analysen/3－2－konsolidierungsverpflichtungen-laender. html。

② Gesetz ueber den Finanzausgleich zwischen Bund und Laendern（Finanzausgleichsgesetz-FAG），2001 年 12 月 20 日通过，2005 年生效，2016 年版本。https：//www.gesetze-im-internet. de/finausglg_2005/BJNR395600001. html。

③ 在统一计划第二期：Solidarpakts II。

第九章

德国地区间预算平衡制度
（政府间财政预算关系）

■ **本章导读**

德国的财政平衡制度的一大特点是：除上级政府对下级政府的拨款之外，还存在着州与州之间、州与市镇之间直接进行财力平衡的手段。从国家层面来看，联邦政府与州的财政收入划分不仅要保证所有州的行政管理能够正常运行，也要保证各个州之间的基本生活水平是一致的。本章介绍了德国政府间财政预算平衡制度的特点，州级横向财政预算平衡与政府间财政预算纵向平衡相结合。特别介绍了德国财政平衡制度的改革与财政平衡制度对国家统一的贡献。

第一节　政府间财政预算平衡关系

一、德国财政预算平衡的特点

地区间基本生活水准均等与地区财政平衡。从基本的经济学理念来说，长期以来，或者说大量年份，德国政府基本是由信奉经济自由主义的奥地利经济学派的政治家执政的，对凯恩斯主义基本是拒绝的。因此，在德国所有关于财政预算基本原则的条款，首条基本是财政平衡，要求做到预算全覆盖，不留缺口。从时间层面来说，有年度预算与五年预算计划，保证上届政府与下届政府的预算平衡责任能够清楚地划分（参见联邦预算章），通过年度预算与预算计划所要求的财政平衡从理论上实现年度平衡与周期平衡。同时，从空间层面来说，或者说从预算主体来说，预算平衡原则对联邦政府、州政府与市镇地方政府都是相同的，都要承担本级政府预算平衡的任务。从政治层面来看，德国基本法要求，在全联邦各州的居民享有平等的（基本的）生活水平的权利。如何保证联邦各州人民独立享受自身经济发展的利益（这本身也是属于所有权），保证各个州不贪图财政的"大锅饭"，有经济发展的动力，又要保证整个联邦各个州的生活水平基本一致，就需要好的地区间财政平衡制度的设计。

二、德国财政预算平衡的特点

德国财政平衡制度有自身的特点。与其他国家的政府间转移支付制度相比较，德国的政府之间财政转移是一种横向和纵向相结合的制度。直接按照德文（Finanzausgleich）翻译应该为财政平衡而不是和英文相对应的财政转移（transfer）支付。财政转移支付是政府之间的拨款，一般是指上级政府对下级政府之间的拨款，即财政的纵向分配。而德国的财政平衡制度是在上级政府对下级政府的拨款之外，还存在着州与州之间、州与市镇之间直接进行财力平衡的手段。从国家层面来看，联邦政府与州的财政收入划分不仅要保证所有州的行政管理能够正常运行，也要保证各个州之间的基本生活水平是一致的。在各个联邦州内部，州政府要保证行政区内的市镇行政能够正常运转，基础公共设施与人民生活水平基本一致。需要特别指出的是，在保证全体国民有相同的基本生活水准的内容里面其实包括了基本医疗保险、失业保险与养老保险。医疗保险制度与养老保险制度在德国也不是吃"大锅饭"的，是需要投保的，对于收入在一定水平之下的就业人员，是强制参加保险，个人与企业都需要缴纳的。因此，在国家统计数据中，缴纳义务保险的就业人数是一项重要的指标。通过社会保险制度，个人与企业在平衡全体人民生活水平方面做出了重要的贡献，本质上并不是完全由政府间财政平衡制度来保证的。

第九章　德国地区间预算平衡制度（政府间财政预算关系）

三、财力平衡预算的协商机制

从理论上来说，财政平衡一方面需要解决地区之间的财力不平衡问题，在联邦州之间的互相帮助，均等公共服务水平问题。一方面需要解决各州税权的保障问题，公平问题，因为一个地区的税收收入向其他地区的输出，也被看做是对输出地区公民的劳动成果的剥夺，对输出地区地方政府税收权力的剥夺，是违背公平原则的。在实践中，需要协调各个州的利益，不能够培养依赖思想，最后推给联邦财政填窟窿。从操作层面来说，联邦政府也不希望最后承担太多的填窟窿的责任，直接由联邦政府来面对那些需要援助的地区。援助当然是必要的，援助的水平是可以有得商量的。在德国一项重要的制度安排就是联邦参议院。联邦参议院的成员作为各州的代表，不是作为党派的代表。参议院席位是按州的人口数直接分配的（见表9-1）。既可以各州联合起来直接代表总体的州与联邦政府谈判，也负责代表本州人民的利益与其他州谈判。作为德国财政横向平衡制度来说，就是财政输入州与输出州之间的谈判。虽然基本法为地区间转移支付提供了法律框架，但是在实践中，尤其是在五年财政计划的安排中，具体转移数额，转移的计算方法是需要在联邦政府，联邦参议院之间讨论协商的。在德国联邦参议院是政府间财政预算平衡的重要制度安排。联邦制类似于一个大家庭，兄弟有贫穷有富裕，贫穷的会跟家长要钱，家长（联邦政府）就再跟富裕的兄弟要钱。家长做这事情也很不愿意，那么就这样吧，就让贫穷的兄弟直接跟富裕的兄弟去要吧，就你们自己去谈判吧。当然，这样的制度安排也有缺陷，如果贫穷的州比较多，富裕的州比较少，就会形成对富裕州的严重不公平，因为在参议院如果贫穷州的总计席位比较多，就会形成变相的贫穷地区对富裕地区的压力。结果会拖累整个国家的发展速度，经济发达地区自身抽血过多，不能够有更多的资金用于投资，长期下去在西方的制度下是肯定行不通的，因为这些地区的人们会闹独立，形成巨大的社会压力。

表9-1　　　　　　　　　　联邦参议院席位分配

州	席位数
巴登—符腾堡	6
巴伐利亚	6
柏林	4
勃兰登堡	4
不来梅	3
汉堡	3
黑森	5

续表

州	席位数
梅克伦堡—前波莫瑞	3
下萨克森	6
北莱茵—威斯特法伦	6
莱茵兰—法尔茨	4
萨尔	3
萨克森	4
萨克森—安哈特	4
石勒苏益格—荷尔斯泰因	4
图林根	4
总席数	69

资料来源：Auswaertiges Amt，2015. Tatsachen Ueber Deutschland 2015，Societäts-Medien GmbH，Frankfurt am Main，https：//www.tatsachen-ueher-deutschland_de/de.

第二节 州与市镇财政预算横向平衡

一、州级增值税收入预平衡

德国政府预算横向平衡包括两个层次，一是德国 16 个州之间的预算财政平衡。二是州内各个市镇之间的预算平衡。在联邦与州的预算法中，已经对税收进行了划分，在地方财政收入中重要的部分是共享税收入。工资税与增值税作为联邦与州的分享税种。其中，法律没有完全规定增值税明确的分配比例，而是作为州级财政平衡的机动工具。根据基本法 106 条第 3 节（Art. 106 Abs. 3 GG）增值税在联邦与州之间分配由联邦法律规定，联邦法律需要有联邦参议院的同意。

州级财政平衡由增值税收入预先平衡和财力横向直接平衡这两部分构成。

增值税在 1969 年财政改革以前，是全部属于州的地方税。最初做这样安排的理由为增值税是消费税，与居民消费直接相关，因此按地区分配。1969 年财政改革以后，将增值税作为共享税，就产生了在州和联邦之间如何决定分配比例的问题。由于联邦和州之间的分配之争，是典型的零和对弈，不可能合作，为了减少联邦和州之间分配问题的争吵，就以增值税预平衡作为一种折衷的方法。增值税是联邦和州的共享税，联邦和州之间的分配理论上属于税收分配。但是由于德国的增值税分配

第九章 德国地区间预算平衡制度(政府间财政预算关系)

比例不是固定的,而是由双方协议确定,不同的年份不一样,因此,它在德国作为财政横向平衡体制的一个重要部分。决定增值税在政府之间的分配比例直接基于当年联邦和州收支项目变动的理由。如果联邦的支出项目比上年特别增加,联邦就有理由要求高的分配比例。如果州地方有新的支出增加或者收入减少的理由,也同样可以要求提高自己的比例。例如,1998年以后让市镇参与增值税分配也是这样的情况,作为对营业资本税取消后市镇财政收入减少的补偿。表9-2、表9-3显示的是1970年以来联邦和州以及市镇地方分配比例的变化。总的趋势是联邦的比例在下降,州的比例在上升。1970年联邦为70%,1990年联邦份额降到50.5%,1990年以后,联邦比例进一步下降,1996年到降到40%以下。州的比例从1995开始高于联邦,并且维持到现在,其中1997年最高,达到49.5%。从1998年开始,采取新的分配方法。联邦先从总量中预提3.64%,用于对养老金支出账户的补偿。在其余部分中,再由市镇提取2.2%。余下部分(1-3.64%-2.2%)联邦和州分配,为49.6%和50.4%。1999年用于养老金账户补贴的部分提高为5.6%。

表9-2 1970-2004年增值税在三级政府之间实际分配比例 单位:%

年份	联邦	州	欧盟	市镇
1970	70	30		
1975	61.7	33.2	5.1	
1980	59.5	34.0	6.5	
1985	55.0	36.0	9.0	
1990	50.9	39.9	9.2	
1995	42.0	44.0	14.0	
1996	36.6	49.5	13.9	
1997	36.0	49.5	14.5	
1998	36.9	46.6	14.3	2.1
1999	39.8	45.7	12.5	2.1
2000	38.9	45.9	13.1	2.1
2001	40.1	45.9	11.39	2.1
2002	40.1	46.5	11.5	2.1
2003	38.2	46.5	13.2	2.1
2004	37.8	46.5	13.6	2.1

注:1998年市镇地方参加增值税共享分配,是对取消公司营业税的补偿。公司营业税原来是公司向所在市镇地方缴的。

资料来源:Bundesministerium der Finanzen, Finanzbericht 2004, Berlin.

表9-3　　2005~2015年增值税在联邦州与市镇之间分配比例　　单位:%

年份	联邦	州	市镇
2005	53	44.9	2.1
2006	53	44.9	2.1
2007	54.5	43.5	2
2008	54.4	43.6	2
2009	53.9	44.1	2
2010	53.2	44.8	2
2011	53.9	44.1	2
2012	53.4	44.6	2
2013	53.4	44.2	2
2014	53.5	44.5	2
2015	53.2	44.6	2

注：在《联邦财政年报2016》，没有找到有包括欧盟的增值税分配表，但是有所有税收收入在三级政府与欧盟之间的表。

资料来源：Bundesfinanzministerium, Finanzbericht-2016, http://www.bundesfinanzministerium.de/Content/DE/Standardartikel/Themen/Oeffentliche_Finanze; Bundesministerium der Finanzen, Finanzbericht 2004, Berlin.

现行分配方法为联邦首先取得4.45%，扣除4.45%余下部分联邦再扣除5.05%，用于联邦对养老金账户的附加补助，这个项目从1998年开始由联邦负担的。再余下的部分，市镇扣除2.2%作为营业资本税取消的补偿，在2015年扣除5亿欧元，2016年扣除1.5亿欧元（相当于对市镇的返还）。在2017年从以上扣除以后的增值税余额中联邦得49.7%，州得50.3%。其中包括了家庭负担平衡的6.3%。在2014年、2015年、2016年联邦部分的总额已经被确定。[①]

增值税属于州级财政的部分确定以后，如何在各个州之间的分配，具体又分为二步。第一步，将这部分增值税收入的75%，按各个州的居民人口分配。具体做法是首先用75%的州级总财力除以各州总人口，得到人均应分增值税额。再用人均应分额乘以本州居民人数，就是本州应分总额。这样一个直接的结果是，人口多的州，所分得的增值税总额就多。需要指出的是，将大部分增值税按人口进行分配，其理论依据不是人口多，财政支出的开支需要便多，而是因为增值税是由消费者负担的、与消费支出有关的税收，它最终是由消费者支付的。人口多，总消费就多，实际缴纳的增值税必然就高，因此根据最终消费地原则，这部分增值税应该按人口分配。这里依据的理由是税收来自某地区就返还到某个地区的公平税权理论。而不是支出

---

① Bundesfinanzministerium, Finanzbericht-2016, http://www.bundesfinanzministerium.de/Content/DE/Standardartikel/Themen/Oeffentliche_Finanze.

需要的均衡支出水平理论。诚然,这里隐含的一个基本假定是各州的人均消费水平基本是相同的。

第二步是将州级增值税的其余四分之一用于州级财政平衡,即增值税预先平衡,分配给财力弱的州。增值税的预先平衡以各个州的人均税收为基础。州的总税收是由州直接税收、州在所得税、公司税和营业税中的分成等构成的收入。但州级财政平衡考虑的是各州的人均税收,可以说是财力平衡,并不考虑支付需求。人均税力低于全国平均水平的92%[①]以下的州,可以从这属于所有州级政府的增值税里,得到增值税平衡补助。补助的数额是这些州人均税力与92%的全国平均人均税收的差额。因此,这一次平衡也可以视为92%人均税收的水平平衡。

二、州级财力横向平衡

增值税收入预平衡以后,使财力弱的州达到全国平均财力水平的92%。在此基础上,德国还要再进行进一步的财政平衡。这一步是根据各州实际财力和财力需求进行平衡。州财力(finanzkraft)为增值税预先平衡以后产生的州财政收入和市镇总税收收入的50%。州财力需求(finanzbedarf)是指一个州要达到联邦平均的人均财政支出水平所需要的财力。其计算方法是全国人均财力需求乘以加权的本州人口数。州人口的加权系数根据城市化程度确定。

用公式表示为:

州财力需求 =(全国总财力/全国总人口)× 州人口数 × 人口密度权重

人口密度权重有三种。第一是对人口密度高的城市州的权重。对柏林、汉堡、不来梅这三个城市州,加权系数最高,直接定为1.35。加权以后,这些城市州的人均财政支出需求便比一般的州高35%。第二是市镇居民点规模权重。从5 000人以下到50万人以上分为6个档次,最低组为100%,最高组为130%。第三是人口密度权重。对50万以上人口的城市,将人口密度从每平方公里1 500～2 000人,2 000～3 000人和3 000人以上三个档次,权重分别为102%、104%和106%。对各州的财力和财力需求计算确定以后,就可以计算平衡指数。

平衡指数(FAi) = 州财力/州财力需求

财力大于财力需求的州,平衡指数大于1,就有义务向财政平衡的"大锅"里提供缴款,平衡指数小于1的州,其财力小于它的财力需求,它就可以有权利从财政平衡的"大锅"里得到补助。但是,这种平衡不是绝对的平均,在一个州的财力不敷它的支出的情况下,通过州级平衡,至多只能保证它支出需要的95%得到满足。同时,承担贡献州的给出部分不能够超过他们的剩余财力的80%。平衡指数同时也是确定州平衡资金划拨规模的依据。具体计算方法见表9-4。

---

① 从新的改革以后,平均水平为90%。具体在后面改革部分将会提到。

表9－4　　　　　　　　州财政平衡划分方法计算表

平衡指数（FAi）	接受的比例	划出比例
92%≤FAi<100%	8%差额部分的37.5%	
100%<FAi<101%		超出部分的15%
101%<FAi<110%		超出部分的66%
FAi≥110%		超出部分的80%
FAi=100%	0	0

三、州级财政预算横向平衡资金规模

州之间横向平衡资金划拨通过联邦结算中心在州之间直接划拨。长期以来，德国用于州横向平衡资金的规模总额为10亿欧元以上，20亿欧元以下。1990年第一次超过20亿欧元，1994年为14.85亿欧元。1995年以后，由于东部新州加入全国统一的财政平衡体制，州直接横向平衡的资金总额均在57.24亿欧元以上，最高年份达到82亿多欧元，是以前的5倍左右。从地区发展来看，最南部的巴伐利亚州和最北部的汉堡市在州财政平衡中的地位变化特别明显。在1986年以前，巴伐利亚州始终是接受财政平衡的输入州。1989年开始，在大部分年份都是财政平衡输出州。而汉堡市却是相反，在1988年以前每年都是财政平衡输出州，而后来成为输入州。2001年，德国用于州财力横向平衡的资金总额为82.73亿欧元。净付出的州为北莱茵—威斯特法伦、巴伐利亚、巴登—符腾堡、黑森等6个西部老州，其中主要贡献州为巴伐利亚、巴登—符腾堡、黑森三个南方州，每个州的贡献额都在20多亿欧元以上。资金输入州除所有东部新州外，还有西部的下萨克森、莱茵兰—法尔茨、萨尔州和不来梅市。表9－5反映了2002年州级财政平衡的情况，净付出的西部老州为北莱茵—威斯特法伦、巴伐利亚、巴登—符腾堡、黑森和汉堡，总输出额为73.99亿欧元。净输入州为5个新州包括柏林，输入总额为58.4亿欧元，占整个输入额的为78.9%。

表9－5　　　　　2002年州级财政平衡：输入州和输出州　　　单位：百万欧元

州	输出额	输入额	输入额
北莱茵—威斯特法伦	1 627		
巴伐利亚	2 038		
巴登—符腾堡	1 640		其中，东部新州占输入比例（%）
黑森	1 904		
汉堡	190		
下萨克森		486	
莱茵法尔茨		417	

第九章　德国地区间预算平衡制度（政府间财政预算关系）

续表

州	输出额	输入额	输入额	
石勒苏益格—荷尔斯泰因		111		
萨尔		138		
不来梅		407		
东部新州				其中，东部新州占输入比例（%）
柏林		2 670	2 670	
萨克森		1 036	1 036	
萨克森—安哈特		600	600	
图林根		565	565	
勃兰登堡		534	534	
梅克伦堡—前波莫瑞		435	435	
	7 399	7 399	5 840	78.9

资料来源：Bundesministerium der Finanzen, Finanzbericht 2004, Berlin.

根据2001年12月通过的新的财政平衡法，增值税在州之间的分配方法有些改变，[①] 2014年增值税在州之间的分配见表9-6、表9-7。

表9-6　　　　　**2014年增值税在各州之间分配**　　　　单位：百万欧元

州	增值税数额
巴登—符腾堡	10 242
巴伐利亚	12 127
柏林*	3 637
勃兰登堡*	3 712
不来梅	731
汉堡	1 678
黑森	5 820
梅克伦堡—前波莫瑞*	2 687
下萨克森	9 282
北莱茵—威斯特法伦	17 394
莱茵法尔茨	4 040
萨尔	1 303
萨克森*	6 896
萨克森—安哈特*	3 891

---

① 具体的内容在后面会提到。

续表

州	增值税数额
石勒苏益格—荷尔斯泰因	3 283
图林根*	3 728

注：带*的为东部新州。

资料来源：Deutscher Bundesrat, 2016, Verordnung des Bundesministeriums der Finanzen, Erste Verordnung zur Durchführung des Finanzausgleichsgesetzes im Ausgleichsjahr 2014, Bundesrat, Drucksache 188/16, 15.04.16, https://www.bundesrat.de/SharedDocs/beratungsvorgaenge/2016/0101-0200/0188-16.html.

表9-7　　　　　　　　　　2014年财政平衡输入州与输出州　　　　　　　单位：百万欧元

输出州			
巴登—符腾堡	2 356.9	2 356.9	
巴伐利亚	4 855.7		
汉堡	55.99		
黑森	1 755.96		
总计	9 024.55		
输入州			
不来梅	604.25		
石勒苏益格—荷尔斯泰因	173.11		
下萨克森	277.52		东部新州占比例（%）
北莱茵—威斯特法伦	899.32		
莱茵兰—法尔茨	288.58		
萨尔州	144.34		
东部新州			
柏林	3 491.23	3 491.23	
勃兰登堡	509.74	509.74	
梅克伦堡—前波莫瑞	463.16	463.16	
萨克森	1 034.81	1 034.81	
萨克森—安哈特	585.74	585.74	
图林根	552.8	552.8	
	8 880.26	6 637.48	74.74

资料来源：Deutscher Bundesrat, 2016, Verordnung des Bundesministeriums der Finanzen, Erste Verordnung zur Durchführung des Finanzausgleichsgesetzes im Ausgleichsjahr 2014, Bundesrat, Drucksache 188/16, 15.04.16, https://www.bundesrat.de/SharedDocs/beratungsvorgaenge/2016/0101-0200/0188-16.html.

将 2014 年财政输出州与财政输入州的数据进行比较，发现 2002 年的 5 个财政输出州，还有 4 个，变化的是北莱茵—威斯特法伦州，从财政平衡输出州变成了财政输入州，而且北威州又是德国人口最多的州，因此这个州的财力下降必然加重输出州的负担。在西部输入州来看，北威州的数额也是最高的。没有变化的是东部新州包括首都柏林都是财政输入州，总输入额高达 66.37 亿欧元，占整个财政输入的 74.74%。与 2002 年东部占财政平衡输入的 78.95% 相比较，仅降低了 4.21%。由此可以看出，德国财政平衡的中心仍然是东部新州。

四、市镇财政预算横向平衡

（一）市镇参与税收共享机制

虽然在联邦层次上，通过州级横向平衡与联邦拨款实现了州之间的预算平衡。但是在各个州内部州政府有义务从制度上保证市镇预算平衡。其实，也是通过联邦范围内的统一框架来实现的。州内市镇之间的财政平衡的主要手段是税收在市镇之间的横向分配。具体为工资和所得税在市镇之间的分配。税收的横向分配是为了解决因税收技术方面的原因而导致的税收不公平分配的问题，或者说是由于税收技术方面的原因出现的与个人所得税和公司所得税的分配原则——属地原则背离的问题。根据德国 1971 年的税收分解法，公司所得税和个人所得税实行不同的分配方式。工资税及个人所得税由雇主代交。因此，就可能产生雇主交税的地区和雇员的居住地区分离的现象。如果一个企业在全国各地设有许多分支机构、职工工资由总公司支付的情况下，就要采用税收分解法。征得税收的市镇财政局要将工资所得税划归纳税者的居住地财政局。纳税人居住地指纳税人的户口登记所在地，而不一定是他工作的所在地。如果一个人上班的公司在法兰克福，他的家住在波恩的话，他的居住地就是波恩。在一个人有一个以上居住地的情况下，比如，他在法兰克福也有一个宿舍，那么，他本人必须明确，哪里是他的第一居住地。如果他把法兰克福作为他的第一居住地，他的工资税将划归法兰克福市；如果他将波恩作为他的第一居住地，那么他工资税的将划归波恩。在有家庭的情况下，人们一般将家庭所在地，即配偶和孩子的居住地作为第一居住地。这种税收分解制度不仅有利于那些有条件发展工业企业的地区，也有利于那些有条件发展居民生活区的地区。德国一个普遍的现象是，在大的工商业中心附近存在着大量的小城市。这些小城市主要通过优良的居住环境，吸引那些在城市工作的人去安家。在那里安家的人越多，当地得到的工资税分解部分就越多，小城市的发展就越好。

公司所得税的征收也采取属地原则。对于年营业收入超过一定规模的大公司，如果在全国有许多分公司，就必须实行税收分解。总公司将公司所得税交给总部所在地的市镇财政局以后，征得税款的市镇财政局必须将各个分公司的所得税分解，划归给分公司所在地市镇的财政局。

（二）州范围内的市镇财政平衡

市镇财政除了个人所得税与公司所得税收入分享以外，也参加增值税分成（比例比较小）。市镇也有自己的本级税收。市镇作为独立预算单位，当本级预算不能够平衡的情况下，可以得到州财拨款，州财政拨款按照一定的制度进行。市镇是独立的财政预算单位，也具有自治的权利。州财政虽然是市镇财政的平衡单位，但不是兜底的，不是所有的缺口最后都在下年预算中由州财政最后的拨款来补平。[①] 对于财政状况特别严重的市镇，只能够采取类似于破产整顿的财政整顿方案。实施财政整顿的市镇，行政经费等支出项目将受到进一步的控制，对市镇的自治权有很大的影响。负责市镇财政整顿的监督机构是州财政部。

第三节 政府间财政预算纵向平衡

一、联邦对州的拨款

政府之间划分税种和共享税按比例划分，从政府间财政分配的角度属于财政收入的初次、直接分配，因为在这个层次，规定适用于全国，不考虑支出的项目和各个地区的财政收入水平。在直接税收分配关系以外，还存在着联邦对州、州对市镇的拨款。上级政府对下级政府的拨款是财政的纵向再分配。德国纵向再分配的具体手段有一般拨款，补充拨款和专项拨款。

（一）一般拨款

一般拨款不与一定的项目相联系，而是为了使下级政府能够完成任务的拨款。在联邦经常性账户中，对州和市镇地方的一般拨款和补助拨款占联邦经常性支出的比例不高。2002年在联邦经常账户对州管理部门的拨款和补助为59亿欧元，对市镇地方管理部门的一般拨款和补助为2亿欧元。这两项合计占联邦对管理部门的拨款为41%，联邦对管理部门的最大拨款和补助项目是特别财产项目。[②] 对州和市镇地方管理单位的直接拨款和补助占联邦经常项目总支出的比例仅仅为4.4%。在经常性账户的拨款和补助支出中，最大的项目的社会保障项目。[③] 同时，在资本账户，联邦对州有贷款补助支出，在2001年为2亿欧元，到2004年计划为每年1亿欧元，计划在2005年以后将取消这项支出。

---

① 在市镇财政预算规章中已经提到，市镇财政预算如果有年度亏空，可以由下年结余补平。下年再有亏空，再由下年的预算来补平。市镇预算要按照财政平衡原则，根据自身的财力，制定支出需要。

② 这里的特别财产项目由继承债务（erblastentilgungsfonds）和损失赔偿基金（entschaedigungsfonds）组成，就是对继承原民主德国的国家债务和对原来民主德国财产损失赔偿基金的利息支出。

③ Bundesministerium der Finanzen, Finanzbericht 2004, Berlin.

第九章 德国地区间预算平衡制度（政府间财政预算关系）

（二）补充拨款

补充拨款是在州之间横向财政平衡以后，联邦对贫穷州的补助拨款。2001年联邦对州的补助拨款为126亿欧元，2002年联邦对州的补助拨款大约为158亿欧元，增加了25.4%。[①] 专项拨款是与一定的项目有联系的拨款。2002年，联邦从矿物油税收入中划给州地方公共交通项目的拨款为67亿欧元。联邦补充拨款增加的原因主要用于东部新州。

二、州对市镇的拨款

（一）州对市镇的一般拨款

德国存在两个层次的财政平衡：联邦范围内的州级财政平衡体系和州内部的市镇财政平衡。在联邦制下，州具有相当于国家的地位。因此，州对所属市镇有财政责任。平衡的主要手段是州对市镇的拨款。1969年市镇财政改革以后，市镇的财政地位得到很大提高。根据基本法106条规定，州对市镇的责任表现为两个方面：一方面，州和市镇的法定税收共享是以所得税，法人税和增值税为基础，州对这三项税种分成收入必须考虑到州财政平衡的作用；另一方面，州和市镇对其他税收的共享是可以选择的。具体来说，就是州在决定它从所得税，法人税和增值税的分成比例的时候，必须考虑州对市镇拨款项目的理由，比如说，提高所得税分成的1%，就要有比如在交通项目上增加对市镇财政平衡拨款的支出理由。而对其他税种的州和市镇之间的共享不是法律所规定，各州和市镇可以自行决定。拨款分为向行政账户的一般拨款和向资产账户的专项拨款。一般拨款是市镇财政平衡的重点。一般拨款是由州根据由法律规定的标准向市镇分配的财政收入。它的计算方法相当复杂，而且各个州有所区别。一般拨款的基本原则是市镇的财政需要和税收水平。一般拨款用来满足基本的财政需要，所以没有资金使用项目的约束。一般拨款又分为三种：基数拨款，其他一般拨款和需要拨款。基数拨款是根据特定基数计算的结果，由州直接向市镇的拨款。基数拨款的目的是实现富裕市镇和贫穷市镇在财政力量上的均衡。贫穷的市镇得到的基数拨款可能是富裕市镇的几倍。决定基数拨款的第一个因素是居民人数和对人口加权的比率。各个州对居民人数计算加权比例有不同的规定。在巴登—符腾堡州，8 000人口以下的市镇人口的比率是100%，10 000人和15 000人为110%，10万以上的市镇为135%，20万～30万人之间为155%，50万人口的比率为179%，50万人以上186%。巴伐利亚州对50万人口的城市为150%，以上每增加3万人，比率提高1%。而在北威州，人口20万人以上的市镇为125%，50万人为132%，50万人以上为135%。北莱茵—威斯特法伦州与巴登符腾堡州和巴伐利亚州的差别非常明显，大城市在财政分配上的优势比较小。第二个因素是人均

[①] Bundesministerium der Finanzen, Finanzbericht 2004, Berlin.

财力，人均财力低于平均水平的市镇可以得到人均基数拨款。基数拨款的计算方法相当复杂，而且各个州有所区别。平均而言，东部新州市镇人均基数拨款就是西部市镇的两倍。其他一般拨款是由财力不足的市镇，由于行政账户收支不平，而提出申请并得到的拨款；需要拨款是市镇根据特定的财政需要，提出申请得到的拨款（H. Elsner，1979）。

（二）联邦与州对市镇的专项拨款

专项拨款是联邦和州对市镇投资项目的补助，其中联邦对市镇拨款的比例很小，主要是州对市镇的拨款。它与市镇特定的投资项目有关，是对市镇财产账户的拨款。通过专项拨款，州对市镇投资项目的决策发生影响。当然，它带来的缺点是，市镇投资项目的决策不注重本地的需求，而注重于州投资补助的高低。1980年联邦和州的专项拨款是西部老州各市镇财产账户收入的重要组成部分，为50%以上。两德统一以后，国家的投资集中于东部。西部老州的专项拨款占财产账户收入的比重下降为不到40%，而东部新州平均在60%以上。欧盟地方发展援助框架下的地区发展促进中的项目是联邦与州对市镇专项拨款的主要政策工具。

第四节 财政平衡制度改革

一、制度改革的背景

（一）东部新州纳入统一的财政平衡机制

1993年德国全国正式采用统一的经济财政数据以后，财政上采取的是临时措施。是通过在西部新引入的工资附加税特殊税种：团结税筹集资金的。1995年开始，将东部新州全部纳入全国统一财政平衡体系。这种合并使实施几十年的财政平衡制度面临严峻的考验。因为在过去的财政平衡体系中，西部老州之间虽然税力和财力有差别，但是这些差别并不十分悬殊，他们的税力相差一般不超过30个百分点，因此，用于州级平衡的总财力不多。在1980~1994年的14年中，没有年份超过15亿欧元。统一以后，东部新州与西部老州的税力差别十分悬殊，1997年增值税预先平衡之前，人均税力的差别在最高的州和最低的州（不包括州级市）之间达到90%，最高的黑森州为129.1%，而最低的萨克森州35%。用于州级水平平衡的财力1995年和1996年均为50亿欧元以上，1998年达到69.2亿欧元，大约为1989年的3倍。2002年东部新州占州平衡中财政输入的78.9%。

（二）东部经济恢复低于预期

从1995~2000年，统一后平衡制度运行了第一个五年财政计划以后，就出现了问题。最重要的问题是,东部的经济恢复大大落后于预期。从1993~2003年,经历了10的经济发展历程,在西部大量的财政支持下,东部新州的经济恢复虽然取得了很大的进步,但是,其进程与当初人们的预料相比较,有很大的差距。德国人有恢复经济的经验,1949年以后,他们也只用了10多年的时间就达到了经济的全面恢复和增长,1963年德国经济已经进入高度繁荣的充分就业状态。所以,德国人当初的估计是10~15年的时间,东部新州能够赶上西部的经济发展水平,达到真正的政经统一。在这种信心的支持下,西部老州集中了大量的人力物力支援东部恢复的建设,将东部新州作为全国经济建设的前线。除了政府账面上的援助资金以外,还有大量的民间自愿的人力援助与实物援助。此外,从理论上来说,德国人的这种信心不是没有理由的。因为整个西部地区的经济规模比东部大得多,以一个相当大的富裕的地区,去带动一个小得多的贫穷地区,无任如何应该不成问题。所以,财政平衡的过渡期只定为3年,1995年就进入全国统一的财政平衡机制。从表9-8可以看出,2003年德国西部和东部经济规模的比较。简单来说,整个东部新州,包括柏林在内,人口总数和国民生产的总额仅仅相当于北莱茵—威斯特法伦州(简称北威州)。北威州的总人口为1 808万人,而东部包括柏林在内总人口才1 691万人,名义国内生产总值北威州为4 669亿欧元,而东部包括柏林在内才3 150亿欧元。

表9-8　　　　　　2003年德国东部和西部经济规模比较

州	人口 (千人)	名义GDP (亿欧元)
北莱茵—威斯特法伦	18 080	4 669
巴伐利亚	12 423	3 713
巴登—符腾堡	10 693	3 143
黑森州	6 089	1 937
汉堡	1 734	771
下萨克森	7 993	1 831
莱茵法尔茨	4 059	927
石勒苏益格—荷尔斯泰因	1 380	659
萨尔	1 061	258
不来梅	663	234
老州合计	64 175	18 142
萨克森	4 321	770
萨克森—安哈特	2 523	442
图林根	2 373	418

续表

州	人口 （千人）	名义GDP （亿欧元）
勃兰登堡	2 575	450
梅克伦堡—前波莫瑞	1 732	297
新州合计（不包括柏林）	13 524	2 377
柏林	3 388	773
新州合计（包括柏林）	16 912	3 150

资料来源：Bundesministerium fuer Wirtschaft und Arbeit, Juli 2004, Wirtschaftsdaten Neue Länder, Berlin.

东部经济恢复进度低于经济学家们预期的事实，使人们意识到，东部经济恢复的艰难程度远远超过德国对战后的经济恢复，制度毁坏对经济发展潜力损坏是深重的。就是西部如此强大的实力，也是很难继续承担如此沉重的负担，长期下去，整个西部的经济发展将被拖垮。同时，作为联邦制的根基——州独立自主发展经济的权力也受到严重损坏。因此，财政平衡制度的改革就成为必然。

（三）改革的直接背景

改变实行多年财政平衡制度并不是一件容易的事情，因为它涉及的不仅仅是一个财政分配的手段问题，而且更重要的是涉及德国1949年重新立国时的基本理念：各个州的居民有享受相同生活水准的权利。对于东部新州的居民来说，统一的基本前提是实行原来限于西部的德意志联邦共和国的基本法。因此，对州财政平衡制度的根本性改革也直接涉及对东部居民的承诺问题。尽管如此，财政联邦制度的另外一个重要原则是通过地方自治保护地方的财政积极性，这是联邦制度的活力所在。因此，财政平衡制度改革首先遇到政治上基本法的限制或者说障碍。因为不突破基本法对享受相同生活水准的限制，改革是无法起步的。连续3年（2002~2004年）的经济不景气，西部地区因多年来对东部地区财政投入过大对西部投资减少而形成的消极影响，使西部老州居民对巨大的统一负担的不满意情绪日趋上升。同时，从整个国家的经济利益来考虑，西部地区州的财政经济性必须得到保护，为了保证西部地区在世界经济中的地位，西部也需要大量的投资。同时，东部人民由于其与西部地区生活水准差距缩小的速度低于他们的预期而深感不满，失望情绪蔓延，改革不能拖延，成为当时政治家们的共识。当时新任联邦总统霍斯特·克勒发表了一个重要电视讲话，主要的内容是德国各个地区的人民应该有不同的生活标准，需要坚持联邦制自治原则。他的讲话得到了有声望的老前任总统冯·魏茨泽克的支持。这个讲话直接回答了当时德国的最敏感的政治论题，得到媒体的大量转载。他的讲话明确指出，德国基本法所规定的财政平衡的目的是为了保证实现各个地区的居民享受相同生活水准的权利,是实现公民基本权利的公平。基本法也规定联邦自治首先是本地区人民有对本地区取得的财政收入的支配权。如果本地人民创造的财政收入中相当大的部分要转移到其他地区,显然对财政输出的地区也是不公平的。对地方自治财权的削弱同时也是违背联邦制的基本原则的。这两个基本法规定的原则是不能够动摇的,但是人们需要对这两个原则的协调进行重新认识。重新认识的关键分歧是,全联邦人民享受相同的生活水准还是不同的生活水准。联邦总统讲话在德国具有重要的政治导向意义,他的回答是直接的、明确的,全联邦各州的人民可以享受不同的生活水准。也就是说,财政平衡制度的改革方向是从享受相同的生活水准要向下做的调整,改为基本的生活水准。另一方面,联邦宪法法院决定也认为,原来的财政平衡制度需要进行适应性改革,因为原来制度的背景是不包括东部地区的,现在包括了东部地区以后,财政富裕州需要上缴的资金规模过大,不符合联邦制原则。[①]

二、第一阶段联邦制改革——联邦与州财政平衡法 2001[②]

从 1999 年 11 月开始,联邦州之间的财政平衡分两步进行了新的规定。2002 年年底前,在一个总的衡量法(massstabgesetz)的框架下,将不明确的定义加以纠正。在此基础上,到 2005 年推出新的州级财政平衡法。在此要求下,德国联邦议院在 2001 年 12 月通过财政平衡法改革方案。2001 年财政平衡法改革,该法于 2005 年生效。这个制度从 2005 年开始的新的五年财政计划生效。新的改革并没有对制度框架进行根本的改革,仅是根据需要对比例进行了调整。人口指数,除了柏林、汉堡、不来梅为 135%,以外东部的梅克伦堡-前波莫瑞 105,勃兰登堡 103,萨克森—安哈特 102,其余州为 100%。

三、第二阶段改革——联邦制改革协同法 2006[③]

(一) 联邦制改革协同法 2006 的意义:一揽子财政整顿方案

2006 年由默克尔主持的联邦制改革《预算协同法 2006》,是她执政后开始对政府财政整顿的方案。在该法的问题部分,联邦政府已经明确政府面临严峻的财

---

① 背景是南部财政输出州向联邦宪法法院提出,现行财政平衡制度违背基本法中州地方自治权的诉讼,即联邦政府违宪。

② Gesetz über den Finanzausgleich zwischen Bund und Ländern (Finanzausgleichsgesetz-FAG), Ausfertigungsdatum: 20. 12. 2001. https://www.gesetze-im-internet.de/bundesrecht/finausglg_2005/gesamt.pdf, Ein Service des Bundesministeriums der Justiz und für Verbraucherschutz in Zusammenarbeit mit der juris GmbH-www.juris.de.

③ Deutscher Bundestag 16. Wahlperiode, Drucksache16/814, der Fraktionen der CDU/CSU und SPD. Gesetzentwurf Entwurf eines Föderalismusreform-Begleitgesetzes, 07. 03. 2006. http://dip21.bundestag.de/dip21/btd/16/008/1600814.pdf.

政困难，经常性支出需要超过经常性收入，所以联邦政府要立即采取相应的行动，整顿财政。《预算协同法2006》是保证财政整顿的基础。具体方案为：（1）削减联邦政府支出，将联邦政府供养人员的特别支付在2006~2010年稳定削减一半，联邦政府与议院成员秘书的年度特别支付（相当于年终奖）全部取消。（2）逐步降低对德意志联邦银行的年度补贴。（3）增值税比率由17%提高到19%（从2007年1月开始）。（4）对联邦劳工局的短期流动性支付将来通过银行贷款解决。（5）周末假日晚班加班费的社会保险免费扣除限制为每小时25欧元之内。（6）小微就业的净社会保障上缴从其收入的25%提高到30%。（7）联邦政府对养老金账户的补贴从2006年开始削减170百万欧元，2007年削减340百万欧元。（8）联邦政府对法定医疗保险账户的支付从2007开始下降为15亿欧元。（9）加快铁路与海员养老保险管理费的改革。（10）对原来根据地区促进法对州的补助进行重要的调整。

（二）政府间财政平衡资源分配的修改

2006年6月对2001年12月的财政平衡法进行了以下修改：（1）财政平衡年度的州税收收入为以下收入：①所得税与公司税的共享部分，按照平衡年度确定的比例分享的增值税；②根据市镇财政改革法中第6条规定的营业税共享部分；③财产税，遗产税，机动车税，啤酒税，赌奖—彩票税（不包括totalisatorsteuer），消防税，赌场税（不包括特别上缴与troncabgabe）。（2）平衡年的土地交易税，要进入州财力数（steuerkraftzahl）①统计。作为单个州的税力计算，州估计上缴数，联邦范围内在财政平衡年的土地交易税与全国范围内的土地交易税的税收测量基础分配。要点是对土地交易税的计算方法进行了说明。对于州级平衡制度的改革的本质是将对东部新州的补贴数额相对固定。

表9-9　　　第二期联邦制改革对联邦与地方政府的财政影响　　单位：100万欧元

年份		2006	2007	2008	2009
措施：预算协同法	联邦	+890.8	+12 614.4	+15 629.4	+15 913.0
	州	-105.8	+5 806.6	+6 787.6	+6 866.0
	市镇		-4.0	-355.0	-346.0
	总计	+785.0	+18 417.0	+22 062.0	+22 433.0

注：带"+"表示减轻财政负担，带"-"表示增加财政负担。

资料来源：Deutscher Bundestag16. Wahlperiode, 2006, Drucksache16/752, 17. 03. 2006, Haushaltsbegleitgesetz 2006 (HBeglG 2006), http：//dip21. bundestag. de/dip21/btd/16/007/1600752. pdf.

---

① 财政平衡法，Finanzausgleichsgesetz。

四、财政平衡法改革 2009

在 2005~2010 年五年财政计划到期之前，2009 年 5 月对 2006 年改革方案进行了进一步的改革。① 对于根据稳定援助法的稳定财政资金在 2011 年为 266.7 百万欧元，从 2012 年开始增加 400 百万欧元。失去稳定援助金的州，失去的金额将根据稳定援助金法的第 3 条进行相应调整。在新州（不包括柏林市）联邦补充拨款占大概 23%。包括各种联邦补助，例如特别需求联邦补充拨款，是一种东部新州在统一援助篮子第二期② 2005~2019 年，总额为 1050 亿欧元。这种拨款是累退的，到 2019 年为止。③ 从 2011 年开始实行新的财政平衡制度，市镇财力将纳入 60%，而不是现行的 50%。财力比上年增长的 12% 的部分可以不纳入财政平衡计算。将来不仅城市州更多的支出，而且人口稀少的偏远地区更多的财政支出需要将在财政平衡中加以考虑。联邦差额拨款和补充拨款将更少考虑实行政策领导所增加支出的理由。

第五节 财政预算平衡对国家统一的贡献

民主德国通过公投的方式加入联邦德国，是联邦德国议院代表联邦德国同意的。虽然第二次世界大战以后形成的国家分裂是当时民主德国与联邦德国的心头之痛，统一是美好的梦想，可是，联邦德国没有想到需要如此多的经费。

一、第一阶段对东部新州的财政扶持

在国家统一过程中的财政贡献有一部分内容已经在债务部分提到，统一以后形成的债务负担。1995 年之前，东部新州没有参加全国统一的财政平衡制度，而是采用过渡时期财政转移支付，由德国统一基金负责对东部的转移支付的。从 1990~1994 年共计从这个基金对东部新州流入资金 820 亿欧元。1995 年开始参加全国统一的财政平衡制度，为此，州提高了参与增值税分配的份额，州的比例提高了 7%，这样东部新州本身分享的也提高了。还不包括每年从统一基金流入的 11 亿欧元，（相当于财政拨款）。在这些都完成之后，如果东部新州仍然不能够达

---

① Begleitgesetz zur zweiten Föderalismusreform (FördRefIIBG k. a. Abk.) Deutscher Bundestag Drucksache 16/12400, 16. Wahlperiode 24. 3. 2009。http://dip21.bundestag.de/dip21/btd/16/124/1612400.pdf.

② 统一援助篮子第二期，Solidarpakts II。

③ Bundesfinanzministerium, 2015, Das System der Oeffentlichen Haushalt 2015, http://www.bundesfinanzministerium.de/Content/DE/Standardartikel/Themen/Oeffentliche_Finanzen/Bundeshaushalt/Haushaltsrecht_und_Haushaltssystematik/das-system-der-oeffentlichen-haushalte-anl.pdf?_blob=publicationFile&v=4。

到全国财力平均水平的90%，将由联邦进行特殊需求补充拨款（Sonderbedarfs-Bundesergänzungszuweisungen），拨款用于平衡低于平均财力水平的百分比。从1995~2001年，总计为72亿欧元。从2002~2004年每年大概105亿欧元。小州（不包括柏林）从1995~2004年特别需求补充拨款每年8亿欧元。

对于财力弱的老州，由于东部新州与柏林加入财政平衡系统后增加的负担，从1995开始向后10年到2010年为止，将得到累退的过渡时期联邦补充补助。从1994年开始，不来梅也开始得到整治拨款（特别联邦补充拨款）总计85亿欧元，萨尔州得到大概66亿欧元整治拨款。从1999~2000年开始逐步减少，对这两个州的特别需求补充拨款到2004年为止。

在前面的财政平衡部分的数据显示，在州级财政平衡这个制度中，东部新州就占去了整个输入资金的75%以上。在横向平衡以后，对于财力不足的部分，联邦补充拨款。在统一以后的大量年份里，联邦补充拨款也主要用于了东部新州。在2000年的联邦补助拨款总额中，新州总额为95.14亿欧元，占整个拨款总额的71.63%（见表9-10）。

表9-10　　　　　2000年联邦补充拨款接受州分配　　　　单位：百万欧元

财政拨款接收州	财力缺口拨款	政策特别需求拨款	老州过渡拨款	新州特别拨款	萨尔不来梅整顿拨款	总计
下萨克森	841	0	129			970
莱茵兰—法尔茨	430	112	116			658
石勒苏益格—荷尔斯泰因	264	84	58			406
萨尔	114	78	20		537	749
不来梅	84	64	20		818	986
老州总额						3 769
柏林	481	112		1 361		1 954
萨克森	475	0		1 820		2 295
萨克森—安哈特	281	84		1 129		1 494
图林根	260	84		1 027		1 371
勃兰登堡	271	84		1 015		1 370
梅克伦堡—前波莫瑞	190	84		756		1 030
新州总额						9 514
其中新州占比例（%）						71.63

资料来源：Bundesfinanzministerium, Finanzbericht-2016, http://www.bundesfinanzministerium.de/Content/DE/Standardartikel/Themen/Oeffentliche_Finanze.

二、第二阶段对东部的财政扶持

从 2005 年开始联邦补充拨款采用新的项目,对东部失业特别需求拨款总额 10 亿欧元。在 2000 年开始的方案中,政策特别需求拨款,各个新州除了柏林以外都是 84 百万欧元。2005 年开始,联邦原来的缺口拨款,改为一般性拨款。对新州增加了新的项目:结构性失业特别需求拨款。因此,在 2005 年老州得到的总拨款额为 825 百万欧元,而新州得到的拨款总额为 13 803 百万欧元,占总拨款的比例达到 94.36%(见表 9-11)。

表 9-11　　　　　2005 年联邦补充拨款接受州分配　　　　单位:百万欧元

财政拨款接收州	一般拨款	政策特别需求拨款	结构失业特别需求拨款	新州特别拨款	
下萨克森	197	0			197
莱茵兰—法尔茨	153	46			199
石勒苏益格—荷尔斯泰因	79	53			132
萨尔	53	63			116
不来梅	121	60			181
老州总额					825
柏林	768	43		2 003	2 814
萨克森	385	26	319	2 746	3 476
萨克森—安哈特	222	53	187	1 657	2 119
图林根	217	56	176	1 507	1 956
勃兰登堡	224	55	190	1 509	1 978
梅克伦堡—前波莫瑞	161	61	128	1 110	1 460
新州总额					13 803
	2 579	517	1 000	10 533	94.3601
其中新州占比例					94.36

资料来源:Bundesfinanzministerium, Finanzbericht-2016, http://www.bundesfinanzministerium.de/Content/DE/Standardartikel/Themen/Oeffentliche_Finanze.

三、第三阶段对东部的财政扶持

从 2005~2011 年,对东部整个地区的结构性失业贷款都是每年 10 亿欧元。从 2012 年开始,这个项目还在,总额已经下降为 711 百万欧元。2013 年这种拨款的数额仍然相同。由于对东部新州的长期的财政扶持，导致西部地区巨大的财政压力。在从2010年开始的新财政预算基本法的框架影响下（对政府通过贷款投资促进经济增长的政策的反思），对东部新州的财政扶持采取了新的政策。对政策特别需求拨款取消了，但是结构性失业的特别需求拨款保留了，因为东部新州的就业问题始终存在。从表9-12数据显示，在联邦补充拨款中，东部新州所占的比例明显下降。

表9-12　　　　　　　2013年联邦补充拨款接受州分配　　　　　　单位：百万欧元

	财政拨款接收州	一般拨款	政策特别需求拨款	结构失业特别需求拨款	新州特别拨款	总计
1	下萨克森	0	0			
2	北莱茵—威斯特法伦	340	0			340
3	莱茵兰—法尔茨	131	46			177
4	石勒苏益格—荷尔斯泰因	91	53			144
5	萨尔	66	63			129
6	汉堡	43	0			43
7	不来梅	189	60			249
	老州总额					1 082
1	柏林	1 053	43	0	1 245	
2	萨克森	408	26	227	1 707	
3	萨克森—安哈特	229	53	133	1 030	
4	图林根	222	56	125	936	
5	勃兰登堡	222	55	135	938	
6	梅克伦堡—前波莫瑞	182	61	91	690	
	新州总额	2 316	294	711	6 545	9 866
		3 157	517			
	其中新州占比例（%）					90.12

资料来源：Bundesfinanzministerium, Finanzbericht-2016, http://www.bundesfinanzministerium.de/Content/DE/Standardartikel/Themen/Oeffentliche_Finanze.

2013年，联邦拨款接受州中老州增加了北威州与汉堡市，下萨克森没有接受拨款，老州拨款总额1 082百万欧元，东部新州为9 866百万欧元，占比例下降为90.12%，比2005年有明显下降。

上述数据显示，每年新州从联邦补充拨款中大概得到100亿欧元左右的拨款。再加上从横向财政平衡中新州每年净输入额大概在60亿欧元左右（最高年份曾经达到80亿欧元），因此，财政平衡制度对于国家的统一做出了巨大的贡献。

第十章

德国公共企业预算

■ 本章导读

德国是世界上唯一一个既有对市场经济制度中公共企业改革的经验，也有对计划经济中公共企业改革经验的国家。本章从政府预算的角度介绍德国的公共企业改革。首先，介绍公共企业预算在政府预算中的地位以及联邦公共企业私有化改革的预算法基础，其次，对联邦参股企业预算改革以及公共企业预算管理与公共企业管理信息公开与审计进行介绍，最后，总结德国公共企业改革对中国公共企业改革的启示。

第一节　德国公共企业在政府预算中的地位

一、德国公共企业在政府预算中的地位

由于特殊的历史原因，在 1949 年德意志联邦共和国（原联邦德国）建国之初，德国公共企业，尤其是联邦政府所有的企业存量是相当大的，国有企业的地位与社会主义国家基本相同。20 世纪 90 年代国家统一的过程是以民主德国加入联邦德国实现的，而民主德国是属于苏联的社会主义计划经济体制国家。在统一的过程中，接受民主德国所有的国有企业。为了实现基本法所确定的社会市场经济制度，为建设市场经济的基础私有经济，长期以来德国各级政府，尤其是联邦政府，通过持续的公共企业私有化，使公共企业在政府预算中地位逐步下降到在国民经济中微不足道的地位，成绩斐然。因此，德国在国有企业私有化方面，既有将在市场经济制度下政府所有的公共企业私有化的经验，也有将计划经济体制下公有企业私有化的经验。这种全面的公共企业私有化的经验，是世界上没有任何国家可比拟的。

二、公共企业的定义

中文的国有企业按照德文原意为公共企业（oeffentliche unternehmen）。由于公共企业分为联邦所有、州所有和市镇所有，准确说只有联邦企业才是属于全国人民所有的国有企业。因此，公共企业的概念大于国有企业的概念。在德文文献里，有时也用国有企业作为公共企业的另外一种表达。但是，在财经法律文件中，基本看不到这种表达，专业的表达基本使用政府参股企业。德国公共企业是与公共资产分开管理的。从联邦到州和市镇各级政府都分别设有资产管理局，管理不动产。参股企业管理局和不动产管理局都属于政府财政部直接领导。从资产角度出发，公共资产包括不动产、企业资产和金融资产。公共资产管理可以包括几个方面的内容。

三、公共任务与公共企业

在基本法、联邦预算法与州预算法、市镇预算法中都有政府经营的条款。在这些相关的法律条款中都规定，政府特定的公共任务由企业经营。在联邦预算文件中会涉及联邦企业，在州预算文件中会涉及州企业，在市镇预算文件中会涉及市镇企业。预算法中将行政管理任务与经营企业完全分开规定。对经营企业的法律形式有不同的规定。德国公共企业具有不同的法律形式。首先分为私法法人与公法法人企业。最常见的是私法形式，例如上司的股份公司（AG）和股份有限责任公司（GmbH）。它们的大部分股份、甚至 100% 的股份有可能属于联邦、州或者市镇所有。公

共企业又分为两种：自身具有法人地位的公共企业和自身不具有法人地位的公共企业。自身具有法人地位的公共企业，例如属于某级地方政府的社会保险公司、公共法律机构、储蓄所和公法的基金会。市镇大部分公共企业都是自身不具有法人地位的公共企业，这些企业是自主经营的企业，便成为自主企业。原来的两大联邦企业，联邦邮电局和联邦铁路局是一种特殊的情况，他们是自主企业，但是不具有独立的法人地位，它们直属于原联邦邮电部和交通部。原则上来说，无论公共企业具有独立的法人地位或者不具有独立的法人地位，他们的共同特点是，具有经营自主权，但是同时接受政府预算管理监督，属于政府信息公开范围内接受公众监督。

四、公共企业与政府预算中的资产账户

无论是完全属于市镇、州或联邦所有的企业，或者是部分所有的企业，都属于政府预算中的资产账户，都要求在预算中列出详细资产负债表，如果涉及产权变化必然要作为预算报告中的重要说明事项。私有化的理由、私有化的规模、私有化的方法都需要在预算报告中说明，需要得到议院的批准与同意。因此，年度公共企业私有化的项目必然是年度议院预算讨论中得到关注的地方。首先，从预算的角度，有必要关心这个企业私有化以后，是不是会对公共任务的划分产生影响，会不会形成对居民公共服务的减少，即直接的福利损失。其次，从技术角度考察，当私有化的途径是通过股票市场的情况下，会不会对股票市场形成冲击，如果数额巨大，可能股票价格比较低，会不会形成资产损失，即私有化的策略问题。最后，尤其重要的是对就业的影响，特别是对企业所在地的劳动市场的影响。这些都是需要事先进行评估的，特别是需要议院批准的。由于德国特定的历史背景，建国之初，国有企业规模巨大，多年以来，国有企业私有化几乎始终是德国政府预算的重要内容之一。

第二节　联邦公共企业私有化改革的预算法基础

一、联邦公共企业历史

第二次世界大战后新成立的德意志联邦共和国的公共企业不是通过国有化，也不是通过有计划的收买私人企业形成的，而是继承的普鲁士国家和德意志帝国时候的遗产。德国比较著名的大型公共企业都具有相当长的历史，联合工业企业建立于1912年，费巴公司建立于1929年，大众汽车公司和萨茨基特工业公司建立于1937年，是第三帝国的财产。由于在第二次世界大战时期，希特勒采取国家社会主义政策，将大量的军工企业和与国计民生有重要关系的企业收归国有，成为国家命令型经济的工具。所以，在德意志联邦共和国建设之初，属于公共所有，主要是属于联邦政府所有的大量工业企业，并不是完全承担公共任务的企业。正是出于这样一种

特殊的历史背景，德国的许多政治家和民众对公有企业是深恶痛绝的，他们认为，公有经济就是垄断，就是独裁政治的基础。从政治家来说，艾哈德和阿登纳就是反对公有企业的代表。

二、公共企业私有化改革的法律基础

在德国政府建立公共企业的目的是因为公共任务的需要。因此，首先需要在基本法或者预算法中提出某项事业作为公共任务的理由。公共任务往往随不同的经济状况和不同的政府有不同的定义。在战时，可以把军工企业或者粮食经营企业作为公共任务的需要而划归国有，或者在经济危机时期将增加就业作为公共任务，为了满足就业目标的需要，对私人企业实行国有化。例如，闻名的大众汽车公司，曾经承担的公共任务是生产普通大众也能够买得起的私人小汽车，目标是每个工人家庭有一辆车。这些任务现在看来是荒唐的，而在当时确是多么的天经地义和鼓舞人心。在联邦德国成立以后到目前为止的历史中，始终不逾地追求的目标是公共企业的私有化，尽量减少国民经济中公有企业的比重。德国人对私有经济的这种不懈的追求在所有的欧洲国家中可以说是独树一帜的。当法国、意大利等国家在20世纪60年代、70年代、80年代为了解决本国短期的经济和社会矛盾，进行公有化运动时，德国却是反其道而行之，采取进一步私有化的措施来解决这些问题。同时，根据基本法要求，德国社会市场经济制度的核心是要建立以私人经济为基础的自由竞争的市场。因此，公共企业的任务要受到经常性的审查，某些公共产品是不是可以取消，作为私人产品。这就首先需要在预算法中对公共任务进行明确的界定。在第二次世界大战后初期，由于住宅非常短缺，当时有公共住宅建筑公司承担提供社会住宅的任务。后来，住宅市场的短缺已经克服，人们就考虑将这些公司私有化。采取由政府财政补贴的方法由私人公司提供社会住宅。联邦企业私有化的名单中，可以看到联邦政府减持住宅合作社股份的事项。通过预算法对公共企业任务经常重新审核，有些公共企业被私有化，退出公共任务领域。同时，也因为新的任务的需要而成立新的公共企业，例如，20世纪70年代以后，促进科研成为公共企业的新任务，于是，就有新的公共企业在核能和大型科学领域成立。另外一个新的领域是国家发展援助方面的任务。成立了一些新的公共企业，首先是各种专业银行，他们的任务是促进私人企业向第三世界转移技术、负责向发展中国家转让技术和人员培训。例如，2002年联邦经济合作和发展部就将它的国际发展基金会（DSE）改建成了公益股份有限公司（gGmbH）。

承担公共任务并不是公共企业存在的必要理由。基本的原则是，在事关国家或者市镇的重大利益，并且以其他方式不能够更好或者更经济地达到所追求的目标的情况下，才可以由公共企业来承担。在与私人企业发生竞争的领域，就要让位于私人企业，这是德国社会市场经济的原则。尽管德国坚持社会市场经济原则，对公共企业的任务进行经常的审定，努力做到及时通过预算法将非公共任务从公共任务中清理出去。但是如果没有私人企业界的抗争，这种任务更新的过程肯定要慢得多。

如果我们对德国公共任务的更新过程进行考察，就会发现，私人企业对公共企业的竞争是始终的推动力。私人企业尤其是大型的私人企业经常以反公共垄断为理由将公共企业从有些领域驱赶出去。近年来最重要的革命性变化是整个人民生活基本供给系统的市场化。长期以来，电、气和水在德国都是由市镇或者国家实现垄断经营的行业。在最近几年的改革中，供电系统、供气系统和供水系统正在进行市场化改革。而新的电信业务，如手机和网络业务在发展之初，联邦电信的垄断地位，就立即遇到大型私人企业的挑战，他们通过各种渠道发声，要求将联邦电信私有化。新的电子技术对管理和控制的工作效率已经使得公共企业垄断在这些行业显得毫无理由，它们不得不退出这些行业。

三、公共企业与国家宏观经济调控

需要特别指出的是在德国从来没有将公共企业作为国家宏观经济调控的工具。因为在预算基本法中没有这样的说明。① 同时，公共企业也是企业，要受德国关于企业的相关法律的制约。法律规定任何企业不能够利用价格垄断对某种产品的市场价格形成影响，价格垄断是属于违法的不公平竞争行为，公共企业也在其规范之内。同时，政府也不能够利用公共企业作为地区发展政策的工具。尽管地方政府可以通过参股政策吸引联邦参股的大型公共企业在本地投资，但是法律所规定的参股企业的经营自主原则和决策程序决定了企业将根据一般投资决策原则考虑是否在该地区投资，而不可能考虑地区政策的要求。因此，尽管整个公共企业部门的固定资产投资和总就业人数是国民经济的一个重要的要素，但是在1975年的经济萧条中，公共企业对稳定经济几乎没有起到正面作用，而是相反。② 因为公共企业同整个经济相比较，投资活动受预算的限制更严，裁减的工作岗位更多。这是德国与其他欧洲国家不同的地方。在其他国家，萧条时期，公共企业的固定资产投资总额和就业人数是上升的，有的情况下，甚至上升的幅度比较大。

第三节　联邦参股企业改革预算

历史上继承的大量的国有企业存量与战后德国实行社会市场经济的经济制度是矛盾的，因此，从20世纪50年代到90年代，德国政府在不同的时期有不同的重点，始终坚持不懈地进行国有企业私有化的改革。根据预算基本法的全覆盖要求，德国三级政府全资与参股的公共企业改革都要在五年预算计划与年度预算中说明。

---

① 根据预算法的要求，每项重要的预算支出都需要有相应的法律条文作为依据的。
② 这被德国人视为好事，说明其市场经济制度建设的成功，私人企业作为市场经济的基础，终于培育成功。

具体包括私有化的改革方案也是要在预算项目说明中经议院批准的。因此，德国公有企业的私有化是以法律为基础的，全部纳入政府预算的，公开透明的过程。联邦德国成立以后，联邦政府经历了四个公共企业私有化的阶段。

一、国有企业私有化的第一个阶段——20世纪50年代末和60年代初

联邦德国建国之初，当时的经济部长路德维希·艾哈德就坚定实行市场经济的政策，在"少国家干预，多市场竞争"的方针下，力图尽量减少国家对经济的作用。与当时其他的西欧邻国的国有化运动相反，艾哈德从1957年就宣布开始部分私有化。一直到20世纪60年代初，德国开始完成了大众汽车公司等大型国有工业企业的部分私有化。这一阶段私有化的主要形式是通过出卖国家股票的方式，将企业资产分为国有和私有两部分，将国有独资企业变成国有参股企业。可以说是通过减持股份，形成国有与私人所有的混合所有制企业。股票出卖部分可以卖给其他私人公司，单位和居民个人。[1] 股票分散卖给个人的目的是想让人民分享资本的收益，实现人民资本主义的制度设想，而不是想通过小股民来圈钱救助政府的亏损企业。[2] 以1961年大众汽车公司私有化为例，当时的大众公司是营利前景非常好的企业，它的股份大约有60%卖给了个人。具体做法是每人按身份证购买一定的数额，包括后来的德国电讯私有化，采取的仍然是每人按身份证可以购买26马克的一份，相当于私有化后的原始股。对于前景看好的企业，如果私有化仅允许机构投资者购买，显然是让大资本所有者来公开瓜分公有资产，这是明显的违背宪法基本精神的社会不公行为，议院肯定是不会通过这样的预算案的。当时，德国国有企业的私有化不仅是整个欧洲的前驱，也引起世界的瞩目。

二、国有企业私有化的第二个阶段——20世纪70年代

将国有独资企业改为国家和私人合资企业以后，德国在70年代改革的重点是减少联邦政府的间接参股。联邦政府要求每个总公司的领导对子公司的参股部分进行重新审查，确定这些参股对于总公司是否是必要的和不可缺少的。如果不具备这两个条件，总公司就必须将参与的股份出卖给子公司。这样，通过出卖参与股份的方法，使联邦政府完全退出这些公司。1970年经济活动收入占联邦财政收入的1.26%，到1977年这个比例已经降低为0.34%。说明这一阶段私有化的速度相当快。

---

[1] 如果股票卖给其他的联邦政府所有或者地方政府所有的企业，不能够作为私有化，而是公共企业内部的所有者的调整，因为企业资产的变动要在其他级别政府的财政预算的资产账户中有所体现。

[2] 让普通公民通过资本市场参与资本利润的分配，是1949年立国时期政治家们对选民的承诺。

三、国有企业私有化的第三个阶段——20世纪80年代

20世纪80年代初世界经济的不景气使许多德国企业陷入亏损的境地。在这种情况下，与法国通过国有化解决危机的方案相反，德国采取了"全盘私有化的方案"。基本方法是对出现亏损的大型国有控股工业企业进行进一步整顿后，全部私有化。改革的目标是国家完全退出工业企业。这一阶段，德国比较突出的是完成了大众汽车公司、萨茨基特工业公司，德意志联合工业企业公司等几个大公司的完全私有化。在德国500个销售额最大的企业中，1982年联邦政府参股的企业共有45个，到1989年只剩下9个。联邦政府直接和间接参股的企业总数由958个下降为1990年的411个。这期间，联邦政府出售了它在大型工业企业的间接参股总量的75%。

公共企业私有化为当时的政府带来的巨大财政收入如处理，必然受到议院通过预算对政府短期行为的限制。到1990年，联邦政府出卖企业股份的收入为大约100亿马克，其中的1/3用来建立两个国有的基金会：大众汽车基金会和德国环境保护基金会。其余大约60亿马克用于联邦政府的财政支出。大众汽车基金会主要用于资助科学研究项目，因此，私有化的收入必须用于对国家长期有利的项目，而不允许全部用于本届政府财政支出。所以私有化的收入与联邦政府在80年代的总开支相比较，是微不足道的。因此，在这一阶段，联邦政府私有化目的不在于增加财政收入，而在于减少国家在经济领域的作用，国库不要再为增加"它的"企业资本而付款。

四、国有企业私有化的第四个阶段——20世纪90年代

也许可以毫不夸张地说，20世纪90年代是德国私有化的年代。联邦德国在对接管的民主德国国有企业进行全面，快速私有化的同时，对原联邦德国的联邦铁路、联邦邮电和联邦航空事业这三个传统公共任务领域进行了大规模的私有化。联邦铁路、联邦邮电和联邦航空都是由基本法所规定的由联邦承担公共任务的领域。对这些领域进行全面大规模的私有化，不仅是德国社会市场经济史上具有划时代意义的事件，也是财政史上具有时代意义的事件。

联邦铁路和联邦邮政的私有化是一项相当艰难的任务。对两个部门私有化的要求在20世纪80年代就提出，由于基本法规定这些行业属于公共服务行业，要对这两个部门私有化首先必须修改基本法。工会和部门利益集团，以及来自社会民主党的阻力，都是私有化必须首先克服的障碍。20世纪90年代初，这些改革计划终于能够冲破阻力，提上议事日程。

（一）联邦铁路系统改革

铁路在德国的客运和货物运输中起重要的作用。远程铁路，中程铁路和市镇的近程铁路和轨道交通的密切衔接为居民和企业提供了与个人小汽车和公路运输相竞

争的选择。从环境政策和社会经济效益的考虑，德国长期以来重视和鼓励铁路交通的发展。德国拥有世界上最优质的铁路交通系统。德国铁路系统的优质性不仅仅在于它拥有世界领先的高速列车的质量，而且在于它由远程、中程和近程铁路交通与市镇的轻轨、地铁和公共汽车交通构成的一体化铁路交通体系的设计。这种一体化的设计将中小城镇，甚至村庄全部纳入公共交通服务。长期以来环境保护运动，使人们将不使用私人小汽车也能够很方便地正常工作和生活作为公共交通设计的任务目标。

1994年1月根据铁路改革法，开始联邦铁路私有化改革。首先将原来的德国联邦铁路（DB）和德意志帝国铁路（DR）（原民主德国的国家铁路）合并成新的股份公司——德国联邦铁路公司，后改为德意志铁路公司，组建三个独立核算的部门：线路、客运和货运部。规定这些部门在5年之内必须分别改组为股份公司。铁路私有化的难题是铁路线路的所有权和使用权处理的问题。德国采取的方法是由线路管理机构将线路以收取费用的方式租给交通公司，其建设和维护由政府负责。线路管理机构要交纳相当于折旧费的金额给政府。联邦政府拥有线路管理机构50%以上的股份。原来DB和DR的总债务700亿马克由联邦专门成立的项目——联邦铁路财产专项承担。同时，退休人员以及遗属补助的费用也由联邦政府（联邦铁路财产专项）承担。2003年联邦财政此项支出为55亿欧元，总负担人数为232 000人。由于人数的逐年下降可以抵消退休金水平的提高，联邦政府的该项支出从2007年开始可以基本稳定在53亿欧元。

（二）邮政系统改革

联邦邮政的改革真正开始于1998年。改革的直接背景是德国公有的邮电系统与欧洲其他国家相比较明显的服务效率低下。改革前德国的邮费和电话费明显高于其他国家，已经达到使德国人羞愧的地步。同时，新的信息技术，尤其是网络和无线电话的发展，形成要求打破邮电系统国家垄断的压力，在这方面最重要的是私人企业要求进入电讯行业的压力。因为，根据基本法和反垄断法的基本条款，只要市场能够提供的产品，就不能够由国家垄断的方式提供。在这种情况下，私人企业可以利用反垄断法，控告国家的垄断行为。

改革的具体做法是在联邦邮政部和通讯部领导下成立了联邦邮政总局。以联邦邮政总局参股的方式成立了三个股份公司：邮政股份公司、电讯股份公司和邮政银行股份公司。原有的所有分支机构按行业划分归属这三个股份公司，并由这三个公司对它们进行进一步的改制。股份公司的成立从根本上克服了多年以来国家对邮电事业的垄断地位，为邮政、电讯产品市场化扫平了道路。邮政、电讯系统改革的基本方法与铁路系统是相同的。私人公司采用付费的方式取得国家公共电话线路的使用权。国家通过拍卖的方式发放建立无线电话区域网的许可证。

邮电系统改革的最大难题是对原来本系统的职工安排问题。因为原来本系统的所有职工都是国家公务员的身份，都是联邦政府预算中的人员计划编制。这样的工资和福利水平是新的股份公司所不能够承担的。采取的措施是对于退休和失业人员由联邦政府负责待遇不变的全部支出。对于仍然工作的,负责补差(公务员待遇与现在在私人企业待遇的差额)。由联邦政府和后继企业共同设立单独的项目——邮政公务员供给账户,对这些公务员进行支付,该账户在联邦预算中有独立单项预算。2000 年开始,后继企业承担该项支出的 33%,其余的 67% 由联邦政府承担。2003 年享受供养和补助的职工总人数为 273 000 人,联邦政府的支出为 53 亿欧元。估计在 2007 年,联邦政府的支出为 63 亿欧元,享受供养和补助的总人数为 277 000。支出预算及人员数都在预算中是公开的项目。根据 2002 年的邮政改制法,取消了联邦拥有股份 50% 的限制,为邮政的进一步私有化提供了可能。2003 年用于该项支出的资金来源为联邦政府最后一次出卖德国通讯和邮政公司股份的收入。2004 年开始,再也没有股份好卖,只能来源于联邦政府的正常财政收入。①

从 1991~2002 年,联邦国有企业的改革取得了很大的成就,直接参股企业和联邦特别财产企业的总数由 214 个减少为 120 个,重要直接参股企业由 136 个减少为 37 个。三大重要公共部门联邦铁路,联邦邮政和联邦通讯的私有化任务已经基本完成。整个期间私有化总收入为 235.74 亿欧元,各年收入见表 10-1。

表 10-1　　　　　　　1991~2002 年联邦参股企业私有化收入

年份	收入(百万欧元)
1991	284.1
1992	0
1993	62.6
1994	571.5
1995	145.8
1996	1 119.7
1997	2 757.1
1998	10 154.7
1999	2 584.8
2000	1 899.1
2001	3 732.4
2002	262.2
合计	23 574

资料来源:Bundesfinanzministerium, 2002, Beteiligungsbericht des Bundes 2002, Berlin.

---

① Bundesministerium der Finanzen, Finanzbericht 2004, Berlin.

第四节　公共企业预算管理

一、联邦部门预算与联邦企业预算的关系

(一) 联邦企业预算属于部门预算

联邦政府的总预算是根据部门预算汇总的。部门预算的具体内容是各类支出项目的支出，在债务部分也已经提到，有些项目是通过专项基金的途径筹集资金的，无论企业的具体资金来源如何，只要是通过联邦企业负责执行的项目都需要进入部门预算。因此，联邦公共企业在预算编制的过程中属于各个联邦部，在各个部的预算中，有一块是部属企业的预算。在联邦参股企业的年报[①]中，需要清楚列出各个部所属的企业的预算收支以及相关的经营情况的资料。例如，联邦铁路系统虽然是联邦政府最大的资产项目，但是它的预算是隶属于联邦交通部部门预算中的一个单项预算，而不是联邦铁路有一个独立编号的部门预算。有些特殊的国有资产的预算，也会直接放到财政部下面，例如国防部土地管理，原来是国防部直接下属的管理不动产的公司管理的。联邦部门精简机构改革以后，国防部下属的这个公司被合并到属于财政部直属的不动产管理局管理，这部分预算就属于财政部了。

(二) 案例

如前所述，大学外的科研机构是联邦政府资助的重要项目。这些研究所的预算也是要公开的，被包括在部门预算中。例如，德国航空航天研究中心（DLR）是一个联邦研究型企业，在经济能源部的预算编号 09 的预算报告中，有独立的预算项目。[②] 在 2017 年预算中计划 14.2 亿欧元用于研究中心基本筹资，其中 276 百万欧元用于本国的航空研究。用于与欧洲航天研究组织合作研究的资金为约 775 百万欧元。这个研究中心本身也通过接受企业委托的研究项目或者通过参加招标得到国际上委托的研究项目，研究中心的 50% 的研究资金来源于承担第三方委托的研究项目。

[①] Bundesfinanzministerium, 2015, Beteiligungsbericht des Bundes 2015, https://www.bundesfinanzministerium.de/Content/DE/Standardartikel/Themen/Bundesvermoegen/Privatisierungs_und_Beteiligungspolitik/Beteiligungspolitik/Beteiligungsberichte/beteiligungsbericht-des-bundes-2015.pdf?_blob=publicationFile&v=6.

[②] Bundesfinanzministerium, Finanzbericht-2016, http://www.bundesfinanzministerium.de/Content/DE/Standardartikel/Themen/Oeffentliche_Finanze.

二、公共企业预算审计

(一) 经济性审计是重点

对于公共企业来说，外部的监督系统是审计，正如在第三章预算监督部分已经提到的，凡是联邦的参股企业都要接受联邦审计院系统的审计监督。这一条同样适用于州或者市镇的公共企业，这些企业要接受州或者市镇审计机构的审计监督，它们与完全的私人企业分属于不同的审计监督系统，对于审计项目的重点和规则也有所区别。比较重要的特点在前面的预算监督部分已经提到过，就是经济性查查。具体来说，就是支出项目是不是符合经济节约的原则和是否有法律依据。例如，对于私人企业来说，请客送礼，在规定的标准之内，属于营销费用，是合法的。而政府支出项目，这类费用就是不允许的。私人企业与外部其他企业之间的往来关系，涉及成本项目，只要票据清楚就没有问题，因为私人企业使用的是自己的钱，理论上不会夸大成本。尽管加大成本也可能是私人企业偷税的一种手段，也是需要审查的。而公共企业与外部私人企业的关系，就不那么简单。公共企业夸大成本不是浪费纳税人的钱，就是提高用户的收费标准或者是化公为私。所以公共企业重点是审查经济性，而不是票据的正确性。当然票据正确是起码的要求，并不是说，票据正确就可以过关。

(二) 私有化改革审计

涉及公共企业私有化的过程，首先是要对企业在私有化之前进行审计，确认资产的质量，既关系到财政纪律，是否有管理层化公为私，也关系到遵守资本市场的相关法律，是否政府用虚假资产来欺骗资本市场的投资人。老百姓是不允许欺骗政府的，涉及化公为私，例如私人企业披露虚假信息，但是预算法也不允许政府欺骗老百姓。如果政府想通过有巨大资产水分的企业通过上市圈钱来救济公有企业的私有化方案，在德国是不可能提交到任何一级议院的，也是没有人会起草这样的方案，因为这是公开违法的。首先违背的就是证券市场管理法，最起码的一条是上市公司披露的信息要真实。政府为公有企业财务披露虚假信息，欺骗股民，在德国可以通过公诉，上诉到联邦宪法法院。故意披露虚假信息，不仅有可能作为刑事犯罪，直接相关责任人要判刑，而且要面临巨额罚款，领导人要承担领导责任，有下台的风险。

三、市镇公共服务事业改革预算

(一) 市镇公共企业的重要性

地方政府公共任务中，州和市镇有不同的分工。州承担了大学教育、司法和警察系统等公共任务，从供养的行政人员角度来说，州是公共任务的主要承担者。然而，从公共投资的角度来看，市镇在德国公共产品供给中具有重要地位，所有涉及居民的基本生活的公共产品，如水、电、气、市内交通和中小学设施都是市镇直接提供的。因此，就地方政府的公共企业来说，州层次的公共企业比较少，而市镇公共企业比较多。由于市镇地方自治的特点，在德国的公共投资中，市镇的投资占公共财政实物投资的65%以上。1986~1989年这4年中，比例基本稳定在65%上下。1993年以来，由于统一的原因，市镇投资占公共投资的比重在1993年上升为67.8%，其后逐年下降，到1999年下降为最低点，占公共财政实物投资的比例为60.2%。市镇公共实物占本级财政的比重已经从1993年的19.4%下降为2002年的15.1%（见表10-2）。逐步减少公共投资，让更多的公共服务事业实行市场化经营，是近年来市镇财政改革的重点。当然也是削减公共财政开支，克服地方财政危机的主要手段。同时，由于东部新州的投资热也开始下降，因此总的市镇实物资本投资在公共财政实物投资中的比例有所下降，但是仍然达到50%左右。

表10-2　　　　1990~2002年德国市镇在公共实物投资中所占比重及变化趋势

年份	老州（亿欧元）	占本级财政支出比例（%）	新州（亿欧元）	占本级财政支出比例（%）	市镇总投资（亿欧元）	占公共财政实物投资比例（%）
1990						66.1
1993	229	19.4	93	30.8	322	67.8
1994	214	17.8	89	29.5	303	66.8
1995	206	16.9	82	26.5	288	65.5
1996	192	16.1	74	25	266	64.3
1997	183	15.8	69	24.8	252	63.5
1998	180	15.6	66	24.8	247	62.2
1999	184	15.7	62	23.5	246	60.2
2000	191	15.8	56	22	247	61.9
2001	190	15.5	52	20.6	242	61.9
2002	187	15.1	49	19.5	236	63
2011					221	50.8
2013					208	50.0
2015					245	51

资料来源：Bundesfinanzministerium，Finanzbericht-2016，http：//www.bundesfinanzministerium.de/Content/DE/Standardartikel/Themen/Oeffentliche_Finanze.

（二）市镇公共企业预算

与联邦与州政府的预算相比较，市镇企业预算在市镇财政预算中具有相当重要的地位。从经营核算的角度来看，市镇的公共服务性企业，例如市镇的供电、供水、供气单位等，主要采取以收抵支的收费经营方式，通过收费来弥补企业的经营开支。经营单位根据成本核算的资料，可以提高调整收费标准，实现收支平衡。但是由于公共服务项目受使用人数的影响，有大量的公共服务项目，收费不可能无限制地提高，收费往往不足以弥补支出，只能依靠市镇补贴。因此，可以理解的是，市镇地方政府所有公共企业都需要纳入预算。根据预算全覆盖与年度有效性原则，公共服务企业作为独立的企业，为确定财政补贴数额的需要，不仅年度财务平衡表的最终结果要进入政府预算，而且根据市镇预算规章，具体的收费标准，新的投资措施等都是需要纳入预算经过市镇议会通过的。

表10-3是收费在市镇收费公共项目的比例，同时也表明市镇所有的公共部门构成。

表10-3　　1992年和1994年市镇收费公共项目中的比例　　单位:%

公共项目	1992年	1994年
图书馆	2.8	4.0
博物馆	7.1	7.1
幼儿园	9.5	11.6
戏剧院	12.4	13.3
游泳池	22.8	23.7
人民高校	24.1	29.2
音乐小学	29.5	31.8
街道卫生	71.1	73.0
墓地	65.5	74.7
急救服务	87.7	89.0
废水处理	87.0	89.0
垃圾处理	89.1	90.0

资料来源：K. Hanns und M. Engelbert, 1996, StädtischeFinanzen 1996 – in der Sackgasse, Gemeindefinanzbericht 1996, der Städtetag 3/1996.

表10-3的数据包括了12个市镇公共服务项目，但未包括交通和供电、供水。1994年与1992年相比较，用户收费的比重都有提高。在废水处理、垃圾处理、急救服务的费用等项目，用户支付部分1994年已经达到90%左右。墓地看护和街道卫生用户付费也达到近75%。

在市镇一级，市镇所有的企业可以分为四种类型。第一类是自有企业。自有企业的经济活动没有独立的法人地位,市镇政府对其承担无限责任。这类企业的决策权在市镇政府,公司的经营活动不是独立的。它们的经营计划属于市镇预算计划之内。自有企业的经营方式受自有企业法约束。第二类是专营企业。专营企业没有独立的法人地位,也没有经营活动的独立性,类似于行政管理单位。第三类是自有公司（eigengesellschaft）。自有公司是市镇政府所有的,具有独立法人地位的,适用于私法的企业。它具体形式可以是上市的股份公司和有限责任公司。这类企业的一般的经营方式为市镇政府向公司提供的公共服务支付总费用,居民向市镇缴纳费用,公司不直接向居民户收取服务费。市镇对这类企业的控制是通过市镇与公司之间的合同和担任企业董事会、监事会的政府管理部门的成员。第四类是参股企业。市镇和私人企业共同投资建立的适用于私法的法人企业。市镇对公司的决策权取决于参与股份的多少。在市镇参与股份高于25%的情况下,市镇与企业关系与自有企业基本相同。在改革之前,市镇参与股份基本高于25%的情况下,所以这两类企业几乎相同。但是,这些市镇参股的与人民生活有关的基础设施有关的公共企业与一般私人企业的区别在于,它们适用遗产复归法（heimatfallrecht）。合同期满以后,所有账面财产归市镇地方政府所有。在近年来的市镇财政改革中,专营企业逐渐被自有企业所替代,自有企业也开始逐步引入承包经营和租赁经营,或者改为自有公司与私人企业合资的股份公司形式。改革的基本趋势是公共企业私人合作（PPP）形式的推广,可能由于制度基础上的原因,在PPP的几种经营模式中,在德国直接由私人经营,或者合同委托经营的传统模式比较多。制度基础是指,如果某项服务是不允许私人公司独立经营的,那么私人公司只能够选择参与公共企业合作。如果某项服务是允许私人公司经营的,那么在德国基本不会有私人公司会选择与公共公司合作的形式,因为他们无须担心场地的所有权问题,租或买都是合同比较容易搞定的。而与公共部门合作,会有与官僚机构打交道的麻烦。

四、市镇公共服务事业私有化

市镇公共服务事业部门的私有化从20世纪90年代以来持续进行。首先是供电、供气系统的市场化,公共企业的法律垄断地位被打破。1996年欧盟通过法律,要求打破私人公司对电网的垄断经营。第一步要求财务上将电的生产、输送和分配分开计算成本和价格,为其他生产者使用电网的合理付费提供可能。可是由于电网经营者存在地区性自然垄断,存在对成本的信息不对称,电网使用费过高成为电力市场化的一大障碍。在联邦要成立专门的卡特尔局对其进行直接控制的压力下,供电行业制定了行业协议,规定了电网收费的标准范围,实现同等价格,即对本企业的价格和对外的价格相同。虽然行业自律价格可能形成有效的价格,但是并不能够保证达到有效的价格。由于电网付费的问题不能够解决,因此电力市场的自由化还没有能够真正实现。2003年6月,欧盟决定成立一个控制局,对电网经营企业的成本进行审查。2004年6月,联邦经济和劳动部提出新方

第十章 德国公共企业预算

案,来控制电网经营者的成本。同时还有其他建议的方案在讨论中。① 其后多年,电力供应的市场化逐步完成,独立于市镇供电公司以外的供电公司可以直接推销他们的供电合同。而市镇供电公司本身也有些直接被私有化,被大型的供电公司购买。本来希望通过大型公司的规模效益,有可能降低价格或者价格上涨程度比较小。但是实践的结果也有事与愿违的。例如,柏林的供电私有化以后的供电公司是瑞典大瀑布公司,该公司使柏林成为欧洲供电价格最高的城市,同时大瀑布公司也没有兑现之前的承诺,购买更多的绿色能源。因此,2013年柏林举行市民公投,要求实行供电的公有化。②

同样,水供给处理系统的私有化的改革也比较困难。生活用水的供给和污水的排放处理属于基础生活设施,是市镇地方政府的义务任务,是市镇地方预算的重要项目。在1996年之前,是由公共企业承担的,形式为自有企业,即直接属于市镇政府的企业。1996年年底通过的水经济法WHG,为水供排系统的私有化提供了法律框架。该法律第18条规定,各州可以规定污水处理的义务从公法企业向第三方全部转移或者有期限地部分转移的前提条件。到目前为止,巴登—符腾堡、萨克森和图林根已经通过将联邦水私有化的法律在本州实施的法律和执行的具体规定。水给排系统私有化的背景是由于水消费量的下降,导致单位水成本的上升,同时导致的水价上升。因为管道等固定设施不受水的实际消费量影响,总成本必须由下降了的用水量来分摊。20世纪90年代以来,水价上涨了40%,2004年人均水费负担82欧元。污水价格上升幅度高于饮用水,为80%~125%。年人均污水处理费为118欧元。私有化以后不仅可以通过私人企业经营提高管理的效率,节省开支以外,也可以通过跨市镇的经营来扩大企业规模,从而得到节省成本的目的。德国市镇水供给处理系统的分散和小规模是成本提高的主要原因。全德国大约有7 500个供水企业和8 000~10 000个污水处理企业。现行市镇水给排系统私有化主要方式是将政府的自有企业通过出租经营,即由政府所有直接经营改为政府所有,私人经营。据不完全调查的数据,30%的企业已经由私人经营,总的趋势是小型污水处理企业比较多地交给私人经营。大企业私营的步伐比较慢。进一步的市场化的目标是新的管道建设也将采取招标的方式由私人公司进行直接投资和经营。③

需要指出的是,在德国公共企业并不是公共任务的唯一承担者,还有大量的公共任务是由其他非政府所有的单位——教会、合作社、工会和各种协会承担的。教会在提供地方幼儿园、医疗服务、贫穷人救助和文化事业等公共产品方面有重要作用。教会学校的学校和幼儿园在德国是作为私法学校,大约占整个比例的15%。这些学校和幼儿园虽然是作为私立单位,但是和公立的学校和幼儿园一样,对学生不

---

① C. B. Blankart, 1994, Oeffentliche Finanzen in der Demokratie, 2. auflage, Verlag Franz Vahlen, Muenchen.
② 《德国掀起电力反私有化浪潮》,http://www.sgcc.com.cn/big5/ztzl/newzndw/zndwzx/gwzndwzx/2013/11/298470.shtml,2013年11月14日。
③ ATV-DVWK/BGW, 2004, Marktdaten Abwasser 2003, Ergebnisse der gemeinsamen Umfrag zur Abwasserentsorgung ATVvDVWK/BGW, 2004, ATV-DVWK: Der Deutschen Vereinigung für Wasserwirtschaft, Abwasser und Abfall. BGW: der Bundesverband der Deutschen Gas-und Wasserwirtschaft.

收学费。① 教会学校有享受政府财政补贴与接受社会捐款的权利。教师享受公立学校的教师待遇，并且接受州和市镇的教育部门统一管理。

第五节 公共企业管理信息公开与审计

一、政府年度预算报告中包括公共企业私有化信息

在德国公共企业作为政府的特别财产项目，属于预算中资产账户部分的内容，必须包括在政府预算范围之内。政府预算报告中需要报告资产数量的变化。预算法规定了年度资产账户关闭的时间。在账户关闭的时间点的会计账显示的数据为本年度资产存量。年度的总资产存量是由各个资产项目汇总而成。类似于经常性账户中财政资源使用单位，每个单位都有一个独立的预算。资产账户是每一个企业都有一个账户，都要显示每个年度的财务平衡表，资产存量与债务的数据是必须公开的信息。对于重大的资产项目有独立标题，例如，联邦铁路资产在联邦年度财政预算报告中就有独立的预算标题。

在每年的年度预算中，公共企业的重大事项的变动都必须接受议院审查的。如前所述，由于特定的历史原因，在德意志联邦共和国成立之初，公共企业在国民经济中是规模巨大的，尤其是联邦所有的企业，是真正意义上的国有企业，这些企业的私有化是联邦政府的长期任务。国有企业私有化相当于变卖了属于所有公民的财产，变为当届政府的可支配财政收入，如此重要的事情，信息必然是要求高度公开的。因为，每个公民都知道，政府代表的是短期利益，而公民的利益是长期的。所以在预算环节，那些企业私有化，以及私有化的具体方案都是要包括在年度预算中，接受议院的审查。表10-4为联邦财政年报中提供的是联邦参股企业在1994~2013年私有化的情况，表面上看，这是对联邦政府这一阶段的私有化活动的总结数据。本质上，要说明两个巨量的联邦企业：德国邮政与德国电信的私有化的整个过程。从数据上可以看出，联邦政府基本完成了这两个巨量企业的私有化。虽然每一次股份减持的行为都已经包括在当年的财政预算年报中，但是读者无法得到整体的印象。在此期间，联邦政府也涉及德国铁路私有化的过程，在这张数据表中也有显示。

---

① 教会能够低成本地提供这些服务是由于教会利用其所有的场地，这些场地教会本身不需要付租金。有些小学的教室或者大学生的宿舍，长期以来就是属于教会的财产。

第十章 德国公共企业预算

表10－4　1994~2013年、2015年6月联邦参股企业私有化名录

预算年份	号	企　业
1994	1	巴伐利亚洛伊德股份公司，联邦份额26.2%，完全私有化
	2	住宅建设Rupertwinkel eG联邦份额，3.67%，OFD gibt Anteile bei fehlendem Belegungsbedarf zurück
	3	德国汉莎公司AG，联邦份额51.4%，股票市场6.9%，提高资本量，无联邦参股。联邦剩余参股35.7%
1995	4	东汉诺威铁路股份公司，联邦份额5.3%，完全私有化
	5	莱茵－美因－多瑙股份公司，联邦份额66.2%，完全私有化
	6	德国外贸银行公司mbH，联邦份额46.3%，完全私有化
	7	德国出版与电影营销公司mbH，联邦份额100%，完全私有化
	8	家乡宣传公司mbH，联邦份额100%，完全私有化
	9	下萨克森住宅建设与开发公司mbH，联邦份额20.2%完全私有化
	10	耐卡AG，联邦份额63.5%。完全私有化
	11	德国汉莎AG，联邦持股35.7%，卖给KfW，通过保持地位合同
	12	德国电信AG，联邦持股100%，第一次上市资金用于增加资本量，无联邦参股，剩余持股74%
1996	13	Mon Repos Davos度假村AG，联邦持股100%，完全私有化
	14	德国公益住宅建设公司mbH，联邦持股，58.3%，完全私有化
	15	德国汉莎AG，联邦持股35.7%，通过股票市场，完全私有化
	16	德国电信AG，联邦持股13.5%，卖给KfW，通过保持地位合同，剩余持股60.5%
	17	德国城市开发公司mbH，联邦持股57.8%，完全私有化
	18	柏林GBB合作持有Genossenschaftsholding，联邦持股100%，完全私有化
	19	慕尼黑Tunnelgesellschaft mbH，联邦持股10%，完全私有化
1998	20	德国电信A，联邦持股60.5%，卖给KfW，11.2%，通过保持地位合同，KfW－Anteil 23.9%剩余持股48.1%
	21	高速公路加油与ank & Rast AG，联邦持股100%，完全私有化
	22	联邦公示报出版社公司mbH，联邦持股70%，部分私有化34.9%，联邦剩余持股35.1%
	23	萨尔矿业AG，联邦持股74%，完全私有化
	24	慕尼黑州住宅与城市开发公司mbH，联邦持股份25.1%，完全私有化
	25	仓储公司mbH，联邦持股100%，完全私有化

续表

预算年份	号	企　业
1998	26	莱法州养老公司 GmbH，联邦持股 25.8%，完全私有化
	27	德国合作银行，联邦持股 0.04%，完全私有化
	28	吕宾克 机场公司，联邦持股 50%，完全私有化
1999	29	德国邮政银行 AG，联邦持股 100%，完全出售给德国邮政公司
	30	德国电信 AG，联邦持股 48.1%，提高资本量无联邦参股，联邦剩余持股 43.6%
	31	石勒苏益格—荷尔斯泰因州公司，联邦持股 27.5%，完全私有化
	32	德国电信 AG，第二次上市，增加资本量无联邦参股，剩余联邦持股 43.2%
	33	德国邮政 AG，联邦持股 100%，50.0% 出卖给 KfW，联邦剩余持股 50.0%
	34	DSL 银行 AG，51.5% 卖给德国邮政 AG
2000	35	德国电信 AG，第三次上市出卖 KfW——存量的 6.6%，KfW 剩余 16.8%，联邦剩余 43.2%
	36	汉堡机场公司 GmbH，联邦持股 26%，完全私有化
	37	德国邮政 AG，第一次上市出卖 KfW 存量的 28.8%，KfW 剩余 21.2%，联邦剩余 50.0%
	38	联邦印刷公司 GmbH，联邦持股 100%，完全私有化
2001	39	地方旧债与货币转换特别支出公司 GmbH（GAW），联邦持股 100%，完全私有化
	40	德国电信 AG，联邦持股 43.2%，为发新的德国电信－声流力量（VoiceStream/PowerTel），股份提高资本量，联邦剩余 30.9%，KfW 剩余 12.1%
	41	尤里斯公司 GmbH，联邦持股 95.34%，部分私有化 45.33%，联邦剩余 50.01%
	42	联邦铁路（Fraport）AG，联邦持股 25.87%，第一次上市，为提高资本量，无联邦参股，联邦剩余 18.4%
	43	德国投资与发展银行 DEG mbH，联邦 100%，卖给 Kreditanstalt für Wiederaufbau-KfW（100%）
2002	44	法兰克福安置公司 mbH，联邦持股 72.65%，完全私有化
	45	柏林公益住宅公司 AG，联邦持股 2.65%，完全私有化
2003	46	萨尔州土地开发公司 mbH，联邦持股 25.28%，完全私有化
	47	拿韶家乡 住宅开发公司 mbH，联邦 6.99%，完全私有化
	48	黑森城市开发与住宅建设公司 mbH，联邦持股 2.55%，完全私有化

第十章 德国公共企业预算

续表

预算年份	号	企业
2003	49	多瑙公益建筑合作社 eG，联邦持股 2.82%，完全私有化
	50	波恩公益住宅合作社，联邦持股 0.25%，完全私有化
	51	科布伦茨公益建筑协会 eG，联邦持股 0.92%，完全私有化
	52	德国电信 AG，KfW–存量可转换债券 50 亿欧元，5 年期
	53	德国邮政 AG，出卖 30.0% 给 KfW/Platzhalter 合同，KfW 持股 48.3%，联邦 20.0%
	54	德国电信 AG，出卖 4.7% 给 KfW，KfW 持股 16.7%；联邦 26.0%
	55	荷尔斯泰因州建筑合作社 eG，联邦 3.08%，完全私有化
	56	德国邮政 AG，直接从 KfW 存量（Acceleriertes Bookbuilding-Verfahren）出卖，KfW 剩余持股 42.6%，联邦剩余持股 20.0%
	57	德国邮政 AG，KfW 存量可转债，11.5 亿欧元，3 年期
2004	58	德国电信 AG，直接从 KfW 存量（Acceleriertes Bookbuilding-Verfahren 卖出，KfW 持股 11.9%；，联邦持股 26.0%
	59	德国电信 AG，从 KfW 存量出售短期 Optionen（Warrants），10 亿欧元，期限分为：6 个月、12 个月、18 个月
	60	德国邮政 AG，从 KfW 存量直接出售，KfW 剩余持股 36.1%，联邦剩余持股 20.0%
	61	德国电信 AG，出卖给 KfW/Platzhaltervertrag 3.3%，KfW 剩余持股 15.3%，联邦剩余持股 22.7%
2005	62	德国电信 AG，出卖给 KfW/Platzhaltervertrag 12.7%，KfW 剩余持股 48.8%，联邦剩余：持股 7.3%
	63	德国邮政 AG，从 KfW 存量换日本国债，10 亿欧元，期限 5 年
	64	德国建筑审查经济审计公司，联邦持股 30%，完全私有化
	65	德国电信 AG，从 KfW 存量发短期债券，333.3 百万欧元期限 6 个月，KfW 持股 14.8%，联邦持股 22.7%
	66	德国邮政 AG，KfW 存量（Acceleriertes Bookbuilding-Verfahren 直接出卖，KfW 剩余持股 37.4%，联邦剩余持股 7.3%
	67	拜特海姆建筑协会 eG，联邦 0.38%，完全私有化
	68	德国邮政 AG，KfW/Platzhaltervertrag 出卖 7.3%，KfW 持股 44.7%，联邦持股 0

续表

预算年份	号	企 业
2005	69	德国电信 AG，卖给 KfW/Platzhaltervertrag 7.3%，KfW 持股 22.1%，联邦持股 15.4%
	70	德国铁路 Fraport AG，联邦持股 18.2%，联邦出卖 11.6%，6.6% 为可转债
2006	71	德国电信 AG，直接从 KfW 存量（Einzelinvestor）卖出，KfW 持股 17.5%，联邦持股 15.4%
	72	德国电信 AG，德国在线国际 AG 股票转为 DTAG 的股票，稀释股权，总计 0.48%，KfW 持股 17.3%，联邦 15.2%
	73	德国电信 AG，2003 年发 DTAG 义务转换债券转换，稀释股权总计 1.23%，KfW 持股 16.6%，联邦持股 14.6%
	74	Aschendorf-Hümmling 建筑合作社 e.G. 联邦持股 7.7%，完全私有化
	75	德国邮政 AG，KfW 存量直接出售（Accelerated Bookbuilding-Verfahren），KfW 持股 35.5%
		德国电信 AG，通过 DTAG 股票回购 0.48%，降低自有资本，KfW‐持股 16.9%，联邦持股 14.8%
	76	联邦公示报 出版公司 mbH，联邦持股 35.10%，完全私有化
2007	77	德国邮政 AG，兑现 KfW 2003 年 12 月发的可转换债券，KfW 持股 30.6%
	78	东汉诺威铁路 AG，联邦持股 33.8%，完全私有化
	79	德国铁路（Fraport）AG，兑现 2005 的可转换债券，联邦持股的 6.6%，完全私有化
	79	合作医院 Genossenschaft Höhenklinik Valbella Davos，联邦 100%，完全私有化
	80	德国统一远程铁路规划与建筑公司 DEGES GmbH，联邦持股 50%，通过扩大公司范围，联邦持股下降到 46.42%
	81	通过扩大 Vivico 不动产公司 GmbH，联邦持股 5.01%，联邦铁路财持股产 94.99%，完全私有化
2008	82	德国电信 AG，KfW 存量 转换债券，33 亿欧元，5 年期
	83	慕尼黑机场建筑公司 mbH，联邦持股 26%，完全私有化
	84	德国统一远程铁路规划与建筑公司 DEGES 联邦持股 46.42%，通过扩大公司范围，联邦股份下降为 42.88%
	85	联邦热带与亚热带农业研究所 GmbH，联邦持股 15.88%，完全私有化
	86	德国统一远程铁路规划与建筑公司，联邦持股 42.88%，通过扩大公司范围，联邦股份下降为 39.44%

第十章 德国公共企业预算

续表

预算年份	号	企　业
2008	87	德国邮政 AG，KfW 存量可转换债券，750 百万欧元，期限 5 年
	88	联邦印刷公司 GmbH，购回在 2000 年出卖的 100% 的联邦股份
2010	89	德国统一远程铁路规划与建筑公司，联邦持股 39.44%，通过扩大公司范围，联邦持股下降为 35.38%
2011	90	德国技术合作公司 GTZGmbH，德国发展服务公司 DED，国际继续教育与开发公 gGmbH，合并进德国国际合作公司（GIZ）GmbH
	91	拿韶建筑合作社 e.G.，联邦持股 5.9%，完全私有化
	92	基尔东住宅建设合作社 e.G，联邦持股 2.18%，完全私有化
	93	多瑙沃斯公益住宅合作社 eG，联邦 1.53%，完全私有化
	94	Ge‑Mi‑Bau Mittelbadische 住宅合作社 eG，联邦持股 0.11%，完全私有化
	95	Oberland 住宅建设合作社 eG，联邦持股 2.09%，完全私有化
	96	新吕宾客北德建筑合作社 eG，联邦持股 0.06%，完全私有化
	97	海德堡家庭家乡 建筑合作社 eG，联邦持股 0.03%，完全私有化
	98	德国邮政 AG，直接从 KfW 存量（Accelerated Bookbuilding-Verfahren）出售，KfW 持股 25.5%
2013	99	TLG 不动产公司 GmbH，联邦持股 100%，完全私有化
	100	TLG 住宅公司 GmbH，联邦 100%，完全私有化
	101	彼得堡酒店 GmbH，联邦持股 100%，联邦的公司部分，通过出售与分割合同转让给联邦不动产管理局
	102	德国邮政 AG，兑现 2009 年 KfW 存量可转换债券，KfW 持股 21.0%
	103	杜伊斯堡港 AG，联邦持股 33.3%，联邦部分被完全出卖

注：AG 为上市股份有限公司，GmbH 为股份有限公司。

资料来源：Bundesfinanzministerium, Finanzbericht–2016, http：//www.bundesfinanzministerium. de/Content/DE/Standardartikel/Themen/Oeffentliche_Finanze.

二、《联邦参股企业年报》公开公共企业经营情况信息

公共企业也是企业，也要遵守一般的企业经营信息公开的原则。小规模企业要通过年终报告向股东或合伙人汇报年度的运行情况及未来发展策略。大规模企业，例如上市公司也需要向股东提供财务报告，要公开信息。这里的根本制度原因是现代企业管理制度的建立，企业已经不是个人或家族完全自有资本，自己管理的企业。企业的资本所有者与管理者分离或者一定程度分离的情况下，企业的管理人需要向

资本所有者有所交代，以克服内部人控制问题。在德国，除了政府的预算年报要有包括公用企业的资产变动信息之外，还有联邦政府参与股份企业的年报。在独立的《联邦参股企业年报》中，包括了所有的联邦参股的企业经营管理方面的信息，也包括管理人员的变动。董事会成员与董事长都包括在各个企业的信息中。简单来说，从联邦预算年报中，我们看到的是总的资产变动的情况，涉及资产变动的数据，比如私有化。那么联邦持股企业总的情况如何，在各个部门的分布等都是由《联邦参股企业年报》提供的。州政府与联邦政府一样，也要有州参股企业年报。

各级政府的参股企业基本是私法企业，重要的人事招聘是要经过一定的程序，必须要进行公开招聘的，市场经济原则也包括劳动力市场，也是需要有自由竞争的。因为不是公法企业，因此重要管理人员的任用不可能采取政府相关管理部门任命途径。

三、企业私有化信息在年度预算法中得以强调

对于公共企业来说，日常的企业经营管理事务，如果不涉及新投资项目，基本在政府的预算报告中不会特别引人注意。但是如果涉及私有化，就是年度预算中的重要事项，必然是要对私有化的规模，私有化方案给出具体的说明，要得到议院通过的。由于涉及企业、人员的安排与福利待遇等直接关系到雇员利益的事项，因此，也首先需要在相关企业的内部进行协商的。如前所述，公共企业作为企业首先要遵守在德国作为普通企业的规则。在德国具有一定规模的企业，都有企业委员会与工会，企业的重大事项必须首先要得到企业委员会与工会的同意。① 从理论上来说，公共企业不是完全的私人企业，是不会有真正意义上的破产的，不可能像私人企业一样最后直接进入破产清算，失业员工的事务全部交由劳动市场负责。因此，公共企业的私有化是相当重要的事情，是必须要信息公开的，在议院审批年度预算的会议上通过的。

四、自动支付、结账程序与审计

（一）自动程序控制

如前所述，联邦政府财政资金支付是通过财政部管理的自动支付、记账系统，类似的州与市镇地方政府也是采用各自的自动支付系统。这些系统都是独立封闭运行的，在此过程中，财政系统的相关官员不仅是无法直接插手去搞钱，而且也是无法修改里面的数据。因此，如果得到司法部门的特别要求，这个系统又是完全可以检查的。联邦政府或是地方政府参与股份的企业所需要的财政资金，都已经纳入部门预算，没有在预算之外的，所以，也都在这个自动的支付系统中。此外，在德国

---

① 参见本书第一章第二节。

是部门负责制,总理、州长、市长这些行政上的最高长官,虽然有使用财政资金的决策权,这些权限仅仅在于讨论预算方案的过程中,一旦形成预算决议以后,就是财政系统与相关部门的直接主管与预算执行官员的管辖范围了。也由于需要政府资金的企业,都已经纳入了各个部门的预算,这些企业就不是独立王国,而是由预算所属的部直接管理的,其他的行政官员无法干预。

(二)内部与外部的独立审计

政府参与股份的企业,首先是属于公共企业,所以要经过财政部系统的内部审计。在联邦政府财政管理机构中,已经提到过的已改为联邦税务中心的机构,在这个机构中,就有两个司是负责企业审计的。由于这些机构是属于财政部的,因此,可以说是内部审计。同时,在前面也提到,联邦、州与市镇都有独立的审计机构。在他们的审计范围内,也包括使用政府经费的各类型的公共企业。在德国外部审计的特点是各级审计机构的独立性,他们按照法律规定组织原则工作,不受制于联邦总理与联邦议院、州长与州议会、市镇长与市镇议会。这种独立性就是透明性的基本保证,只有当这些机构具有独立性,才具有权威性,他们在要求相关企业提供资料的条件才能够得到满足,由此,这些企业也就无法隐瞒信息而保证了透明度。当然,公共企业审计的重点不仅仅是符合规则,也更注重经济性。经济性也是预算法所要求的按照节省资金的原则对不同的使用资金的方案进行评估,选择最省的方案。这就涉及对相关资料的审查,尤其是投资项目是不是真正的符合技术评估的要求。

此外,如前所述,公共企业也是企业,必须按照一般私人企业的要求正确完整地披露信息。上市公司需要向股东提供正确的信息,其他类型的企业也需要向企业委员会提供正确的信息。

第六节 德国公共企业私有化对我国公共企业预算的启示[①]

一、明确公共企业私有化的目的

由于特定的历史背景,德国经历了对原巨大存量的联邦德国公共企业的私有化过程,也经历了对原社会主义体制内的东部地区的公共企业私有化的过程。在政府预算层面上,首先要解决的其实是法律依据:政治问题,就是要明确回答:为什么要将这些公共资产卖掉,这些承担公共任务的企业卖掉了,是不是会影响公民个人的福利。德国人很简单地回答了这个问题:为市场经济奠定微观基础,逻辑上符合

---

① 朱秋霞:《德国国有企业私有化的原则、方法及对我国的启示》,载于《开放导报》2005年第2期。

基本法的基本精神，理直气壮。而我国的国有企业私有化在相当长的时期内，没有理直气壮地回答公共企业私有化的目标，长期以来将社会主义市场经济的基础定位为国有经济为主导的多种所有制企业。起初，将国有企业的主导定位为量上的优先比例，国有企业要有大象的地位，而私人经济处于辅助的地位，只能够定位为老鼠。后来政府逐步放弃大象老鼠论，将主导地位解释为关键行业，但是仍然没有以法律的形式确定具体行业。其实，中国自从邓小平主导改革开放以后，举国上下都认可了中国制度变革的方向：建立社会主义市场经济体制。可是，在正规的政府文件上却始终没有给市场经济的微观基础以明确的定义。在国家经济制度中，私人经济的地位因为私人产权的地位没有明确而模糊。由于对公共企业私有化的目标不明确，不能够名正言顺地公开进行，所以不公开的私有化，导致大量国有资产流失。

二、明确公共企业私有化的进程与方法

由于德国首先在法律层面解决了公共企业私有化的目的问题。因此，顺理成章可以就私有化的具体方案与进度公开讨论。政府相关部门提出方法，经过议院通过以后就可以实施。对不同类型的企业采取不同的私有化方法，也是在私有化的过程中保持建立市场经济的大目标所要求的。对于原联邦德国大型的具有国际知名度、已经是上市公司的企业，由于企业财务信息公开，对这些企业的私有化继续采取通过股票市场私有化的途径。对于原民主德国的公共企业，由于企业的资产负债表与企业的实际资产不相符合，所以只能够采取公开拍卖的途径，让市场来确定企业价格。

中国由于没有首先解决国有企业私有化的法理合法性问题，没有明确私有经济作为市场经济的基础。由此，国有企业的改革没有在每年政府的财政预算中公开。因此，也无从讨论私有化的具体进度与方法。那些企业公开拍卖，那些企业通过股票市场私有化，都不是明确的。与德国采取有资质的企业通过股票市场私有化相反，而是将股票市场作为国有企业解决资金困难的融资手段。这种做法从理论上违背了建立市场经济的大目标，严重破坏了规范的资本市场的建立。例如，以建立现代企业制度为名义的通过股票市场的私有化，其实并没有真正的私有化，因为参与股份的法人企业仍然是国有控股的金融机构，保险机构等，本质上说只能是国有企业的重组而不是私有化。需要指出的是，在德国的公共企业私有化是政府的完全退出，减持的股份必须卖给私人公司与公众。对私人公司，例如机构持有者，有一定的限制，目的是防止国有企业私有化的好处被这些机构持有者取得。因此，对于买者也是有特别的限制，有一定比例的股票必须直接卖给普通公民。

三、保护原企业雇员的权益

公共企业的改革无论是联邦所有的企业还是州、市镇地方所有的企业，改制以后必然面临被裁减员工的补偿与原职工的福利待遇维持的问题。由于原公有企业的

第十章 德国公共企业预算

员工都是公务员或者的固定位置的职员，相对于私人经济部门来说是福利待遇比较好的部门。在企业私有化过程中，德国始终注意保护这些员工的基本利益。对于联邦邮政与联邦电讯部门的改制，人员供给补充设立了专门的财政预算支出账户，使这笔经费得到保障。

由于到目前为止，中国的大型国有企业还没有进行真正意义上的改制。随着，经济改革的继续深入，大型国有企业的改革是必然的趋势，因为这些企业过去的改革都是负盈不负亏的改革，承包制改革也好，股份制改革也好，最后的坏账都丢给国家的银行。① 因此，大型国有企业不改革，对国有银行业来说，始终是巨大的金融风险，最后也都是财政的风险，因为银行的坏账最后还是国家财政承担的。对此，政府决策者高层与普通老百姓都看得很清楚。中国大型国有企业的改革阻力很大，就是因为已经占据管理层的利益相关者的问题。因此，改革首先要解决的是人员安置问题，尤其是管理高层的安置问题。为了透明、公正地解决这些人的福利保障，可以借鉴德国设立财政预算中专项账户的方法，使经费有预算保证，等到这些人逐步老去，这个账户也就自动结束。

---

① 波士顿咨询公司和中国发展研究基金会，2014，"发展混合所有制，完善现代企业制度"，中国发展高层论坛专题报告系列第 15 号。中国北京 2014 年 3 月。http：//www.bcg.com.cn/cn/files/publications/reports_pdf/BCG_Developing_Mixed_Ownership_Structures_and_Modern_Enterprise_Systems_Mar2014_CHN.pdf.

第十一章

德国政府预算信息公开

■ 本章导读

　　法律是人民行使预算监督权的根本保障。德国在长期以来一直重视预算信息公开方面的法律建设，其透明度在国际上处于较高水平。本章介绍德国政府预算信息公开制度，首先介绍了政府预算信息公开的基本法律框架——《基本法》《预算基本法》与《联邦预算法》，接着就以上框架下有关预算信息公开的规定以及其他相关重要法律法规进行了介绍，然后分别从联邦政府与地方政府两个层面介绍了德国的预算信息公开制度，最后，通过分析德国预算信息公开的做法与特点提出对我国的启示。

第一节 政府预算信息公开的基本法律框架

长期以来,德国在政府预算信息公开方面的制度建设方面的工作可以说是持续的,在不断完善中进步,总体说来在发达国家当中还是比较好的。根据 Von Hagen 1995 年对欧盟 8 个国家的横向比较评价,以会计透明度作为重要指标的评价,德国是财政透明度最高的国家。[①] 但是在 Alt,Lassen 的比较研究中,在 OECD 及其他 19 个国家的衡向比较中,德国与意大利、比利时等国家水平差不多,属于比较差的国家。[②] 他们比较的角度是制度透明度与指标透明度。从德国人的一般看法来说,意大利是在欧洲属于制度管理方面比较差的国家,德国在这项研究中居然是被评价为与意大利是处于同一等级,似乎是难以置信的。学者的研究成果虽然由于指标选择,考察角度不同,最后的结果是见仁见智的事情。但是,无论如何说明,德国在财政透明度的制度建设方面还有待改进。[③] 政府预算信息公开的对象是公民,因此与政府预算信息公开相关的基本法律框架首先是基本法对公民知情权的保障。

一、《基本法》关于公民知情权的规定

《基本法》全称为《德意志联邦共和国基本法》规定,第二次世界大战以后新成立的联邦德国的国家基本政治制度是民主的联邦制国家。作为民主国家首先要保证的是公民的基本自由权利,对此德国的《基本法》第 5 条第 1 款和第 17 条中规定公民有言论自由权和请愿权。从理论上来说,公民的知情权是法律保障的民主国家的公民的基本人权之一。法律规定的公民知情权如何实现,是需要一系列相关的制度设计来保障的。从德国具体的法律实践的内容来看,主要是通过三个方面的基本制度设计来保障的:一是对公民申诉权的法律保障;二是对新闻自由的法律保障;三是对政府各级行政机构对公民知情权实现的义务的规定与组织设计,这部分包括与政府预算公开的相关的内容。

关于政府预算信息公开的规定是本章的主要内容,后面将进一步展开讨论,在此,首先讨论公民申诉权的法律保障与新闻自由的法律保障:

(一)公民申诉权的法律保障

公民申诉权的法律保障具体包括两个方面:第一个,公民有权监督议院的立法

[①] Juergen von Hagen, Ian J. Harden., 1995. Budget processes and commitment to fiscal discipline, European Economic Review, Elsevier, vol. 39 (3-4), pages 771-779, April.

[②] James E. Alt, David Dreyer Lassen, 2006, Fiscal transparency, political parties, and debt in OECD countries European Economic Review, Elsevier, vol. Volume 50, Issue 6, Pages 1403-1439, August.

[③] 蒋洪等:《公共财政决策与监督制度研究》,中国财政经济出版社 2008 年版。

工作。议院的立法非常重要，是法制国家的基础，如果立法本身就是不合理的，法院根据法律做出的判决必然是不合理的。因此公民有权了解法律的形成并提出批评。第二，公民有权对政府的违法行为上诉。政府必须与公民一样，用法律规范自己的行为。政府也是人组成的，政府也有可能产生违法行为。对于政府违法行为，公民可以上诉。这也是属于公民的申诉权。

公民对立法过程的知情权，具体为公民有权了解议院关于管理国家的一切事务的规则的来由，并且有权对这些规则的形成向议院进行咨询，批评并要求改进。具体来说，在德国的议院设有"申诉审核委员会"，这个委员会的工作任务就是负责公民与议院在立法方面的互动，公民对某项立法的不满或批评，对所达到的目的评估，可以直接向申诉审核委员会投诉，该委员会将会给予答复。在这个委员会的网页上有公布接受法律事务申诉的件数。[①]

公民对政府的违法行为的起诉。在德国无论是联邦政府还是地方政府，公民都可以对政府的违法行为向宪法法院起诉，宪法法院必须受理，而且必须做出判决。涉及公民到联邦宪法法院公诉政府的违法行为是重要的法律案例，因此宪法法院的判定具有重要的维持社会公正的意义，受到媒体的高度关注。

从基本法对公民知情权的条文与联邦宪法法院的制度设计，可以看出，公民知情权的本质含义不仅是让公民知情（知道某项事情的原委），知情的目的是要让公民以知情为基础，对事情做出是否符合公理的判断。当公民在知情的基础上，发现某项事项不符合公理的情况下，公民有权利去改变它，有权利要求政府去改正它。公民认为基本法规定的基本权利或其他权利受到行政权力的侵犯，可以向联邦宪法法院起诉的权利同样适用于无德国国籍的公民。在联邦宪法法院成立以来50年中，公民已经在3 000余案件中胜诉。宪法法院的法官从符合一定条件的法官中选出，一半由联邦议院，另一半由联邦参议院推选产生，必须经过两院2/3多数同意通过，一届任期12年，[②] 由此保证法官的独立性与公正性。

（二）新闻自由的法律保障

从实践来看，公民知情权实现的主要技术途径是通过媒体的渠道来获取相关信息，因此新闻自由，对于保障公民的知情权是至关紧要的。如果没有新闻自由，公民了解的就有可能只是对政府有利的宣传，而不是公民想了解的事实真相。在基本法第5条规定保障新闻出版自由和广播、电视、电影的报道自由。对此不得对内容进行审查。基本法对媒体的自由保障在每当新的媒体出现的时候，就会遇到挑战，需要经常性的法律保护。例如德国联邦宪法法院在1961年、1971年、1981年先后关于电视媒体的判决，表示无论是私人电视还是公共电视都是独立的媒体，不受任何私人集团的控制。同时，政府对私人电视与公共电视有同样的信息公开的义务，不得歧视。其后的解释是因为无论是收费的私人电视还是公共电视本质上都是属于

---

① 参见本书第一章与联邦议院相关的内容。
② 《德国联邦宪法法院与立法的关系》，载于《华商报》2017年1月1日。

大众传媒。同时，新闻自由的最基本制度要点是保障新闻记者的自由。

从德国基本法的原文来看，对公民的言论自由是有文字规定的。同时，对于新闻自由也是有专门的文字规定的，是同一条款的两句话。因为新闻自由不能被等同于言论自由。新闻是作为社会的第四权力组织，是政府三权（行政权、立法权与司法权）以外的权力，是监督政府，防止政府滥用权力的力量。[1]

从上述案例可以看出，无论是报纸、电视、网络等媒体的自由，记者的自由，还是普通公民的知情权、请愿权的实现，虽然有法律的明文规定，有联邦宪法法院的制度安排，依然需要相关社会成员的遵守与坚持，需要社会整体的环境。

二、《信息自由法（IFG）》对公民知情权的规定

（一）《信息自由法》的背景

德国直接与政府信息公开方面相关的法律，最早的是1994年的《环境信息法》。当时的大背景是英国疯牛病的出现，疯牛病引起欧盟的注意，要求欧盟各国关于环境方面的信息公开，并且在欧盟范围内各国互相交流。疯牛病属于环境保护方面出现的新问题，而这些问题相关的具体信息的了解仅限于专业相关人员与政府的相关部门，而普通公民几乎不知情。这些新的科学认知使水污染、土壤污染的程度与民众生活相关程度大大提高。水土污染有些事实上已经到了直接危害公众健康或者潜在危害公众健康的程度，即直接危害到公民生存权。因此，需要制定特别《环境信息法》来特别规定公民有获取有关环境信息的权利。具体来说，只要政府部门拥有的数据，公民都可以获取。没有数据的，按照环境保护相关的法规，政府部门也要采取措施，去收集相关的数据。政府有义务将环境方面的具体数据公布，具体来说尤其是水、土、空气污染方面的数据。如果说，《环境信息法》是由于对环境问题的新认知而产生的，而后来的《信息自由法》则直接是信息技术普及的要求而产生的。

理论上说，虽然基本法规定公民享有知情权，媒体享有新闻自由权。在电子技术没有普及的社会，公民的知情权是受到技术限制的。公民基本关心的是有哪些新的法律通过，与这些新的法律相关的个人与企业，可以感觉到该法律的合理性或者不合理性（或者缺陷），就此，公民可以直接向议院提出申诉或向宪法法院起诉。简单来说，公民知情权涉及的基本是文本资料，而不可能是含有大量数据的资料。例如，按照规定，市镇规划与市镇的预算都需要在市政府公开两周时间，供市民查阅。但是，事实上很少有人去看，因为需要时间成本。在仅少数专业人士使用电脑的情况下，信息公开的程度是受到技术限制的。而在电子技术普及的情况下，大量公民都拥有电脑与上网的技术条件，居民在家里通过电脑或者随时通过手机都可以看到外部的信息。因此，信息技术的发展，为公民的知情权提供了更大的可能性，

---

[1] 这一理论为监督功能理论。

一方面政府部门拥有大量的数据信息,另一方面电子化也使信息公开与送达的成本大大降低。

(二)《信息自由法》对公民知情权的规定

在信息技术普及的背景下,德国于2006年通过《信息自由法》(1月1日起生效)。信息自由法本质上是对基本法规定的公民知情权保护在新的技术条件下的应用。信息自由法规定公民对政府信息有普遍知情权,公民通过申请可以查阅政府信息,政府对公民的申请必须给予答复,安排查阅的时间。在确实无法提供的信息的情况下也需要给予答复。对于不受政府信息公开义务约束的特殊信息也要给予说明。信息自由法的核心是为了方便公民,所有用于公开的政府信息都必须提供电子文档。由于德国是联邦制国家,所有联邦议院通过的联邦法律,州地方政府必须通过相关法律,才能够在地方实施。因此,在联邦信息自由法通过以后,各州也先后通过信息自由法或者类似的相关法律。共同的特点是对公民的获取信息的自由有更明确的定义。①

《信息自由法》除了具体规定了上述对政府提供信息的一般性要求以外,也对公民有具体定义,第1条第1款规定,公民有向联邦行政管理部门和机构获取信息的权利。公民的定义与基本法中公民有言论自由的公民的定义是相同的,无须德国国籍。公民按照规定的程序申请获取需要的信息,申请者不需要证明其合法利益(理由),申请者也不必是行政诉讼程序的当事人或者参与方。私法法人与公法法人享有同样的权利。公民的该项信息自由获取权涉及联邦的所有行政管理部门,包括履行公法行政管理任务的联邦机构。也就是说,不但立法机构如联邦议院,联邦参议院和联邦宪法法院,即便自然人或者私法法人,只要受委托承担了政府委托的公法任务,就在该法规范范围之内。

(三)《信息自由法》对政府提供信息的义务的具体规定

《信息自由法》明确了联邦政府机构应公开政务信息的义务,且尽可能为公民使用相关电子文本提供便利。因此,各联邦部委首先要明确提供电子信息的范围。需要编撰统一的政务信息目录。《信息自由法》规定,联邦数据保护部(BfD)承担维护公民对政府信息普遍知情权的任务。同时,在联邦内政部,新成立联邦数据保护与信息自由局(Die Bundesbeauftragte für den Datenschutz und die Informationsfreiheit,BfDI),负责为德国联邦数据保护和政府信息公开制定具体规范。BfDI的首项工作是制定了《信息自由法使用建议》,规范该法的具体实施细则。联邦内政部编撰了该部政府信息公开文档计划,包括部内人事事务(含公务员编制、收入及其他福利)、部内主管业务、部内所设机构和业务范围内公民权

---

① Die Bundesbeauftragte für den Datenschutz und die Informationsfreiheit (BfDI), 5. Taetigkeitsberichtezur Informationsfreiheit 2014 - 1015,https://www.bfdi.bund.de/SharedDocs/Publikationen/Taetigkeitsberichte/TB_IFG/5TB06_16.html.

利等四大板块内容。其他联邦部可以参考其模式，编制各部公开信息的目录。联邦各部编制的信息公开目录，就是对执行信息公开法的具体化，因为《信息公开法》是原则性的条文，具体到各部门，哪些具体信息必须上网公布，还需要根据各部的实际情况加以明确。当然，负责政府预算的财政部也属于联邦部，也要制定相关的信息公开目录。

第二节 《基本法》关于政府财政预算信息公开的相关规定

一、《基本法》要求的联邦政府预算完整性原则

理论上说，上节提到的基本法中关于公民知情权、申诉权、新闻自由的法律条款，以及后来的信息自由法中，都已经包含了公民获取政府财政预算信息的自由。因为从逻辑上来说，与大众日常生活密切相关的信息，例如政府关于税收方面的、财政补贴方面、社会福利待遇的信息都是与政府的财政预算相关的。所以，理论上来说，并不需要强调公民拥有获取政府财政预算信息的自由。我们仅需要理解，信息自由是公民获取政府信息的自由，财政预算是政府工作的重要内容，因此已经被包括在基本法保障的公民的知情权，与信息自由法要求公民取得信息的自由权之内。因此，从严格的文字表述来看，基本法没有具体的要求政府预算信息公开的条文。但是基本法有对联邦预算的基本原则的要求。《基本法》规定，联邦政府预算要将一切收支都编入预算中，不允许有没有被包括在预算中的财政收入与支出，即预算的完整性原则（第110条）。《基本法》同时规定，联邦政府预算必须经联邦议院和参议院审查通过。基本法这样规定的根本目的是要保证作为人民权力最高代表的联邦议院的预算权力不被政府的预算行政权力侵蚀，（防止仆人代主人花钱）。

联邦政府预算的完整性从技术上来说，在政府公开的预算中要包括联邦特别财产项目，社会保障账户项目与债务项目的情况，不可以仅将税收收入公开，基本的财政支出项目公开，而其他的项目不公开。因为，如果这些项目不公开也是对议院预算权力的侵蚀，对公民知情权的侵蚀。逻辑上来说，《基本法》规定预算的完整性，其本意是要保证议院的预算权力不受侵蚀，但是毋庸置疑，也从制度上保证了联邦政府预算信息公开的完整性，即公开的信息是完整的，没有将重要的信息对公民隐瞒。

二、《基本法》要求的审计部门独立性规定

《基本法》第114条规定，联邦审计院具有法律上的独立性。联邦审计院负责

审查联邦政府的预算编制及预算执行账目。① 法律规定的联邦审计院审计工作的独立性是通过联邦审计院经费的独立性、人事的独立性来保证的。审计院不隶属于联邦政府直接领导,也不隶属于联邦两院直接领导,人事任命与联邦最高法院的人事任命规则类似。

理论上说,基本法没有规定审计院在预算信息公开方面任务的具体文字。但是,从逻辑上来说,基本法对联邦审计院独立性的规定,具有保证联邦政府预算信息正确性的作用。根据德国的政治体制,联邦政府与联邦议院的多数成员属于同党,德国的政治制度不同于美国,执政党只有两个党,胜选的上台执政,败选的在野。而在德国有可能形成胖胖联盟,一个相对败选的政党也可能参与执政党。从制度设计上来看,他们共同在数据上做粉饰的可能性还是很大的。因此,在德国,联邦审计院的独立性工作对于保证联邦财政预算数据的正确性具有特别重要的意义。

第三节 《预算基本法》与《联邦预算法》中预算信息公开的有关规定

与基本法原则性的规定不同,预算基本法与联邦预算法是关于政府预算具体制度规范。所以,预算基本法是经常修改的。修改的背景往往是国内的财政问题,或者是欧盟的财政纪律的要求。对于德国来说,通过预算信息公开提高财政透明度的制度框架背景是欧盟的财政纪律。

一、《预算基本法》的相关规定

《联邦和州预算基本原则法》,简称《预算基本法》。该法第8条规定,预算编制的基本原则为:完整性、统一性与年度有效性。具体为:每年都要制定预算计划,每年的预算都要包括预期的收入、预期可以承担的支出,预期所必要的义务授权支出。虽然在第8条原文中没有关于预算信息公开的具体文字说明,但是从逻辑上来说,年度有效性也可以作为每年必须公开预算的要求。

二、《联邦预算规章》关于预算公开过程的具体要求

德国联邦政府制定预算的法律依据是《预算基本法》与《联邦预算规章》。② 《联邦预算规章》第10条是对联邦政府预算信息公开的具体规定(2015有效版本),

---

① 关于德国联邦审计院制度参见第二章政府财政管理体制中联邦审计院部分内容。
② 关于《预算基本法》的更多内容参见德国政府预算法律基础章。

具体有 3 点。

1. 联邦政府预算要附联邦预算所依据的德国相关法律条款与欧盟规章与指导方针的相关条款，要向两院举行总览汇报（解释）。具体内容首先是关系到联邦预算计划与财务计划对州与市镇预算的影响。尤其是按照预算基本法要求的全覆盖原则，新增加的支出是通过何种渠道筹集资金达到预算平衡的，需要解释清楚。

2. 联邦政府（财政部）需要向两院汇报在联邦财政预算执行过程中的重要变化。

3. 联邦政府（财政部）要帮助（引导）议院的成员，看到收入下降或者支出增加的（在预算报告中的具体位置）。要通过解释帮助他们理解预算在财务方面的影响。要看到具体变化的数据在哪一页、哪一个表格的位置。德文原文为 unterrichtung，直接翻译为上课，是要解释的，要解释到听者明白。

同时，在联邦预算法第 10 条 a 中也规定了关于预算内容中保密的具体条款。

第四节 与预算信息公开相关的其他重要法规

一、《政府采购法》和《发标法》

（一）《政府采购法》

在政府预算执行阶段，涉及经常性账户与资产账户的物资购买都必须纳入政府采购范围，要按照政府采购法的规定采取公开招标的方式。《政府采购法》就是对政府采购行为的规定，德国政府采购制度背景是欧盟的政府采购制度。欧盟统一的政府采购制度是基于欧洲统一市场的需要，为欧盟内各国商家提供公平竞争的机会。[①]《政府采购法》规定政府采购在国民经济发展中需达到三个目标：公开性和透明度；促进和利用世界竞争；私人公司与政府企业公平竞争。政府采购的公开透明是为了执行预算法基本原则的经济性要求，按照成本效益比较法，达到节省财政支出的根本目的。招标制度作为最公开的一种采购方式，是联邦德国政府采购制度的最重要的组成部分。

（二）《发标法》

对于公开招标过程，由《发标法》对金额与范围有具体的规定。《发标法》规定，政府采购合同金额在 20 万欧元（40 万马克）以上的，必须在欧盟范围内招标，登载在欧盟的一本招标杂志上，这本杂志每天都出版，一天登载 300 项左右的招标信息；合同金额在 20 万欧元以下的，在国内招标，需要在联邦招标报上登载招标

---

① 杨丽艳：《中欧投资与贸易相关法律问题暨欧盟法研究》，广西师范大学出版社 2014 年版。

信息。

二、州行政管理法（LVG）[①]

为了统一规范联邦政府与联邦内州与市镇地方政府行政工作，1976年联邦层次通过州行政管理程序法。目的是协调联邦政府与州各级政府，州政府与市镇地方政府行政管理方面相互关系，因为行政管理方面的基本程序联邦的法律在州也可以适用。但是，由于联邦制的特点，州的行政管理是州政府的权限，因此，在其后的各个州还是按照联邦的州行政管理程序法的基本精神，制定本州的行政管理法。在各个州的法典里都有本州州名限制的行政管理法，例如，《莱法州行政管理法》，最早是1976年12月23日通过的，最新版本是2009年10月，《巴符州行政管理法》最新版本是2009。所以，德国使用的州行政管理法不是同一部法律，也不是用"联邦州行政管理法"这样的名称。1976年的《联邦州行政管理法》仅具有法律文献的意义，而不具有实施的法律意义。当然，依然有学者使用这样的名称。[②] 例如《州行政管理法》主要是对州政府行政机构的定义，适用的法律等一般工作程序的规定。同时，还有关于行政管理工作中统一对话人的规定法律，明确州及市镇地方政府机关管理工作有信息与通告的义务等。因此，各州的行政管理程序法或其他独立的关于州行政管理方面的法律，基本都是要求政务公开的。

第五节　联邦预算信息公开制度

一、联邦财政预算信息公开责任单位

（一）联邦财政部及联邦各部

根据联邦预算规章规定，联邦政府预算信息公开的责任单位是财政部及所有财政资源使用单位，即联邦预算总报告中设立编号的标题单位。当编号不是直接的部的名称的情况下，支出项目可能就直接属于财政部的，例如编号标题为"一般财政经济"。后来通过的《信息自由法》也规定政府各部门承担信息公开的义务。根据《信息公开法》，涉及所有与政府工作相关的信息必须由政府相关部提供。对于网络不能直接查询的，需要信息的个人或者企业可以向政府相关部门提出申请。对于联邦政府来说，就是联邦各部，各部都设有信息中心专门负责。

[①] https://de.wikipedia.org/wiki/Landesverwaltungsverfahrensgesetz.
[②] 王健：《咨询法研究》，元华文创2015年版。

第十一章　德国政府预算信息公开

（二）联邦议院

根据联邦政府财政预算的流程，联邦财政部预算草案完成以后要提交联邦两院通过。仅当联邦财政部的预算草案得到联邦两院的通过以后，才具有法律效力，预算的经费才可以支出。如果联邦两院对联邦财政部的预算不予通过，联邦财政部需要重新修改预算草案，以最后通过为止。这是联邦财政部的本职工作。联邦两院对联邦财政部提出的预算草案的通过（批准），体现的是联邦两院在国家权力中的最高地位。尤其是联邦议院对联邦财政部预算草案的三读通过的程序，使联邦政府的年度预算具有法律效力，作为年度预算法，联邦政府必须执行。联邦议院主要是由预算委员会负责审查，该委员会为联邦议院的大会通过年度预算草案做基础工作。

由于联邦政府年度预算是经过议院通过的年度预算法，因此，对于这部分工作成果联邦议院有义务公开相关信息。不仅仅是文本的法律条文信息，也有包括数据信息。例如，在联邦议院网站公开的法律文件中必须包括与联邦年度预算有关的州之间横向平衡的信息。

（三）联邦审计院

联邦审计院是宪法规定的独立的审计机构，既不隶属于议会也不隶属于联邦政府，其成员拥有司法中立地位，对联邦预算的执行进行独立审计。审计工作只服从于法律，审计决定采取合议制，既避免了审计院本身可能形成长官专权，也保证了一定程度的内部公开。从而保证了联邦审计工作的公正性与工作效率。联邦审计院独立于联邦政府，独立决定审计的时间、地点和内容，审计院的官员不能被解雇。

由于联邦财政部的预算草案必须以上一年的实际执行数据为基础数据，同时上年联邦预算执行的数据，即决算报告需要联邦审计院审计以后，做出评语才可以销账。因此，从技术上来说，联邦审计院拥有联邦财政部的预算草案与预算执行的全部数据，同时联邦审计院在审计过程中还会发现问题，这也是审计院的本职工作。所以，从理论上说，联邦审计院应该比联邦财政部有更多的信息。但是，由于工作的性质不同，联邦审计院并不负责公布联邦财政部的数据，而是公布审计报告。联邦审计院的报告就是对联邦政府财政工作的总评结论，其核心是经济性研究。公民从审计院对联邦政府财政工作的总评报告，可以了解哪些财政经费达到了预定的目标，哪些没有达到目标，实际是财政资金的浪费。

（四）联邦统计局

德国早在1953年就根据基本法中关于国家要对统计工作立法的要求，通过了《联邦统计法》。联邦统计局的工作由《联邦统计法》规定。联邦统计局虽然在工作上隶属于联邦内政部领导，但是必须按照《联邦统计法》的要求，按照中立的立场完成统计工作任务。由于联邦统计局公布的数据包括德国总体经济、社会、人口方面的数据，当然财政税收方面的数据也被包括其中。联邦统计局在有些指标上可能与联邦财政部的口径不同，但是也都需要加注释说明，以帮助公民理解。

德国联邦财政部的预算执行是通过联邦预算、结算和记账自动系统（HKR）完成的。在预算的执行过程中，所有收入和支出都按照一定的处理程序进入了 HKR 系统。联邦统计局每个季度根据 HKR 提供的数据，公布实际发生的财政收支数据。联邦统计局的刊物《财政和税收统计》作为公开的出版物，使每个公民都可以了解预算执行的情况。年终 HKR 自动系统根据系统所储存的数据，提出年终决算报告，作为财政部的年终决算数据。因此，从信息公开透明的角度来看，统计局与联邦财政部既是合作单位，也是竞争单位。联邦财政部的数据给统计局以后，统计局马上公布，联邦财政部想要在事后做修改也绝无可能。

二、联邦预算信息公开的内容

（一）联邦政府预算信息

具体来说，联邦政府预算信息是由联邦财政部公布的，联邦财政部用于信息公开的工具是《联邦财政年报》。联邦财政年报包括三个大的部分：联邦预算计划的所有表格与文字说明、联邦预算草案的所有表格与文字说明（包括联邦预算的收支总表、筹资总表等）、联邦决算报告的所有表格与文字说明。需要指出的是，联邦各州的数据被包括在联邦财政年报的公共财政统计数据中，只是总的数据，而不包括各州具体的预算草案总表。没有任何广告，联邦财政年报的总长度为 400 多页。用德国人的话来说，信息量非常大。

（二）联邦部门预算信息

在联邦政府财政年报中部门预算是按照编号的，收入与支出的数据，包括文字说明。而更多的相关信息在各个资源使用单位的年报中。例如经济部的经济年报，就有关于就业促进财政支出的具体数据及相关政策效果的文字说明。联邦各部和联邦级的管理机构是联邦预算的具体执行者，在预算执行的过程中，每个具体执行者，有义务随时提供他们的开支状况以及资金使用的效果的自我评价。其他各部都要提供与年度预算执行相关的工作报告，例如，经济部要提供年度经济年报，环境部要提供环境工作报告，在这些报告中不仅是与联邦财政年报总表中数据相同的收入与支出的数据的报告，更重要的是预算执行的政策效果，这些都是需要大量的相关数据做基础的。而理论上来说，公民对相关的专业报告更感兴趣，因为那些内容更具体，与个人利益直接相关。

（三）联邦参股企业预算信息

1. 关于资本金变动的信息。联邦关于公共企业的预算数据是直接包括在联邦财政年报中的，尤其是关于公共企业的私有化的数据，属于联邦特别资产项目。

2. 关于经营情况的信息。关于联邦参股企业经营情况的信息是在联邦财政部发布的《联邦参股企业年报》中公布的，包括企业运行发展的具体信息：企业财务方面的信息、人事方面的信息。人事方面的信息既包括企业董事会与监事会人员姓名与工资及工资性福利，也包括普通员工人数及工资总额。联邦参股企业数据也是按照部门分类的，比如在联邦参股企业年报中的交通部参股企业中，关于德国铁路的相关信息比联邦财政年报公布的更详细。

第六节　地方政府预算信息公开制度

一、州政府预算信息公开

由于德国联邦制的特点，州相当于独立的国家，在财政预算信息公开方面与联邦政府的基本制度与联邦政府基本是相同的。因为州财政部的预算工作所依据的基本法律与联邦是相同的。在前面所提到的联邦与州预算基本法，行政管理法也是与联邦相同的。州有审计院法，州审计院的工作、州审计院的独立地位等基本制度设计与联邦审计院也是相同的。但是，州审计院与联邦审计院都是独立的，没有领导与被领导的关系。在联邦信息公开法通过以后，各州也先后通过信息公开法，与联邦的内容基本是相同的，核心是州财政部及各资源使用单位的信息必须提供电子文档，在网上公开。

州财政部公布的预算信息内容基本与联邦财政部是类似的，主要的载体是州财政年报。州财政年报也要包括预算计划、预算草案与预算执行的所有数据与表格。由于在联邦层次除了联邦财政部的财政年报以外，还有各个部年报，所以联邦财政部的年报中，单项预算是比较简单。而州财政年报除了总的预算表以外，各个单项的预算的数据也是全部详细公开的，例如在莱法州财政部公开的年度预算信息中，关于教育单项预算的内容就有700多页。

与联邦政府类似，州政府的参股公共企业也是通过《州参股企业年报》公开信息的，资本金构成、财务、人事等方面的信息内容也是与联邦政府公开的信息内容类似。

二、市镇政府预算信息公开

（一）市镇信息公开基本制度

市镇在德国是自治单位，除了承担联邦政府与州政府委托任务以外，市镇自主管理地方事务。市镇地方的财政事务由市镇财政规章具体规定，规定了基本原则，流程，表格项目的要求等。这些规定中基本也包括完整性、年度有效性、全覆盖等基本原则。因此，市镇预算规章也是对市镇地方政府预算信息完整性的保障。市镇财政部门预算草案的编制以后提交市镇议会通过的程序与联邦与州都是基本相同的。

预算执行的决算报告要经过市镇审计局审查，做出评语才可以销账。审计局的审查也是财政信息正确性的保证。因此，在市镇预算信息公开方面的基本制度与州是类似的。

需要特别强调指出的是，与州政府不同的是，市镇的审计局不是完全独立的，市镇的审计局长是受市长领导的，尽管按照规定市长不能调动市镇审计局长的职位（需要市议会同意）。因此，市镇的财政工作还要接受州财政部门的监督，如果市镇遇财政危机破产，州财政部相关部门负责破产清算。

（二）市镇预算的公民参与

由于德国公共任务分工的特点，重要的社会保障项目，养老与医疗是联邦政府财政负责的，大中小学的教育基本是州政府财政负责的，因此，市镇财政预算的主要项目无论是经常性账户支出还是资产账户的投资项目都是与当地居民生活直接相关的城市基本生活设施项目，文化休闲体育等。根据财政经费使用的经济性原则，无论经常性经费支出，还是投资项目支出，都要求通过成本—效益比较，选择最优的技术方案。而效益有些是可以定量的技术指标，但是也有些是非定量的价值判断指标，此外，还有社会偏好的次序选择问题。因此，为了提高财政资金使用的效率，实现经济性原则的要求，市镇的管辖权范围相对与联邦或者州来说都比较小，有利于公民直接参与。

从历史传统来说，德国的市镇是由自由城市发展而来的，城市的市民是自由民。大量的城市原来属于1个领主（小皇帝或者侯爵）。因此，具有相当的自治的传统，也是德国市镇自治权到至今仍然得以维持的传统基础。公民参与市镇预算在德国理论上来说，已经有相当长的历史。市镇财政部门预算草案完成以后，必须在市镇政府公示两周，在公示期间市民可以直接浏览，可以了解到关于市财政收入和财政开支、税收的详细信息以及一些固定的开支（如人员、管理等）的信息；在此基础上市民可以对预算报告提出改进。市镇财政局根据预算草案公示以后居民的修改意见进一步修改，最终形成草案定稿。这个预算公示，市民意见反馈的过程，在德国早期的市镇法规里就有的。① 尽管如此，由于受传统信息加工与传输技术的限制，市民参与预算在本质上仍然是少数对社会活动感兴趣的有一定经济条件的人士，不仅是看懂预算报告需要一定的知识水平，就是要提的修改建议，也需要起码的书写水平，或者需要打字机打字，居民参与的范围是比较有限制的，参与者起码需要达到文字秘书的水平。直到20世纪末信息技术的发展，电脑与网络的普及，可以说为公民参与市镇事务提供了前所未有的方便条件。所以，公民参与预算有了实质性提高。根据相关组织的研究，在德国公民参与预算的案例也是有明显增加。②

需要指出的是，德国的市镇是同一层次的，除了独立市以外，还有大量的小城

---

① 德国市镇财政管理的市民参与传统理论上来自于古代希腊自由城市的管理。（笔者注）
② Michelle Anna Ruesch, Mandy Wagner, 2007：Participatory Budgeting in Germany：Citizens as Consultants，http：//www.internationalbudget.org/wp-content/uploads/Ruesch-Wagner-PB-in-Germany.pdf.

镇。在小城镇，传统的市民参与的民主传统由于20世纪70年代的市镇合并被大大削弱了。① 这种情况随新的信息技术的发展，理论上来说，对小城镇的居民参与也提高了一个层次。

第七节 德国预算信息公开对我国的启示②

一、预算公开的法律制度比较健全

德国本身就是一个法制国家，其预算管理方面的法律体系比较健全，涉及预算公开的法律从宪法到具体的预算法实施条例等都有囊括，包括：《基本法》《预算基本原则法》《联邦预算法》《信息自由法》《联邦促进经济稳定和发展法》《联邦预算条例》《州预算条例》《乡镇市区预算条例以及由联邦财政部》，联邦各州财政部颁布的法规，如《联邦财政体系行政条例》《临时预算行政条例》《预算和经济管理行政条例》《预算法暂行行政条例》等。即使是各州，也跟联邦一样，拥有独立的立法权，制定了自己的《宪法》《预算法》《财政法》、年度法案等有关财政预算的法律法规，在这些法规中，都从不同角度对保证公民对财政事务的知情权有所规定，保证公民获取政府预算信息的全面性与正确性。

德国不仅对每一项支出都立法予以规范，如《差旅费管理法》《培训费管理法》《政府采购法》《投资法》《办公费支出法》等，使预算经费的支出项目都有具体法律条文为基础，克服各种人为的随意标准，为预算部门公开信息提供了比较好的条件。因为，这样负责预算工作的财政部门就不用担心那些信息出去会发生不同单位之间的攀比，引发矛盾，而不愿意公布真实的财政信息。

二、预算公开的组织保障体系比较完备

以法律为依据，德国对各种机构和部门在预算公开中的权利和义务作了明确规定，并保证这些行为的公开。如议会进行的所有关于财政预算的讨论，以及最终通过的预算都必须公开，便于公众接触和使用。有些支出可按合适的限制条件进行分类，便于有该信息接触权的人接触；财政部门于每年的1月完成上一年度的决算草案编制并提交审计院和议会预算委员会下属的审计委员会。政府在每年的1月公布编制下一年度预算的方针，此后的预算编制进程、预算编制中的重要情况和重大变化等，都随时报道，予以公开。此外，各政府部门内部的预算站的设立以及联邦和州审计院的独立审计，均为政府预算信息公开奠定了良好的内控和外部控制机制。

---

① 由于空间距离的原因形成通勤成本，公民对市镇公共事务参与的机会减少，兴趣下降。
② 李燕等：《预算公开国际比较研究》，经济科学出版社2016年版。

三、预算公开的力度大

在德国，预算公开不仅包括财政预算的执行结果，而且包括财政运营的基本过程和主要方面。包括预算编制过程的公开、预算审查情况的公开、预算报告和决算报告的公开，为社会各界了解和研究财政提供详细的资料，能够广泛借助社会力量，发现和分析财政中存在的问题；执政者使预算置于公众的监督之下，更易于赢得公众的好感与信任，从而有利于公共利益的实现。

四、完善的监督体系与预算公开之间良性互动

公开是监督的前提，而完善的监督又成为预算公开的助推器。德国作为一个经济发达的市场经济国家，长期以来，在经济工作中十分重视财政监督的作用，建立了完善的财政监督体系，有议会监督、财政部门监督、审计部门监督、政府职能部门监督、预算执行专员监督和社会中介机构监督，对财政资金运行的全过程实施监督。此外，新闻媒体也是重要的监督渠道。德国实行独立的新闻自由制度，报刊、电台、电视台可以报道政府、政党内部的情况，不仅内容不受审查，而且任何人不能对消息来源进行调查。

五、预算公开的形式和途径多样

预算公开通过电台直播、互联网下载、报纸和杂志刊登以及定期出版预算信息的刊物等多种途径到达公众的手中。德国电视、广播、杂志、报纸都成为公开的媒介之一，公开的形式包括预算报告、决算、议会关于预算的审批讨论，预算编制过程的公众参与，预算审计报告、部门年报、月报以及包括联邦统计局在内的各个政府部门定期出版的杂志，如《财政和税收统计》《政府采购公告信息》等。

六、建立了与公众互动的预算公开对话机制

德国预算公开不是单方面的政府公开，而是建立了政府与公众之间的对话机制，这种对话机制包括：公民依申请公开信息、举办公民开放日活动和公众参与的参与式预算程序。在预算过程的各个阶段上，为非政府组织、媒体、专家和普通公民的介入提供通道，让以其显示利益偏好，并对政府的预算形成独立的判断和评价。

七、注重预算公开信息的易读性

德国预算公开注重信息的易读性和可用性。一方面，因为德国预算编制比较细化，政府预算科目很细，联邦预算约有 8 000 个科目，有的州有上万个科目，每个

科目均有详细说明和规定，科目虽多，但每年变化不大，易于公众理解；另一方面，德国政府对预算公开信息进行分类，对于有些支出为适应不同人群的需要，按合适的限制条件进行归类，便于分层将信息提供给不同层次的需求方。

重要名词翻译

第一章

申诉审核委员会：Petitionsausschuss

第二章

联邦财政局分局：Bundesfinanzdirektion（BFD'en）

联邦金融服务监督局：die Bundesanstalt für Finanzdienstleistungsaufsicht

联邦金融市场稳定局：die Bundesanstalt für Finanzmarktstabilisierung（FMSA）

联邦不动产管理局：die Bundesanstalt für Immobilienaufgaben（BImA）

联邦统一特殊任务管理局：die Bundesanstalt für vereinigungsbedingte Sonderaufgaben

联邦烧酒专卖局：die Bundesmonopolverwaltung für Branntwein

联邦税收中心：das Bundeszentralamt für Steuern

联邦信息技术中心：das Informationstechnikzentrum Bund（ITZ Bund）

联邦关税局：Bundeszollverwaltung

地区市镇联合体：Regional Kommunalverbände

高级财政局：Oberfinanzdirektion，OFD

联邦结算中心：Bundeshauptkasse BHK

联邦审计院：Bundesrechnungshof，BRH

财政计划委员会：Finanzplanungsrat

第三章

帝国预算法：Reichshaushaltsordnung

预算基本法法——稳定增长法：Gesetz zur Foederung der stabilitaet und des Wachstum der Wirtschaft StwG

预算基本法——持续发展法：Das Haushaltsrechts-Fortentwicklungsgesetz

预算基本法——现代化法：Haushaltgrundsaetz Moedernisierungsgesetz

联邦预算法（联邦预算规章）：undeshaushaltsordnung，BHO

预算基本法：Haushaltsgrundsatzgesetz，HGrG

州预算法（州预算规章）：Landeshaushaltsordnungen，LHO
联邦审计院法：Bundesrechnungshofgesetz
年度预算法：Das Jaerliche Haushaltsgesezte，HG

第四章

德国县代表大会非常务委员会：nicht-staendigen Unterausschusse der Deutsche Landkreistag，DLT

第五章

联邦审计院法：Gesetz über den Bundesrechnungshof
联邦支付与记账权限中心：Das Kompetenzzentrum für das Kassen-und Rechnungswesen des Bundes
联邦海关管理局：Bundeszollverwaltung
联邦财政管理局分局：Bundesfinanzdirektion（BFD'en）
联邦税务中心：Bundeszentralamt für Steuern（BZSt）
纳税者联盟：Bund der Steuerzahler
支付监督程序：Zahlungsueberwachungsverfahren（ZUEV）
横向任务：Querschnittsaufgaben
筹资赤字：Finanzierungsdefizit

第六章

莱法州预算法规章：Landeshaushaltsordnung（LHO）Rheinland-Pfalz
州审计署法：Landesgesetz über den Rechnungshof Rheinland-Pfalz（RHG）
州收费法：Landesgebuerengesetz
州公务员法：Landesbeamtengesetz
州供给法：landedbesesoldungsgessetz

第七章

州内务部长会议：Innenministerkonferenz der Länder，IMK
市镇预算规章：Gemeidehaushaltsverordnung，GemHVO
县规章：Landkreisordnung，LKO
县长：Landrat
德国县代表大会非常务委员会：nichtstendigenUnterausschusse der Deutsche Landkreistag，DLT

第八章

联邦信贷筹资部：Gremium zu Fragen der Kreditfinanzierung des Bundes
筹资公司：Finanzagentur GmbH

联邦债务管理局：Bundesschuldenverwaltung

联邦有价值证券管理局：Bundeswertpaperverwaltung

社会保险债务：Schulden bei Sozialversicherungen

复兴银行：die Kreditanstalt fuer Wiederaufbau，KFW

德国统一基金：Der Funds "Deutsche Einheit"

赔偿基金：Entschaedigungsfonds

继承债务专项账户：Erblastentilgungsfonds，ELF

建设援助基金：Fonds "Aufbauhilf"

旧债救助法：Altschuldhilfe—Gesetz

儿童照料基金：Kinderbetreuungfonds。

金融市场稳定特别基金：Sonderfondsfinanzmarktstabilisirung

投资与偿还基金：Investions-und tilgungsfonds

联邦有价证券通货指数化支付预防基金：Sondervermoegen fuer Schlusszhalungen fuer inflationindexierte Bundeswertpapiere

联邦有价证券管理管理法：Bundeswertpapierverwaltungsgesetz-BWpVerwG，(Gesetz zur Neuordnung des Schuldbuchrechts des Bundes und der Rechtsgrundlagen der Bundesschuldenverwaltung)

欧洲稳定与增长计划：Europaeischen Stabilitaets-und Wachstumspaktes

联邦与州之间财政平衡法：Gesetz ueber den Finanzausgleich zwischen Bund und Laendern（Finanzausgleichsgesetz-FAG）

第九章

立法权：Gesetzgebungskompetenz

归属权：Ertragskompetenz

征管权：Verwaltungskompetenz

继承债务偿还基金和赔偿债务偿还基金：Erblastentilgungsfonds und Entschaedigungsfonds

联邦补充补助：Bundesergaenzungungszuweisungen，BEZ

差额补助拨款：FehlbetragsBEZ

政策实行特别需求拨款：Sonderbedarfs BEZ politische Führung

老州过渡性拨款：UebergangsBEZ alte Laender

不来梅和萨尔整顿拨款：SanierungsBEZ Bremen/Saarland

新州特别需求拨款 Sonderbedarfs BEZ neue Laender

第十章

公益股份有限公司：gemeinnützliche Gesellschaft mit beschränkender Haftung，gGmbH

国际发展基金会：Deutsche Stiftung für internationale Entwicklung，DSE

重要名词翻译

德意志联合工业企业公司：Vereinigte Industrieunternehmungen，VIAG

大众汽车股份公司：Volkswagen AG，VW

巴伐利亚洛伊德股份公司：Bayerischer Lloyd AG

汉莎航空股份公司：Deutsche Lufthansa AG

德国联邦铁路：Deutsche Bundesbahn，DB

德意志帝国铁路：Deutsche Reichsbahn，DR

莱茵—迈茵—多瑙股份公司：Rhein-Main-Donau AG

德意志公益住宅建造股份有限公司：Gmeinnützige Deutsche Wohnungsbaugesellschaft mbH

德国城市开发股份有限公司：Deutsche Stadtentwicklungsgesellschaft mbH

萨尔矿业公司：Saarbergwerk AG

高速公路加油和停息公司：Autobahn Tank& Rast AG

巴伐利亚城乡住宅股份有限公司：Landeswohnung-und Städtebaugesellschaft Bayer mbH

德意志住宅和地租银行：Deutsche Siedlungs-und Landesrentenbank

联邦印刷股份公司：Bundesdrukerei GmbH

汉堡机场股份有限公司：Flughafen Hamburg GmbH

德国投资和发展股份有限公司：Deutsche Investitions-und Entwicklungsgesellschaft mbH

法兰克福住宅股份有限公司：Frankfurter Siedlungsgesellschaft mbH

柏林公益住宅建造公司：Gemeinnützige Wohnungsbau-AG Berlin

萨尔州开发股份有限公司：Landesentwicklungsgesellschaft Saarland mbH

大众银行和雷法生银行：Deutschen Volksbanken und Raiffeisenbanken. Der Bundesverband der DeutschenVolksbanken und Raiffeisenbanken e. V. BVR.

雷法生商品劳务合作社：Raiffeisen Waren-und Dienstleistungsgenossenschaften Der DeutscheRaiffeisenverband e. V. DRV

工商业商品劳务合作社：Gewerbliche Waren-und Dienstleistungsgenossenschaften Der Zentralverband Gewerblicher Verbundesgruppen e. V. ZGV

参 考 文 献

[1] 波士顿咨询公司和中国发展研究基金会:"发展混合所有制,完善现代企业制度",中国发展高层论坛专题报告系列第 15 号。2014 年, http://www.bcg.com.cn/cn/files/publications/reports_pdf/BCG_Developing_Mixed_Ownership_Structures_and_Modern_Enterprise_Systems_Mar2014_CHN.pdf。

[2] 白彦锋:《建立中期预算框架的国际比较与借鉴》,载于《中央财经大学学报》2009 年第 9 期,第 7~11 页。

[3] 迪特尔·拉夫:《德意志史——从古老帝国到第二共和国》,德文版,慕尼黑 Max Hueber 出版社 1985 年版;中文版,波恩 Inter Nationes 出版社 1987 年版。

[4] 丁传宗:《实现直接民主的新方式》,华中师范大学,2010 年。

[5] 法兰克福莎西埃德媒体公司(美因河畔法兰克福)与外交部(柏林)合作:《德国概况 2015》中文版,2015 年,www.facts-about-germany.de。

[6] 弗里德里希·冯·哈耶克著、王明毅、冯兴元译:《通往奴役之路》,中国社会科学出版社 1997 年。

[7] 高培勇:《"十二五"时期的中国财税改革》,中国财政经济出版社 2010 年版。

[8] 蒋洪等:《公共财政决策与监督制度研究》,中国财政经济出版社 2008 年版。

[9] 江时学:《德国经济为何一枝独秀:归功施罗德 10 年前的改革?》http://news.xinhuanet.com/fortune/2013-08/14/c_125170243.htm,2013 年 8 月 14 日。

[10] 路德维希·冯·米塞著,杨承厚译:《货币与信用原理》,台湾银行经济研究室出版 1966 年版。

[11] 路德维希·冯·米塞斯著,王建民、冯克利、崔树义译:《社会主义:经济与社会学的分析》,中国社会科学出版社 2008 年版。

[12] 联合国人居署:《参与式预算 72 问》,中文版,中国社会出版社 2010 年版。

[13] 李燕等:《预算公开国际比较研究》,经济科学出版社 2016 年版。

[14] 米尔顿·弗里德著,张瑞玉译:《资本主义与自由》,商务印书馆 2004 年版。

[15] 钱跃君:《2014 年德国新闻自由度世界评级》,http://wxs.hi2net.com/home/blog_read.asp?id=4603&blogid,2014 年 8 月 21。

[16] 王健:《咨询法研究》,元华文创出版2015年版。

[17] 杨丽艳:《中欧投资与贸易相关法律问题暨欧盟法研究》,广西师范大学出版社2014年版。

[18] 朱秋霞:《德国财政制度》,中国财政经济出版社1999年版。

[19] 朱秋霞:《德国财政制度》,中国财政经济出版社2005年版。

[20] 朱秋霞:《中国财政制度——以国际比较为角度》,立信会计出版社2007年版。

[21] 朱秋霞:《中国土地财政制度改革研究》,立信会计出版社2007年版。

[22] 朱秋霞:《百年村变之梦——村镇现代化建设财政制度比较》,立信会计出版社2010年版。

[23] 朱秋霞:《德国国有企业私有化的原则、方法及对我国的启示》,载于《开放导报》2005年第2期。

[24] 朱秋霞:《论中国政府间财政分配制度理论依据之缺失——以德国与美国制度比较为角度》,载于《经济社会体制比较》2007年第5期。

[25] 朱秋霞:《论政府间财政分配制度的改革方案—以增值税为机动平衡工具》,载于《经济社会体制比较》2008年第1期。

[26] 朱秋霞:《德国社会保障住宅分配制度演变及对中国的启示》,载于《现代经济探讨》2013年第4期。

[27] 朱秋霞:《土地税与财产税孰优——基于德国土地税与美国财产税制度的比较》,载于《现代经济探讨》2009年第9期。

[28] 朱秋霞:《论大城市提高公共品供给的制度选择:地区间合作替代区划升级》,载于《学术界》2014年第5期,第61~70页。

[29] A. Kappler/A. Grevel, Tatsachen Über Deutschland [M]. Frankfurt am Main: Scocietäts Verlage, 1995.

[30] A. Frese, 25 Jahre Einheit Der Osten kommt nicht daran, http://www.tagesspiegel.de/wirtschaft/25-jahre-einheit-der-osten-kommt-nicht-ran/12366208.html, 2015 0924, Der Tagesspiegel.

[31] A. Gern, Deutsches Kommunalrecht [M]. Baden-Baden: Nomos Verlage, 2003.

[32] A. Gummich/N. Walter, Die Deutsch-russischen Wirtschaftsbeziehungen, Werner Weidenfeld Hrsg. Demokratie und Marktwirtschaft in Osteuropa [M]. Gütersloh: Verlage Bertelmann Stiftung, 1993: 383 – 400.

[33] ATV-DVWK/BGW, Marktdaten Abwasser 2003, Ergebnisse der gemeinsamen Umfrage zur Abwasserentsorgung ATV-DVWK/BGW, 2004, ATV-DVWK: Der Deutschen Vereinigung für Wasserwirtschaft, Abwasser und Abfall。BGW: der Bundesverband der Deutschen Gas-und Wasserwirtschaft.

[34] B. F. Erwin, Dorfbewohner und Kommunalpolitik, Eine vergleichende Untersuchung in 14 Dörfern der Bundesrepublik Deutschland unter besonderer Berücksichtigung der länderspezifischen Gemeindeordnungen und der Verwaltungsstrukturen [J]. Schriftenreihe

der Forschungsgesellschaft für Agrarpolitik und Agrarsoziologie, 1998, Bd. 309.

［35］B. Breuel, Treuhandanstalt: Bilanz und Perspektiven［J］. Aus Politik und Zeitgeschichte, 1994（B 43 – 44）: 14 – 20.

［36］B. Huber, K. Lichtblau, Systemschwächen des Finanzausgleichs-eine Reformskizze［J］. iwd, 1997（4）.

［37］Bundeskartellamt, http://www.bundeskartellamt.de/DE/UeberUns/Kontakt/kontakt_node.html.

［38］Bundesfinanzministerium, Finanzbericht-2016, http://www.bundesfinanzministerium.de/Content/DE/Standardartikel/Themen/, Öffentliche_Finanze.

［39］Bundesfinanzministerium, Das System derÖffentlichen Haushalt 2015, http://www.bundesfinanzministerium.de/Content/DE/Standardartikel/Themen/, Öffentliche _Finanzen/Bundeshaushalt/Haushaltsrecht_und_Haushaltssystematik/das-system-der-oeffentlichen-haushalte-anl.pdf?_blob = publicationFile&v = 4.

［40］Bundesfinanzministerium, Das System derÖffentlichen Haushalt 2001,［M］. Berlin: 2001.

［41］Bundesfinanzministerium, Monatsberichte/2012/06, Konsolidierungs-verpflichtungen der Länder Berlin, Bremen, Saarland, Sachsen-Anhalt und Schleswig-Holstein, http://www.bundesfinanzministerium.de/Content/DE/Monatsberichte/2012/06/Inhalte/Kapitel-3-Analysen/3-2-konsolidierungsverpflichtungen-laender.html.

［42］Bundesfinanzministerium, BeteiligungsberichtdesBundes2015, https://www.bundesfinanzministerium.de/Content/DE/Standardartikel/Themen/Bundesvermoegen/Privatisierungs_und_Beteiligungspolitik/Beteiligungspolitik/Beteiligungsberichte/beteiligungsbericht-des-bundes-2015.pdf?_blob = publicationFile&v = 6.

［43］Bundesfinanzministerium, BeteiligungsberichtdesBundes2002［M］. Berlin: 2002.

［44］Bundesfinanzministerium, BeteiligungsberichtdesBundes2004［M］. Berlin: 2004.

［45］Bundesministerium der Finanzen, Beteiligungsbericht1996［M］. Bonn: Bundesanzeiger Verlagsgesellschaft mbH, 1996.

［46］Bundesministerium der Finanzen, Finanzbericht 2004［M］. Berlin: 2004.

［47］Bundesministerium der Finanzen, Finanzbericht 1993［M］. Bonn: Bundesanzeiger Verlagsgesellschaft mbH, 1993.

［48］Bundesministerium der Finanzen, Finanzbericht 1998［M］. Bonn: 1998.

［49］Bundesministerium des Innen, Fünfterversorgungsbericht 2013, http://www.bmi.bund.de/SharedDocs/Downloads/DE/Themen/OED _ Verwaltung/Oeffentlicher _ Dienst/Beamte/versorgungsbericht5.pdf?_blob = publicationFile.

［50］Bundesministerium der Justiz und für Verbraucherschutz, Gesetz zur Förderung der Stabilität und des Wachstum der Wirtschaft StwG, https://www.gesetze-im-internet. de/bundesrecht/stabg/gesamt. pdf.

［51］Bundesministerium der Justiz und für Verbraucherschutz, Das Haushaltsrechts-Fortentwicklungsgesetz, https：//www. gesetze-iminternet. de/bundesrecht/hrfeg/gesamt. pdf.

［52］Bundesministerium der Justiz und für Verbraucherschutz, Haushaltsgrundsätze Modernisierungsgesetz, http：//dip21. bundestag. de/dip21/btd/16/120/1612060. pdf.

［53］Bundesministerium der Justiz und für Verbraucherschutz, Bundeshaushaltsordnung, BHO, https：//www. gesetze-im-internet. de/bundesrecht/bho/gesamt. pdf.

［54］Bundesministerium der Justiz und für Verbraucherschutz, Bundesrechnungshofgesetz, https：//www. gesetze-im-internet. de/bundesrecht/brhg_1985/gesamt. pdf.

［55］Bundesministerium der Justiz und für Verbraucherschutz, Gesetz über den Finanzausgleich zwischen Bund und Ländern（Finanzausgleichsgesetz-FAG）, https：//www. gesetze-im-internet. de/finausglg_2005/BJNR395600001. html.

［56］Bundesministerium der Justiz und für Verbraucherschutz, Informationsfreiheitsgesetz, https：//www. gesetze-im-internet. de/bundesrecht/ifg/gesamt. pdf Ein Service des Bundesministeriums der Justiz und für Verbraucherschutzin Zusammenarbeit mit der Juris GmbH-www. juris. de.

［57］Bundesministerium der Justiz und für Verbraucherschutz, 2013, Gesetz über die Grundsätze des Haushaltsrechts des Bundes undder Länder（Haushaltsgrundsätzegesetz-HGrG, https：//www. gesetze-im-internet. de/bundesrecht/hgrg/gesamt. pdf Ein Service des Bundesministeriums der Justiz und für Verbraucherschutzin Zusammenarbeit mit der Juris GmbH-www. juris. de.

［58］Bundesministerium der Justiz und für Verbraucherschutz, Grundgesetz für die Bundesrepublik Deutschland, http：//www. gesetze-im-internet. de/bundesrecht/gg/gesamt. pdf.

［59］Bundesministeriumfür Wirtschaft und Energie, Jahreswirtschaftsbericht-2016, https：//www. bmwi. de/Redaktion/DE/Downloads/J-L/jahreswirtschaftsbericht-2016. html.

［60］Bundesministerium für Wirtschaft und Arbeit, Juli 2004, Wirtschaftsdaten Neue Länder. Berlin.

［61］Bundesministerium für Wirtschaft und Arbeit, Juli 2004, Annual Economic Report 2004, Berlin.

［62］Bundesanstalt fürImmobilienaufgaben, https：//www. bundesimmobilien. de/.

［63］Bundesanstalt für Finanzmarktstabilisierung, https：//www. fmsa. de/de/kreditinstitute/UmlageNAB.

［64］Bundesrechnungshof, https：//www. bundesrechnungshof. de/.

［65］Bundeszentralamt für Steuern, http：//www. bzst. de/DE/Home/home_node. html.

［66］Bund der Steuerzahler Deutschland e. V.：Steuerzahler, https：//www. steuerzahler. de/Home/1692b637/index. html.

[67] Bund der Steuerzahler Deutschland e. V. : Schwarzbuch, https：//www. steuerzahler. de/Schwarzbuch/1227b475/index. html.

[68] Bundesarchiv, Reichshaushaltsordnung, http：//www. bundesarchiv. de/aktenreichskanzlei/1919-1933/v1a/cun/cun1p/kap1_2/kap2_29/para3_1. html.

[69] Bundeszentral für politische Bildung, Deutschland Chronik 1945 bis 2000 [M]. Bonn：Bundeszentral für politische Bildung, 2002.

[70] Bundesministerium der Finanzen, Das Haushaltssystem der Bundesrepublik Deutschland [M]. Bonn：1997.

[71] Bundesministerium der Finanzen, Der Finanzplan des Bundes 1997 bis 2001 [M]. Bonn：1997.

[72] Bundesministerium der Finanzen, Finanzpolitik fürdie Deutsche Einheit [M]. Bonn：1997.

[73] Bundesministerium der Finanzen, Finanzpolitik 2000, Neue Symmetrie zwischen einem leistungsfähigen Staat und einer Wettbewerbsfähigen Wirtschaft [J]. Schriftreihe des Bundesministeriums der Finanzen, 1996, Heft 58.

[74] Bundesministerium der Finanzen, Finanzverteilung in der Bundesrepublik Deutschland [M]. Bonn：1998.

[75] Bundesministerium der Finanzen, Privatisierung in Deutschland [M]. Bonn：1996.

[76] Presse u. Informationsamt der Bundesregierung (Hrsg.), Unser Land verändert sich：Deutschland 1990 – 1995 [M]. Bonn：1995.

[77] C. Schnaudigel, Der Betrieb nichtwirtschaftlicher kommunaler Unternehmen in Rechtsformen des Privatrechts [M]. Stuttgart：Verlag Boorberg, 1995.

[78] C. B. Blankart, Öffentliche Finanzen in der Demokratie, 2. auflage [M]. München：Verlag Franz Vahlen, 1994.

[79] C. Herrmann-Pillath, FiscalFederalism：The German Experience-Challengesto China, Duisburg Working papers on East Asian Economic Studies [M]. Duisburg：1996.

[80] Das Kompetenzzentrum für das Kassen-und Rechnungswesen des Bundes, http：//www. kkr. bund. de/nn_29700/DE/Dienststelle/dienststelle. html.

[81] Das Kompetenzzentrum für das Kassen-und Rechnungswesen des Bundes, Zahlungsüberwachungsverfahren, http：//www. kkr. bund. de/nn_186946/DE/Dienststelle/Verfahren/Vorschriften/Automatisierte_20Verfahren/HKRVerfahren_20und_20Zahlungs_C3_BCberwachungsverfahren/HKRVerfahren_20und_node. html.

[82] D. Ahnen, Seriöse und verlässliche Finanzierung für Zusammenhalt und Investitionen, https：//fm. rlp. de/de/presse/detail/news/detail/News/finanzministerin-doris-ahnen-serioese-und-verlaessliche-finanzierung-fuer-zusammenhalt-und-inves/.

[83] DeutschesInstitutfürWirtschaftsforschung, Länderfinanzausgleich：Neuer Verteilungsstreitzwischen West und Ost [J]. Wochenbericht, 1998 (7)：133 – 141.

[84] Deutscher Bundestag, http: //www. bundestag. de/bundestag/ausschuesse18/.

[85] Deutscher Bundestag, Gesetz über den Finanzausgleich zwischen Bund und Ländern (Finanzausgleichsgesetz-FAG), Ausfertigungsdatum: 2001. 12. 20, https: // www. gesetze-im-internet. de/bundesrecht/finausglg _ 2005/gesamt. pdf, Ein Service des Bundesministeriums der Justiz und für Verbraucherschutz in Zusammenarbeit mit der Juris GmbH-www. juris. de.

[86] Deutscher Bundestag16Wahlperiode, der Fraktionen der CDU/CSU und SPD, Gesetzentwurf Entwurf eines Föderalismusreform-Begleitgesetzes, Drucksache16/814, 07. 03. 2006. http: //dip21. bundestag. de/dip21/btd/16/008/1600814. pdf.

[87] Deutscher Bundestag16. Wahlperiode, Drucksache16/752, 17. 03. 2006Haushaltsbegleitgesetz 2006 (HBeglG 2006), 16/752, http: //dip21. bundestag. de/dip21/btd/16/007/1600752. pdf.

[88] Deutscher Bundestag, Drucksache16. Wahlperiode, Begleitgesetz zur zweiten Föderalismusreform (FördRefIIBG k. a. Abk.), 16/12400, 24. 03. 2009http: //dip21. bundestag. de/dip21/btd/16/124/1612400. pdf.

[89] Deutscher Bundesrat, Verordnungdes Bundesministeriums der Finanzen, Erste Verordnung zur Durchführung des Finanzausgleichsgesetzes im Ausgleichsjahr 2014, Bundesrat, Drucksache 188/16, 15. 04. 16 https: //www. bundesrat. de/SharedDocs/beratungsvorgaenge/2016/0101 – 0200/0188 – 16. html.

[90] Deutscher Bundesrat, Verordnungdes Bundesministeriumsder Finanzen, Zweite Verordnung zur Durchführung des Finanzausgleichsgesetzesim Ausgleichsjahr 2014, Bundesrat, Drucksache 188/16, 15. 04. 16 https: //www. bundesrat. de/SharedDocs/beratungsvorgaenge/2016/0101 – 0200/0188 – 16. html.

[91] Deutsches Zentrum fürLuft-und Raumfahrt, https: //www. academics. de/wissenschaft/das_dlr_57184. html? partner = sem_landingpages_dsa_all&startReg = true&wt_zmc = SEA. Extern. aca. adwords%20de. DSA. acade. textlink. Alle%20Seiten. 105977649267&gclid = COec0IDG59MCFQ – 3GwodeLsA6w.

[92] Die Bundesbeauftragte für den Datenschutz und die Informationsfreiheit (BfDI): 5. Taetigkeitsberichtezur Informationsfreiheit 2014 – 1015, 21. 06. 16 https: //www. bfdi. bund. de/SharedDocs/Publikationen/Taetigkeitsberichte/TB_IFG/5TB06_16. html.

[93] Finanzministerium NRW, https: //www. finanzverwaltung. nrw. de/de/eckdaten/kontaktdaten-nrw.

[94] Finanzministerium NRW, Beteiligungsbericht der Landesregierung Nordrhein-Westfalen fürdas Jahr 2014, https: //www. finanzverwaltung. nrw. de/sites/default/files/asset/document/beteiligungsbericht 2014bf. pdf.

[95] F. Uwe, Die Vertretbarkeit Kommunaler Gebührenerhöhungen [J]. Zeitschrift Kommunaler Finanzen, 2001 (7): 152 – 156.

[96] G. Langguth, : Angela Merkel. Aufstieg zur Macht. Biografie. 2. Auflage [M].

München: Deutscher Taschenbuch Verlag, 2007.

[97] Gabler, 1997, Gabler Wirtschaftslexikon, 14. Auflage [M]. Wiesbaden: Gabler, 1997.

[98] H. Laufer/Münch, U. Das Föderative System der Bundesrepublik Deutschland, [M]. Bonn: Bundeszentrale für politische Bildung, 1997: 251-254.

[99] H. Elsner, Das Gemeindefinanzsystem [M]. Kohlhammer: Verlage W. Kohlhammer GMBH, 1979.

[100] H. -L. Dornbusch, Gemeindehaushalt-Haushaltrecht und Haushaltsanalyse [M]. Bonn: Institut "Finanzen und Steuern", 1997.

[101] Instituts der Deutschen Wirtschaft, Dokumentation: Privateigentum, Quelle des Wohlstands [J]. Informationsdienst, 1993 (2).

[102] Institut der deutschen Wirtschaft, Länderfinanzausgleich-Reform eines absurden Systems [J]. Informationsdienst, 1998 (3): 4-5.

[103] J. C. Fest, Das Gesicht des Dritten Reiches. Profile einer totalitären Herrschaft [M]. München: Piper, 1963.

[104] J. C. Fest, Aufgehobene Vergangenheit. Portraits und Betrachtungen [M]. Stuttgart: Deutsche Verlags-Anstalt, 1983.

[105] J. Rose, Budgetierung nach kommunalem Haushaltsrecht in Niedersachsen [J]. Zeitschrift Kommunaler Finanzen, 2002 (4): 80-83.

[106] James E. Alt, David Dreyer Lassen, Fiscaltransparency, politicalparties, anddebt in OECD countries [J]. Economic Review, Elsevier, 2006, 50(6): 1403-1439.

[107] K. Hanns und M. Engelbert, Städtische Finanzen 1996 – in der Sackgasse [J]. Gemeindefinanzbericht, der Städtetag, 1996 (3): 153.

[108] B. Ludwig: Schon wieder eine Kommission über ein Jahrzehnt Kommunale Finanzkrise, www. verdi. de, 09. 02. 2004. Gemeindefinanzen. Ver. di: VereinteDienst-leistungsgewerkschaft.

[109] L. Erhard, 1956, Mittelstandspolitik, Wortlaut der Vorträge auf der vierten Arbeitstagung der Aktionsgemeinschaft e. V. am 17. November 1955, Rüstow, Alexander et al. : Der Mittelständische Unternehmer in der Sozialen Marktwirtschaft [M]. Bad Godesberg, Ludwigsburg, 1956.

[110] Landeshaushaltsordnung (LHO) Rheinland-Pfalz, http: //efre. rlp. de/fileadmin/mwvlw/Dokumente/Foerderhandbuch/6. _ Foerdergrundlagen/VI _ 5 _ Landeshaushaltsordnung_RLP_LHO_. pdf.

[111] Landesgesetz über den Rechnungshof Rheinland-Pfalz (RHG), landesrecht. rlp. de/jportal/? quelle = jlink&query = RHG + RP&psml = bsrlpprod. psml.

[112] Landesgebührengesetz, S. Jutzi, N. Westenberger Herausgeber, 2010: Landesrecht Rheinland-Pfalz, 19. Auflage, [M]. Baden Baden: Nomos Verlage, Herausgeben von Friedhelm Hufen, 2010: 104-112.

[113] Landesbeamtengesetz, S. Jutzi, N. Westenberger Herausgeber, 2010: Landesrecht Rheinland-Pfalz, 19. Auflage, [M]. Baden Baden: Nomos Verlage, Herausgeben von Friedhelm Hufen, 2010: 113 - 159.

[114] LandesrechtBW Bürgerservice, Verwaltungsverfahrensgesetz für Baden-Württemberg (Landesverwaltungsverfahrensgesetz - LVwVfG) in der Fassung der Bekanntmachung vom 12. April 2005 (GBl. S. 350), zuletzt geändert durch Gesetz vom 17. Dezember 2009 (GBl. S. 809) http://www.landesrechtbw.de/jportal/? quelle = jlink&query = VwVfG + BW&psml = bsbawueprod.psml&max = true&aiz = true (LandesrechtBW Bürgerservice).

[115] M. A. Ruesch, Mandy Wagner, Participatory Budgetingin Germany: Citizens as Consultants, 2007, http://www.internationalbudget.org/wp-content/uploads/Ruesch-Wagner-PB-in-Germany.pdf.

[116] Ministerium der Justiz-RLP, Landeshaushaltsordnungen, LHO http://landesrecht.rlp.de/jportal/portal/t/s0y/page/bsrlpprod.psml? doc.hl = 1&doc.id = jlrHOR-Prahmen: jurislr00&documentnumber = 1&numberofresults = 135&showdoccase = 1&doc.part = X&paramfromHL = true.

[117] Ministerium der Justiz-RLP, Landesgesetz über das Verwaltungsverfahren in Rheinland-Pfalz-Landesverwaltungsverfahrensgesetz (LVwVfG) vom 23. Dezember 1976 (GVBl. S. 308), zuletzt geändert durch Gesetz vom 27. Oktober 2009 (GVBl. S. 358). http://landesrecht.rlp.de/jportal/? quelle = jlink&query = VwVfG + RP&psml = bsrlpprod.psml.

[118] Ministerium der Finanzen-RLP, Rheinland-PfalzHaushaltsplan fürdas Haushaltsjahr2016, https://fm.rlp.de/de/themen/finanzen/landeshaushalt/haushalt-2016/neue_EP_2016/.

[119] Ministerium der Finanzen-RLP, Rheinland-PfalzHaushaltsplanfürdas Haushaltsjahr2016, HaushaltsgesetzGesamtplan, Übersichten zum Haushaltsplan, https://fm.rlp.de/fileadmin/fm/PDFDatei/Finanzen/Landeshaushalt/Haushalt_2016/neue_EP_2016/EP_00.pdf.

[120] Ministerium der Finanzen-RLP, EckwerteDiagramme, https://fm.rlp.de/fileadmin/fm/PDFDatei/Finanzen/Landeshaushalt/Haushalt_2016/Eckwerte_Diagramme.pdf.

[121] Ministerium der Finanzen-RLP, Rheinland-PfalzHaushaltsplanfürdas Haushaltsjahr2016Einzelplan 01Landtag, https://fm.rlp.de/fileadmin/fm/PDF-Datei/Finanzen/Landeshaushalt/Haushalt_2016/neue_EP_2016/EP_01.pdf.

[122] Ministerium der Finanzen-RLP, Rheinland-PfalzHaushaltsplanfürdas Haushaltsjahr2016Einzelplan 02Ministerpräsidentin und Staatskanzlei, https://fm.rlp.de/fileadmin/fm/PDF-Datei/Finanzen/Landeshaushalt/Haushalt_2016/neue_EP_2016/EP_02.pdf.

［123］Ministerium der Finanzen-RLP, Rheinland-PfalzHaushaltsplanfürdas Haushaltsjahr2016Einzelplan 03 Ministerium des Innernfür Sport und Infrastruktur, https：//fm. rlp. de/fileadmin/fm/PDF-Datei/Finanzen/Landeshaushalt/Haushalt_2016/neue_EP_2016/EP_03. pdf.

［124］Ministerium der Finanzen-RLP, Haushaltsjahr2016 Einzelplan 04 Ministerium der Finanzen, https：//fm. rlp. de/fileadmin/fm/PDF-Datei/Finanzen/Landeshaushalt/Haushalt_2016/neue_EP_2016/EP_04. pdf.

［125］Ministerium der Finanzen-RLP, Haushaltsjahr2016 Einzelplan 05 Ministerium der Justiz und für Verbraucherschutz, https：//fm. rlp. de/fileadmin/fm/PDF-Datei/Finanzen/Landeshaushalt/Haushalt_2016/neue_EP_2016/EP_05. pdf.

［126］Ministerium der Finanzen-RLP, Haushaltsjahr2016 Einzelplan 06Ministerium fürSoziales, Arbeit, Gesundheit und Demografie, https：//fm. rlp. de/fileadmin/fm/PDF-Datei/Finanzen/Landeshaushalt/Haushalt_2016/neue_EP_2016/EP_06. pdf.

［127］Ministerium der Finanzen-RLP, Haushaltsjahr2016 Einzelplan 07Ministerium für Integration, Familie, Kinder, Jugend und Frauen, https：//fm. rlp. de/fileadmin/fm/PDF-Datei/Finanzen/Landeshaushalt/Haushalt_2016/neue_EP_2016/EP_07. pdf.

［128］Ministerium der Finanzen-RLP, Haushaltsjahr2016 Einzelplan 08Ministerium für Wirtschaft, Klimaschutz, Energie und Landesplanung, https：//fm. rlp. de/fileadmin/fm/PDF-Datei/Finanzen/Landeshaushalt/Haushalt_2016/neue_EP_2016/EP_08. pdf.

［129］Ministerium der Finanzen-RLP, Haushaltsjahr2016 Einzelplan 09Ministerium fürBildung, Wissenschaft, Weiterbildung und Kultur, https：//fm. rlp. de/fileadmin/fm/PDF-Datei/Finanzen/Landeshaushalt/Haushalt_2016/neue_EP_2016/EP_09. pdf.

［130］Ministerium der Finanzen-RLP, Haushaltsjahr2016Einzelplan 10Rechnungshof, https：//fm. rlp. de/fileadmin/fm/PDF-Datei/Finanzen/Landeshaushalt/Haushalt_2016/neue_EP_2016/EP_10. pdf.

［131］Ministerium der Finanzen-RLP, Haushaltsjahr2016Einzelplan 12 Hochbaumaßnahmen undWohnungsbauförderung, https：//fm. rlp. de/fileadmin/fm/PDF-Datei/Finanzen/Landeshaushalt/Haushalt_2016/neue_EP_2016/EP_12. pdf.

［132］Ministerium der Finanzen-RLP, Haushaltsjahr2016Einzelplan 14Ministerium für Umwelt, Landwirtschaft, Ernährung, Weinbau und Forsten, https：//fm. rlp. de/fileadmin/fm/PDF-Datei/Finanzen/Landeshaushalt/Haushalt_2016/neue_EP_2016/EP_14. pdf.

［133］Ministerium der Finanzen-RLP, Haushaltsjahr2016Einzelplan 20Allgemeine Finanzen, https：//fm. rlp. de/fileadmin/fm/PDF-Datei/Finanzen/Landeshaushalt/Haushalt_2016/neue_EP_2016/EP_20. pdf.

［134］Ministerium der Finanzen-RLP, Landesgesetz über das Verwaltungsverfahren in Rheinland-Pfalz, Landesverwaltungsverfahrensgesetz（LVwVfG）vom 23. Dezember 1976（GVBl. S. 308）, zuletzt geändert durch Gesetz vom 27. Oktober 2009（GVBl. S. 358）http: //landesrecht. rlp. de/jportal/? quelle = jlink&query = VwVfG + RP&psml = bsrlpprod. psml, https: //justiz. rlp. de/de/startseite/.

[135] Ministerium der Finanzen Rheinland-Pfalz, 2000, "Handbuch der standardisierten Kosten-und Leistungsrechnung in Rheinland-Pfalz" https: //www. edoweb-rlp. de/resource/edoweb: 1638610 – 1/data.

[136] S. Jutzi, N. Westenberger Herausgeber, Landesrecht Rheinland-Pfalz, 19. Auflage [M]. Baden Baden: Nomos Verlage, 2010.

[137] S. Bach, Reform der Unternehmensbesteuerung [J]. Deutsches Institut für Wirtschaftsforschung, Vierteljahreshefte zur Wirtschaftsforschung: 1997 (3 –4): 291 –390.

[138] Treuhandanstalt, Dokumentationen der Treuhandanstalt1990 – 1994, Band 1 – 13. [M]. Berlin: Treuhandanstalt, 1995.

[139] U. Häde, Finanzausgleich, [M]. Tübingen: Paul Siebeck, 1996.

[140] U. Becker, Staat und autonome Träger im Sozialleistungsrecht [M]. Baden-Baden: Nomos Verlagsgesellschaft, 1996.

[141] von Hagen, Jürgen & Harden, Ian J. Budget processes and commitment to fiscal discipline [J]. European Economic Review, Elsevier, 1995, 39 (3 –4): 771 –779.

[142] Ver. di, Ver. diforderteine stabile und solidarische Gemeindefinanzierung, Beschluss des Ver. di-Bundesvorstandsvom 18. Feb. 2002.

[143] Verfassung für Rheinland-Pfalz, S. Jutzi, N. Westenberger Herausgeber, Landesrecht Rheinland-Pfalz, 19. Auflage [M]. Baden-Baden: Nomos Verlagsgesellschaft, 2010: 11 –32.

[144] W. Wüllenweber, Sachsen, Justizversage, Nazi-Märsche und das Schweigen der Politiker-Was läuftschief im Freistadt? [J]. Stern, 2016 (43): 24 –30.

[145] W. Möschel, Notwendigkeit und Potentiale der Aufgabenprivatisierung, Privatisierung kommunaler Aufgaben, [M]. Köln: Institut der deutschen Wirtschaft, 1997: 19 –32.

图书在版编目（CIP）数据

德国政府预算制度/朱秋霞编著.—北京：经济科学出版社，2017.12

（典型国家和地区政府预算制度研究丛书）

ISBN 978-7-5141-8945-2

Ⅰ.①德… Ⅱ.①朱… Ⅲ.①国家预算-预算制度-研究-德国 Ⅳ.①F815.162

中国版本图书馆 CIP 数据核字（2017）第 329500 号

责任编辑：刘　颖
责任校对：杨晓莹
责任印制：李　鹏

德国政府预算制度

朱秋霞　编著

经济科学出版社出版、发行　新华书店经销
社址：北京市海淀区阜成路甲 28 号　邮编：100142
总编部电话：010-88191217　发行部电话：010-88191522
网址：www.esp.com.cn
电子邮箱：esp@esp.com.cn
天猫网店：经济科学出版社旗舰店
网址：http://jjkxcbs.tmall.com
北京季蜂印刷有限公司印装
787×1092　16 开　18 印张　380000 字
2017 年 12 月第 1 版　2017 年 12 月第 1 次印刷
ISBN 978-7-5141-8945-2　定价：48.00 元
（图书出现印装问题，本社负责调换。电话：010-88191510）
（版权所有　侵权必究　举报电话：010-88191586
电子邮箱：dbts@esp.com.cn）